O Corpo Pensante

O GEN | Grupo Editorial Nacional reúne as editoras Guanabara Koogan, Santos, Roca, AC Farmacêutica, Forense, Método, LTC, E.P.U. e Forense Universitária, que publicam nas áreas científica, técnica e profissional.

Essas empresas, respeitadas no mercado editorial, construíram catálogos inigualáveis, com obras que têm sido decisivas na formação acadêmica e no aperfeiçoamento de várias gerações de profissionais e de estudantes de Administração, Direito, Enfermagem, Engenharia, Fisioterapia, Medicina, Odontologia, Educação Física e muitas outras ciências, tendo se tornado sinônimo de seriedade e respeito.

Nossa missão é prover o melhor conteúdo científico e distribuí-lo de maneira flexível e conveniente, a preços justos, gerando benefícios e servindo a autores, docentes, livreiros, funcionários, colaboradores e acionistas.

Nosso comportamento ético incondicional e nossa responsabilidade social e ambiental são reforçados pela natureza educacional de nossa atividade, sem comprometer o crescimento contínuo e a rentabilidade do grupo.

CHRISTIAN BELIN

O Corpo Pensante

ENSAIO SOBRE A MEDITAÇÃO CRISTÃ

Tradução de **Abner Chiquieri**
Revisão Técnica de **Manoel Barros da Motta**

Rio de Janeiro

■ A EDITORA FORENSE se responsabiliza pelos vícios do produto no que concerne à sua edição, aí compreendidas a impressão e a apresentação, a fim de possibilitar ao consumidor bem manuseá-lo e lê-lo. Os vícios relacionados à atualização da obra, aos conceitos doutrinários, às concepções ideológicas e referências indevidas são de responsabilidade do autor e/ou atualizador.

As reclamações devem ser feitas até noventa dias a partir da compra e venda com nota fiscal (interpretação do art. 26 da Lei n. 8.078, de 11.09.1990).

■ **Traduzido de:**
LE CORPS PENSANT: Essai sur la méditation chrétienne
© **Éditions du Seuil, 2012.**
ISBN 978-2-02-103045-7
All rights reserved.

■ **O Corpo Pensante**
ISBN 978-85-309-5152-8
Direitos exclusivos para o Brasil na língua portuguesa
Copyright © 2014 by
FORENSE UNIVERSITÁRIA um selo da EDITORA FORENSE LTDA.
Uma editora integrante do GEN | Grupo Editorial Nacional
Travessa do Ouvidor, 11 – 6º andar – 20040-040 – Rio de Janeiro – RJ
Tel.: (0XX21) 3543-0770 – Fax: (0XX21) 3543-0896
bilacpinto@grupogen.com.br | www.grupogen.com.br

■ O titular cuja obra seja fraudulentamente reproduzida, divulgada ou de qualquer forma utilizada poderá requerer a apreensão dos exemplares reproduzidos ou a suspensão da divulgação, sem prejuízo da indenização cabível (art. 102 da Lei n. 9.610, de 19.02.1998).

Quem vender, expuser à venda, ocultar, adquirir, distribuir, tiver em depósito ou utilizar obra ou fonograma reproduzidos com fraude, com a finalidade de vender, obter ganho, vantagem, proveito, lucro direto ou indireto, para si ou para outrem, será solidariamente responsável com o contrafator, nos termos dos artigos precedentes, respondendo como contrafatores o importador e o distribuidor em caso de reprodução no exterior (art. 104 da Lei n. 9.610/98).

1ª edição – 2014
Tradutor: Abner Chiquieri
Imagem da capa © *Deloche/Godong/Leemage*

■ CIP – Brasil. Catalogação-na-fonte.
Sindicato Nacional dos Editores de Livros, RJ.

B38c

    Belin, Christian

        O corpo pensante: ensaio sobre a meditação cristã/Christian Belin; [tradução Abner Chiquieri]. – 1. ed. – Rio de Janeiro: Forense, 2014.
        il.

        Tradução de: Le corps pensant
        Inclui bibliografia
        ISBN 978-85-309-5152-8
        1. Meditação. 2. Vida cristã. I. Título.

13-06565   CDD: 248.32
                                            CDU: 248

Imaginemos um corpo cheio de
membros pensantes!

Pascal, *Pensamentos*, fr. 403

Sumário

Prelúdio 1

VAZIO 17

O deserto e a gruta 20. – Discordância, contradição 24. – Tao e Confusão (Tohu-bohu) 28. – A prova do nada 31. – Ioga ou pleroma 36. – Nada, quase nada, algo... 39. – A Revelação é um excesso? 42. – Na presença da ausência 46.

SOPRO 51

Carne e Sopro 53. – Inteligência do coração 56. – O modelo hesicasta 59. – O furacão Paráclito 65. – O "sempre movente" 69. – Rumo à verdade 72. – A "ciência da voz" 75. – Para além da moral 78. – *Inaestimabile sacramentum* 82.

CORPO 89

Santuário a céu aberto 89. – Embaraços ilegítimos 95. – A linguagem do corpo 98. – Sentidos espirituais 103. – Eros místico 108. – "Pensem com suas entranhas de cristãos!" 115. – A morte no mais íntimo 121.

IMAGEM 127

Direito à imagem 128. – "Arte de pintura" 132. – Texto ilustrado 136. – Ver sem ver 139. – Com ou sem a mão do homem 142. – Oriente e Ocidente 147. – Escrita de luz 154. – *Anastasis* de Santo Salvador 158.

PALAVRA 163

Divina logística 164. – Como uma natividade 168. – Em polifonia 172. – "Murmúrio com bico fechado" 176. – A melodia do Verbo 178. – *De profundis* 183. – "Frases sem palavras" 188. – A surdez do tocador de alaúde 194.

VIII   ✿ O Corpo Pensante ✿ Christian Belin ✿

ESCRITA 199

Abrir os lacres 201. – Ler e realizar 203. – "Tornamo-nos autores" 207. – Véu textual 210. – Mal-estares sobre leitura 214. – O Livro crucificado 218. – A Sabedoria em baixo contínuo 221. – O texto como uma liturgia 224. – Em direção do livro interior 228.

TEMPO 235

Contra a vetustez 236. – Paradoxos da Igreja 238. – Feminino, masculino 241. – Um mistério comprometido 244. – Complexo de unidade 247. – Através da história 252. – Crítica do mundo 256. – Letargia ou vigilância? 260. – Vocês disseram "neurose"? 264. – A tentação do "religioso" 268. – Presente de infinitivo 270. – Plenitude apesar de tudo 273.

ACABAMENTO 279

BIBLIOGRAFIA SELETIVA 285

Prelúdio

Ἡμεῖς δὲ νοῦν χριστοὰ ἔχομεν.

Nos autem sensum Christi habemus.

Nós temos o pensamento do Cristo.

1ª Epístola aos Coríntios 2, 16.

❧ ❧ ❧

Os prazeres do espírito são muito pouco conhecidos. Em particular, o do pensamento. Nada de surpreendente nisso, visto que não se conseguiria descrever com precisão o que se faz exatamente quando se é surpreendido pensando. Talvez, então, o termo *meditação*, com o menor esboço de definição, remeta a alguma pura consciência reflexiva. Se me interrogo sobre o pensamento, até na mais extrema privação intelectual ou cultural, já estou meditando. Uma palavra interior surge das profundezas. Sócrates chamava o pensamento "um discurso que a alma tem com ela mesma sobre os objetos que ela examina",[1] numa fórmula acima de tudo vaga ou neutra. Para dizer a verdade, quando falha a teoria, a poesia insufla seus encantos. Refletindo sobre o mistério cristalino da "poesia bruta", Paul Valéry evoca, em uma "meditação antes do pensamento", "um momento primeiro de proposição e de unidade", quando "o único desejo do espírito, que precede todos os seus pensamentos particu-

---

1 Platão, *Teeteto*, 189e.

2   O Corpo Pensante   Christian Belin

lares, parece preferir surpreendê-los e ser amor do que ama".[2] Se Sócrates se referia a uma palavra interior, justificada por seu próprio surgimento, Valéry contempla uma paisagem virgem, esboça formas ainda por vir, como na aurora de um Primeiro Dia inundado de claridades novas: "A alma usufrui da luz sem objetos. Seu silêncio é o total de sua palavra, e a soma de seus poderes compõe esse repouso. Ela se sente também distanciada de todos os nomes e de todas as formas. Nenhuma imagem ainda a altera nem a constrange".[3] Tudo se torna possível na invenção de uma linguagem, e, no entanto, um instante de gozo precede o desencadeamento das palavras ou das imagens.

> Não foi num estado tão afastado que os homens inventaram as palavras mais misteriosas e as mais temerárias de sua linguagem? Oh, momento, diamante do Tempo... Eu sou apenas detalhes e cuidados miseráveis fora de ti. No mais alto do ser, eu respiro um poder indefinível como o poder que está no ar antes da tempestade. Eu sinto a iminência[4]...

O prazer de meditar saboreia as promessas concedidas à força impetuosa do espírito.

A imprecisão terminológica que caracteriza a ideia de meditação realça seu estranho prestígio. As cores suaves se tornam sugestivas: adivinha-se aí algo de grave e de familiar ao mesmo tempo, algo de leve, contudo, munido de uma profundidade exorbitante. A noção designa menos um conteúdo do que uma atmosfera indecisa onde se combinam em sábios entrelaçamentos o envolvimento e o retraimento, a razão e a emoção. Por um lado, uma certa lentidão, um recuo e o silêncio; por outro, um esforço ponderado do espírito que se restringe à disciplina. Por um lado, impõem-se a atenção e a intenção; por outro, pre-

---

2   Paul Valéry, Méditation avant Pensée. In: Poésie Brute. In: Œuvres. Paris: Gallimard, "Bibliothèque de la Pléiade", 1957. t. I, p. 351.
3   *Ibidem.*
4   *Ibidem.*

⁂ Prelúdio ⁂ 3

valecem o segundo grau, a distância e o "pensamento de trás".[5] Em todos os casos, efetua-se uma abertura máxima do espaço interior. A ambiguidade de definição repercute também no emaranhado dos registros: escrita ou não escrita, a meditação toma emprestado a cada vez das letras, da filosofia, das espiritualidades, preservando de forma ciumenta seu ecletismo e seu cromatismo brilhante.

Uma suspeita de egotismo pesaria na natureza de tal exercício. Descartes observava sutilmente que "a alma pode ter seus prazeres à parte".[6] Mas esse prazer, longe de reduzir-se a uma só atenção a si, supõe, ao contrário, uma incansável curiosidade por tudo o que nos rodeia. O exercício do pensamento é como fascinado pela alteridade e pela diferença. Sem esse movimento *ad extra*, que contrabalança o olhar *ad intra*, a meditação pareceria, com justa razão, uma simples pretensão mental, um lamentável embuste mental, uma ridícula extravagância. Ela requer, além disso, um treino permanente. "Exercitemos, pois, o bem pensar",[7] escrevia Pascal. Nossa época ainda é suficientemente vigilante nesse ponto? É sensível à injunção? De certa maneira, jamais, talvez, o ambiente cultural apareceu tão hostil. Privilegia-se hoje uma reatividade imediata, o choque emocional, a afetividade epidérmica. As proezas da comunicação informática coroaram, por outro lado, a tirania do superficial, que promove uma padronização do vivido e do sentido. Menos que outrora, oferecem-se as ocasiões ou o tempo necessário para se formarem, durante longo tempo, o espírito e o julgamento. Supre esse inconveniente o fluxo torrencial de todas as formas de pensamento abortadas, generosamente distribuídas sobre as ondas. Não somente dão-nos um chavão, mas um serve-para-tudo generalizado ou polivalente, que neutraliza a inteligência de maneira indolor, tão insidiosamente quanto a mo-

---

5   Pascal, *Pensamentos*. Ed. Philippe Sellier. Paris: Garnier, 1991. fr. 125.

6   Descartes, As paixões da alma. In: *Œuvres*. Paris: Gallimard, "Bibliothèque de la Pléiade", 1953, art. 212, p. 795.

7   Pascal, *Pensamentos*, op. cit., fr. 232.

dernidade midiática propaga suas ambições de sério e ostenta orgulhosamente suas pretensões tragicômicas de profundidade. Em qualquer circunstância, autoridades competentes sugerem grades de avaliação onde triunfa o simplismo binário do sem-nuances: as coisas são reputadas *nulas* ou *geniais* segundo o artifício do consenso que tem os fervores do momento. Diógenes pode apagar sua lâmpada, e Montaigne, evacuar urgentemente sua biblioteca; a partir de agora os *slogans* dispensam qualquer cogitação intempestiva. Num mundo certificado QCM, não bastaria clicar na tecla certa para obter a boa resposta?

A moda está no miniaturismo comunicativo e contagioso: *clips, blogs* e *tweets* fabricam com talento frases ou imagens desmanteladas, mutiladas, desvitalizadas, em nome de uma desenvoltura profana que recebeu a unção sagrada da tecnologia. O que se vê exposto nas telas desmultiplicadas? Brevidades esparsas, precipitações de expressão, condensações de análise, improvisados rascunhos que se acham virtuosos, mas que não produzem jamais senão simplicidades. A extensão do *slogan* em qualquer forma de linguagem gera para qualquer fim a obsessão da fórmula que satisfaz, que provocaria *buzz* nos espíritos, mas que se perde na realidade, lamentavelmente, a partir do momento em que é proferida, no vasto oceano das banalidades. Num tal clima, a meditação poderia, a rigor, ser considerada como um gênero inofensivo de aeróbica, mas seu destino parece precário em tempos onde triunfam os infortúnios do clichê, e quando a menor fofoca insípida é erigida pela Internet a disciplina olímpica. Os temperamentos meditativos pertenceriam decididamente a épocas antediluvianas, pré-históricas, isto é, anteriores à revolução informática. A favor desse *a parte* da alma, que celebrava Descartes, ou dessa aprendizagem do pensamento, que preconizava Pascal, as condições parecem hoje tão propícias quanto as que reinam no planeta Marte para a eclosão da vida.

Outros fatores igualmente agravantes defenderiam o passadismo da meditação, mas são eles que, implicitamente, reve-

Prelúdio 5

lam, ao contrário, uma necessidade manifesta e inextinguível de interioridade. Os excessos do materialismo, com efeito, que aceleram tanto o aviltamento dos espíritos, acabam por cansar seus adoradores. Todo conformismo chama, aliás, uma transgressão, e sempre se mostram salutares os sarcasmos ou as "considerações inatuais" de um Nietzsche sobre a decrepitude do pensamento, ou, então, ainda, a sátira tão tônica de um Flaubert em relação às "ideias recebidas". Órfãos do Espírito, muitos dos nossos contemporâneos se voltam também para sabedorias exógenas e imemoriais, ainda que se constate, através da história europeia, um entusiasmo exagerado crônico pelas espiritualidades vindas do Oriente, cuja luz sempre enfeitiçou as borboletas do Ocidente. A unidade psicossomática da pessoa é assim redescoberta, até em medicina. Mais geralmente, a própria ciência, em seus mais altos níveis de especulação, reata geralmente uma certa postura metafísica, que ela julga, com certeza, estranha ao seu domínio, mas que não bombardeia mais com sua arrogância. Se o cientificismo puro e duro causa forte impressão ainda à opinião pública, ele desertou, em compensação, há muito tempo, o laboratório dos pesquisadores mais inventivos.

A urgência de um despertar ou de um redespertar espiritual, contudo, não se traduz necessariamente por uma evolução positiva. Um irracional polimorfo recruta em massa adeptos. O Ocidente capitalista não escapa aos seus demônios, convertendo o espiritual em mercadoria. No espaço deixado vacante por um cristianismo em perda de velocidade florescem todos os esoterismos imagináveis. O culto estúpido da deusa Razão devia, sem dúvida, ocasionar a compensação também estúpida de uma desrazão triunfalista, que a partir de então prospera numa religiosidade de bazar. Encontrar-se-ia facilmente, aqui como em outra parte, a tese muitas vezes rebatida da crise do Ocidente, já brilhantemente defendida, em 1918, por Oswald Spengler, embora a decadência da cultura tenha sempre sido, desde os grandes historiadores latinos, um dos fantasmas favoritos da Europa Ocidental. Crise identitária, mal-estar na civilização: declina-se incansavelmente, com custos novos, um lugar comum do qual é muito fácil atribuir-se a invenção. Por um curioso fenômeno de restrição mental, muitos analistas fingem a esse respeito lágrimas de crocodilo, por um falso questionamento sobre as ingenuidades progressistas ou positivistas, mas, na realidade, com a íntima convicção, apesar de tudo, da incontestável superioridade cultural de nossa época: não somos tão mais inteligentes? Assim se consome com gulodice o pecado delicado de uma "modernidade" que se contempla indefinidamente na autorreferência narcísica. No fundo, entretanto, os esquemas mentais originários das Luzes ou do positivismo são raramente contestados. Tratando-se do "fim" do cristianismo, que já Juliano, o Apóstata, acreditava iminente no século IV, disserta-se doutamente sobre ele, com uma constância tão meritória quanto a de que dão prova os profetas patenteados que anunciam o apocalipse para o depois de amanhã: mesma miopia, mesmo zelo comovente, mesma certeza cândida.

Que olhar o cristianismo poderia lançar sobre esses mal-estares ou esses torpores? Não lhe basta estar na frente de toda testemunha lúcida de sua própria tradição espiritual? Existe em seu seio um longo hábito da vacância gratuita para as coisas do espírito, onde se cultiva o relativismo do inessencial. Desde suas origens, mestres da oração, da oração ou dos exercícios espirituais, especularam sobre as diferentes maneiras de como é possível voltar-se para o Absoluto, o não referenciado, o Ausente do discurso. Inúmeras são as escolas que, na diversidade de seus carismas, se cruzaram durante 20 séculos de passagem na Terra; elas se influenciaram uma a outra, emprestaram-se e responderam-se, em um labirinto complexo de filiações aparentes ou ocultas. Daí resulta uma impressionante riqueza patrimonial, devida ao refinamento teórico que nela se exprime, mas também à personalidade frequentemente excepcional dos indivíduos que a traduziam no concreto de sua existência. Frequentemente, os próprios cristãos ignoram o esplendor dessa herança. Quem suspeitaria hoje de um tal mundo de palavras, um tal universo literário?

Prelúdio 7

O objeto deste ensaio, já se terá compreendido, não é retraçar um histórico da espiritualidade cristã através do itinerário meditativo. Ele consiste, antes, em um questionamento sobre sua natureza profunda. O cristianismo se encontra em nossa época numa situação de estranheza paradoxal, ostracizado por um mundo que lhe deve em grande parte o que ele é, inclusive em sua desconfiança em relação ao religioso. Por um lado, estigmatizam-se seus anacronismos e seus dogmatismos, mas, paralelamente, de maneira implícita, repreender-lhe-iam ter fracassado na transmissão de sua mensagem de liberdade e de amor, e, portanto, ter-se traído a ele próprio. Como quer que seja, precisa-se sempre mais, nas sociedades ocidentais, uma perda incontestável de familiaridade: a referências cristãs escapam ao maior número, e seu léxico se torna cada dia mais obsoleto ou incompreensível. Num mundo reputado pós-cristão, um desafio se apresenta então: mostrar a atualidade e a coerência de todo um universo espiritual cujo vestígio permanece imanente nos espíritos, apesar dos assaltos do recalcamento ou da denegação. Levantar esse desafio comporta riscos, em especial a armadilha dissimulada da apologia, que convém contornar por duas razões. Primeiramente, um desejo de apologia volta-se facilmente à apologética impertinente e exaltada, que logo cansou e que, principalmente, não serve estritamente para nada. Mas um outro elemento maior demanda contra ela o argumento maciço caro a São Paulo, para quem a fé cristã é sempre uma "loucura" (1 Cor. 1, 18), uma estupidez manifesta aos olhos do mundo, uma incongruência que se desconsidera a si própria. Os turiferários ou detratores profissionais do cristianismo se chocam nesse obstáculo: a fé cristã nada tem de diferente a oferecer para se justificar, senão sua própria experiência. Sua única "defesa" (*apologia*) consiste em seu próprio fundamento, isto é, nesse consentimento calmo de força e de alegria acumuladas, efusão de infinita beatitude, amor justificado de uma única evidência injustificável, que o Novo Testamento chama *agape*, caridade que aumenta a vida.

8 ❧ O Corpo Pensante ❧ Christian Belin ❧

A partir daí, importa somente considerar, em matéria de espiritualidade, uma "maneira de proceder", como dizia Inácio de Loyola, mostrando, tanto quanto for possível fazê-lo, um dispositivo e disposições. A partir somente da "linguagem da cruz" (1 Cor. 1, 18), que envolve uma palavra de perpétua contradição, um questionamento, contudo, se inicia. O que podem significar os dinamismos e as fraquezas do pensamento? Sobre o que construir a legitimidade e a credibilidade do espiritual? Como apreender a natureza dos conflitos interiores? É possível excluir o corpo do campo de atividade do espírito, ou, então, são eles, um e outro, solidários na glória e beneficiários de uma mesma iluminação? Se o homem é a imagem criada de uma Imagem incriada (o Cristo), que papel atribuir às imagens? Esse papel destinado ao corpo e à imagem lança, aliás, um novo esclarecimento sobre o surgimento de uma palavra interior. Que aspecto oferece, então, a prece cristã? Na mediação do único Mediador, Palavra e Imagem encarnadas, como aproximar-se do Livro das Escrituras? E de que sentido se pode revestir o recurso pessoal à escritura? Enfim, profundamente inserida, incorporada, inculturada na história dos homens, a Revelação cristã exige uma meditação sobre a atualidade. Como, a partir de então, situar-se num tempo que constitui uma das dimensões essenciais da salvação? Nossa atitude prospectiva, que procura investigar sobre as tradições espirituais do cristianismo, vai misturar as épocas, mas ela atribuirá a novidade aos textos fundadores, no primeiro lugar dos quais figura, com toda evidência, o Novo Testamento. Nesse *corpus*, com efeito, elabora-se um conjunto de ferramentas mentais e desenham-se as categorias fundadoras que permitem levar a questão central de uma especificidade cristã. Entre as sabedorias do Oriente ou do Extremo Oriente e o cristianismo não faltam nem as consonâncias nem as afinidades. Muito depressa, no entanto, surge uma singularidade: a meditação cristã é, inicialmente, uma *meditação sobre o cristianismo*. A fé cristã jamais é entregue com as chaves na mão, e seu conteúdo fica permanentemente por explicitar. Ela se revela, aliás, mais importante que o conjunto de uma doutrina que não con-

❧ Prelúdio ❧   9

seguiria ser aceita passivamente, mas que pede, ao contrário, para ser digerida, depois restituída. Na Bíblia, a meditação se define, justamente, como uma manducação da palavra. Esse processo de incorporação decorre do aparecimento do Logos na carne. Qualquer que seja seu ângulo de incidência ou seu grau de intensidade, a entrada na Revelação neotestamentária necessita de um contato com a pessoa do Cristo. Se, pois, a meditação cristã se pretende uma meditação sobre o cristianismo, um corolário imediato logo vem trazer uma precisão indispensável: essa meditação sobre o cristianismo não pode representar a economia de uma *meditação sobre o Cristo*. A fé cristã não é, inicialmente, algo, mas alguém.

Na Primeira Epístola aos Coríntios, São Paulo se refere expressamente a um "pensamento do Cristo"; a expressão constitui, aliás, um *hápax* (ocorrência única) no Novo Testamento, pelo emprego que ela faz do termo *nous* (pensamento, inteligência) aplicado ao Cristo, enquanto é mais habitual encontrar a palavra *pneuma* (sopro inspirado). A efusão do Espírito, generosamente difundido, autoriza, no entanto, uma real inteligência do Cristo, pessoal e coletiva, racional e cordial:

> O Espírito sonda tudo, até as profundezas de Deus. Quem, pois, entre os homens sabe o que concerne ao homem, senão o espírito [*pneuma*] do homem que está nele? Da mesma forma, ninguém conhece o que concerne a Deus, senão o Espírito de Deus. Ora, não recebemos, nós, o espírito [*pneuma*] do mundo, mas o Espírito que vem de Deus, para conhecer os dons graciosos que Deus nos deu. E falamos dele não com discursos ensinados pela humana sabedoria, mas com os que ensina o Espírito, exprimindo, em termos espirituais, realidades espirituais [*pneumatikois pneumatika sunkrinontes*]. O homem psíquico não acolhe o que é do Espírito de Deus: é loucura para ele, e ele não pode conhecê-lo, porque é espiritualmente que se julga isso. O homem espiritual [*pneumatikos*], ao contrário, julga tudo, e ele próprio não é julgado por ninguém. Quem, com efeito, conheceu o pensamento do Senhor, para poder instruí-lo? E nós o temos, nós, o pensamento do Cristo [*noun Christou echomen*] (1 Cor. 2, 10-16).

10 ❦ O Corpo Pensante ❦ Christian Belin ❦

Não será inútil voltar alguns instantes ao contexto cultural da carta. Na cidade cosmopolita de Corinto, o grupo de cristãos formava uma minúscula comunidade bem modesta. Paulo desembarcou aí nos anos 50-52, e, com a ajuda de um casal, Áquilas e Priscila, aí implantou a Igreja (Atos, 18). Nessa cidade portuária aberta às trocas de todas as ordens se encontravam gregos, colonos romanos e orientais. O multiculturalismo caracterizava a vida dessa cidade, célebre, por outro lado, por sua devassidão. Não era ela consagrada a Afrodite? Foi aí que Paulo escreveu suas primeiras cartas (aos Tessalonicenses), que são os mais antigos textos do Novo Testamento. Por volta do ano 57, ele escreveu a carta de que citamos um fragmento, que não se dirige a uma elite intelectual, mas às mais baixas camadas da sociedade, onde se misturavam artesões e escravos, marinheiros e soldados, operários, comerciantes e doqueiros. Para os que pertenciam às classes privilegiadas, no plano econômico ou cultural, a minoria cristã devia, efetivamente, parecer esse "lixo do mundo" de que fala o apóstolo (1 Cor. 4, 13). Algumas décadas mais tarde, o intelectual Tácito falará do cristianismo como de uma "funesta superstição [exitiabilis superstitio]", cujos adeptos parecem propagar o "ódio do gênero humano [odio humani generis convicti]".[8] O desprezo que abate esses cristãos nem por isso os torna moralmente exemplares. Em Corinto, como em outros lugares, prosperam as disputas e as invejas; nessa mesma carta, Paulo chegará a afirmar a oportunidade das "divisões [haereses]", dos cismas e das heresias, a serviço de um aprofundamento da fé (1 Cor. 11, 19). De fato, em Corinto, os cristãos judaizantes se opunham aos que queriam romper totalmente com o judaísmo; uns se louvavam em Paulo, quando outros se colocavam sob a autoridade de Apolos... Para acalmar as polêmicas, e levar seu auditório à humildade intelectual, Paulo invoca, no início de sua carta, não sem provocação, a "linguagem" e a "loucura" da Cruz. Ele se envolve também pessoalmente, porque sua au-

---

8   Tácito, Anais, XV, 44.

Prelúdio 11

toridade tinha sido contestada: em nome de quem intervinha ele? Qual era, pois, seu mandato? Paulo lembra que só o Espírito pode fundar um "discurso sobre Deus", uma *teologia*, e que, de certa maneira, ninguém pode arrogar-se o título de especialista em *teologia*. Não se trata, com efeito, de construir "discursos ensinados pela humana sabedoria", mas de receber os dons do Espírito. O prólogo do quarto Evangelho insiste, também ele, sobre a igualdade de todos diante da comunicação do mistério: "De sua plenitude nós todos recebemos" (João 1, 16). O próprio Jesus, enfim, tinha por antecipação destruído todas as ridículas usurpações de competências, proibindo aos seus discípulos de se fazerem chamar por "mestre", "pai" ou "diretor" (Mateus 23, 8-10), já que eles eram "todos irmãos". Servidor da Palavra, Paulo se exprime tanto em seu próprio nome (*eu* singular) quanto em nome de todo um grupo eclesial (*eu* ou *nós* coletivo). Mas, para além das prerrogativas ou das pré-excelências (quem é apóstolo, quem é cristão?), coloca-se a questão de uma validade discursiva: que *status* para um "pensamento do Cristo", enquanto a palavra cristã é simplesmente uma linguagem crucificada e transpassada pelo fracasso e pela ininteligibilidade?

Objeto de uma tradição escrita ou não escrita, a palavra só chega ao sentido através de um discurso explicativo, uma exegese inventiva. E como a doutrina se refere a uma Pessoa, o conteúdo doutrinal se metamorfoseia em mistério. A partir daí, compreender significa contemplar. Uma apreensão puramente idealista ou intelectualista do cristianismo seria tão desastrosa quanto uma abordagem exclusivamente irracional. A segurança, em Paulo, de ter o "pensamento do Cristo" repousa numa relação de participação ou de colaboração no interior de um Corpo místico animado pelo Espírito. No texto da epístola, a reivindicação de um "pensamento" conclui um movimento sobre a difusão do Espírito Santo. Toda passagem se mostra decisiva para apreender o dinamismo da espiritualidade cristã. Mesmo se ela constitui, com efeito, um objeto de estudo para as ciências humanas, a espiritualidade, em seu núcleo central, foge a toda análise acadêmica. Quando ele propõe o princípio de uma explicação das "realidades espirituais" só pelo uso de "termos espirituais", Paulo forja, sem dúvida, uma expressão enigmática, voluntariamente tautológica. No Espírito, a inteligência se torna espiritual, o *nous* entra em simbiose com o *pneuma*. Pareceria, num primeiro momento, que o apóstolo resolve uma dificuldade conceitual por uma artimanha fácil, que evacua o problema por cima, curto-circuitando a crítica. A fórmula, que coloca o espírito como a norma ou o critério de sua própria atividade, garante, contudo, a liberdade inalienável desse mesmo espírito. Se a "espiritualidade" não tem mais muito boa reputação hoje, não seria por ter desconhecido as condições fora das normas de seu exercício? O Verbo e o Espírito, no cristianismo, são consubstanciais um ao outro. "Extinguir o Espírito",[9] por exemplo, em nome de uma concepção estreitamente racionalista do homem, conduz a espiritualidade à degenerescência. Infiel tanto à Palavra quanto ao Sopro, ela cai na estéril indiferenciação de tudo o que se apresentar: devoções materiais beatas, abstração moralizante, infantilidades da credulidade etc. No Ocidente, um lento e doloroso divórcio separou pouco a pouco, desde o fim da Idade Média, e principalmente a partir do fim do século XVII, a espiritualidade da teologia, a ponto de fazer disso uma espécie de teologia de segunda ordem, mais decorativa que fundadora. Separadas uma da outra, essas duas "disciplinas" se empobreceram consideravelmente e secaram. O "pensamento do Cristo", para os Padres, não está absolutamente erigido em sistema; mesmo a *Suma* de Santo Tomás, tão devedora à atitude aristotélica, se desenvolve no modo de um questionamento incansável, que educa o sentido contemplativo. A obsessão da dogmática é, na realidade, muito mais recente do que se acredita, e pode-se detectar aí como um sintoma de indigência espiritual. Quando a investigação teológica, por outro lado, imita as ciências humanas, que, por sua vez, imitam as ciências "duras", de que elas invejam tecnicidade, ela não chega a concorrer com

---

9   "Não extinga o Espírito" (1 Tes. 5, 19).

Prelúdio 13

seus modelos. E o mundo preferirá sempre o original à cópia caricatural. O impulso da crítica bíblica representa, certamente, um trunfo incontestável, mas o Espírito não conseguiria confundir-se com os ídolos da História ou da Filologia. É a razão pela qual os propósitos de Paulo são, de certa maneira, muito mais subversivos para nós que para os coríntios meio incultos ou analfabetos aos quais eles eram dirigidos.

Um aspecto notável do texto de Paulo reside na aparição quase imprevista do termo *nous* em um lugar onde se esperava antes, visto que se trata do Cristo, uma última menção explícita do Espírito. Ora, é *nous* que, *in extremis*, se substitui estranhamente a *pneuma*: "Temos o *pensamento* do Cristo." Na realidade, essa reabilitação da inteligência estava justamente em germe na expressão *pneumatikois pneumatika sunkrinontes*: seres habitados por uma palavra razoável, uma palavra de razão (*logos*) que tomou posse da carne, os homens jamais podem deixar de ter um julgamento crítico, nem na esfera do espiritual. A palavra *sunkrinein* sugere uma pluralidade de sentidos: estimar, colocar em analogia ou em relação, comparar (a Vulgata traduz significativamente por *comparantes*). A abordagem espiritual soa como um desafio, uma obrigação, uma aposta. Tal como Paulo a compreende, a "espiritualidade" se confunde com uma perpétua renovação da inteligência.[10] Assim se encontra também definida, pela primeira vez na história do cristianismo, em favor desse *hápax* neotestamentário, a ambição de toda meditação cristã: ser um "pensamento do Cristo" que não recusa o Espírito. A expressão se beneficia, além disso, da ambivalência do genitivo, objetivo e subjetivo: o "pensamento" é tanto o do Cristo quanto o que *nós temos* dele. No Espírito se produz a comunicação dos idiomas, o comércio das inteligências. Essa mesma inteligência do Cristo precede, aliás, a inteligência da fé, que ela esclarece e orienta. O cristianismo será sempre menos importante que o Cristo.

---

10   "Ser renovados no espírito de sua inteligência" (Ef. 4, 23).

Nosso ensaio desenha uma investigação sobre o "pensamento do Cristo" que se manifesta no Novo Testamento. Seu ponto de partida não deixa de ser o espírito humano visitado pelo Sopro divino. O Espírito passa através da inteligência, abrindo a todos, em uma perspectiva universal, a possibilidade de uma tal experiência antropológica. É também no Sopro que se verifica a situação concreta de um ser de carne a quem incumbe a tarefa de inventar um corpo. Não se medita, com efeito, nem contra seu próprio corpo nem sem ele. Essa realidade funda a mediação legítima das imagens como representação mental, paisagem interior, ícone pintado que acena. À imagem e à semelhança de Deus, o homem continua uma figura da distância, mas uma relação íntima une a imagem à palavra, visto que o Cristo é, ao mesmo tempo, a única Imagem visível do Deus invisível e a Palavra por excelência. As condições ficam, então, reunidas para abordar o *corpus* das Escrituras assim como o papel eventual da escrita no exercício meditativo. O itinerário que parte do Espírito para terminar na Escritura necessita, entretanto, previamente, um resumo sobre o sentimento de impotência que caracteriza o esforço de um pensamento consciente de seu despojamento ou da profunda inadequação de seus instrumentos de análise. A experiência do vazio ocupa, com toda evidência, a antecena do jogo meditativo, revelando-lhe o sentido do nada. Nosso itinerário implica, enfim, a termo, um indispensável prolongamento, à guisa de conclusão. A meditação cristã se desqualificaria, com efeito, se ela não produzisse, além da conversão dos corações e das inteligências, um processo de atualização no tempo presente, voltando-se para um mundo que é preciso transfigurar.

Assim também, esse ensaio só pode revestir-se do aspecto de uma meditação e oferecer-se ele próprio à meditação, como uma *lectio divina* do "pensamento do Cristo".[11] O uso retórico de-

---

11   A *lectio divina* é uma leitura pessoal e meditada das Escrituras, uma lenta manducação da Palavra, um coração a coração intimista.

Prelúdio 15

sejaria que um autor, como cerimônia de abertura, sempre se escusasse por suas incompetências ou suas faltas de jeito. Não é esse gênero de elegância, que frequentemente não engana ninguém, que nos obriga a tais confissões, mas a própria natureza deste ensaio, e também a íntima convicção de sua inutilidade. O objeto e a matéria dele são tão instáveis que eles escorregam entre os dedos como mercúrio. Entretanto, e sempre por causa do conteúdo em si, talvez a única utilidade do propósito resida em sua própria deficiência. São Bento acaba sua Regra confessando ingenuamente só ter escrito uma "pequenina regra para uso dos iniciantes [*hanc minimam inchoantibus regulam descriptam*]". Se este livro, que brilha com um esplendor sem igual no firmamento espiritual, não ambicionasse mais, como se poderia, *a fortiori*, não se prevalecer de um tal minimalismo? A meditação é só o esboço de um começo.

Vazio

ἑαυτὸν ἐκένωσεν.
Semetipsum exinanivit.
Ele se aniquilou a si próprio.
(Epístola aos Filipenses 2, 7)

❦ ❦ ❦

Tudo começa mal para um cristão, desde que ele tente refletir sobre o mundo e sobre ele mesmo. Um fracasso retumbante, o mesmo da Cruz, anuncia o fim de suas tentativas mais ousadas. Tornado homem para recuperar o que parecia irrecuperável, Deus em *pessoa* se viu condenado à mais infamante e à menos gloriosa das mortes. O Cristo "veio a sua casa, e os seus não o acolheram" (João 1, 11); em alguma parte na Palestina, na véspera do grande sabá de Pessach, ao termo de três anos de errâncias e de palavras, enterraram-no às escondidas, fora da cidade, num sepulcro selado por uma grande pedra, que rolaram sobre a entrada. Fim de partida.

Com certeza, a fé logo tomará impulso no vazio do túmulo, sinal de uma outra presença, mas, primeiramente, a fé se deixou *esvaziar de todo* conteúdo, de toda crença, de toda certeza. Buraco metafísico extremo. Estupefatas por não ver o cadáver de Jesus no túmulo, Maria Madalena e suas companheiras tiveram a estranha experiência do espanto: "Elas saíram e fugiram do túmulo, porque elas estavam todas tremendo e fora de si. E elas não disseram nada a ninguém, porque tinham medo"[1] (Marcos 16, 8).

O cristianismo repousa sobre esse duplo vazio fundador, o do sepulcro desertado pelo corpo de Jesus, o de nossas representações mentais que desmoronam umas sobre as outras. Nada aparece como se imagina, nada garante, e principalmente nem um qualquer sentimento religioso arranjado com fragmentos de discursos suspeitos ou adulterados. Ingenuamente imbuídas de seus poderes sobre as "almas", de uma influência às vezes terrorista, as religiões só oferecem, muito frequentemente, uma imagem grotesca ou irrisória do mistério da vida ou da existência. A morte do Cristo não sanciona o fim de toda espécie de religião? O elo, tal como os homens o concebem, entre o divino e a humanidade, muito frequentemente jogo mesquinho de dando-recebendo ou de chantagem espiritual, rompeu-se para sempre na madeira da cruz ou na pedra do sepulcro. Tudo a partir de então tem que recomeçar e completamente de outra maneira. Por sua morte, o Cristo exorcizou os fantasmas religiosos atávicos de uma humanidade que, por muito tempo, desde a noite dos tempos, se tinha modelado um Deus à sua imagem. Voltaire pôde ironizar sobre essa virada desastrosa do versículo da Gênese, segundo o qual Deus fez o homem à sua imagem (Gên. 1, 27); efetivamente, não seria antes o inverso que quase sempre aconteceu? Bem antes de Voltaire, a morte do Homem--Deus já tinha demonstrado a extensão do escândalo e a evidência dessa retroversão blasfematória.

O cristianismo, em suas íntimas convicções, não parece uma religião, mesmo se a tentação do religioso sempre o trabalhou em profundidade. A palavra *religião*, aliás, não faz parte do léxico do Novo Testamento. É utilizada algumas vezes, é verdade, para traduzir o grego *eusebeia*, que significa somente *piedade*, mas, no Novo Testamento, a fé cristã não se pensa

---

1 O Evangelho de Marcos, o mais antigo de todos, terminava primitivamente com essas palavras tão pouco "edificantes" quanto possível, mas portadoras de uma confusão mais profunda.

como uma religião.[2] Historicamente, retorquirão, o cristianismo foi compreendido como uma religião e se comportou muito frequentemente como tal. Sem dúvida, seria preciso logo retificar a afirmação, acrescentando que se trata, então, de uma religião paradoxal, já que ela põe um termo a todas as formas de religião imagináveis, radicalmente dedicadas ao nada, expressões de uma necessidade visceral de comunhão com o divino, que o homem sozinho não pode satisfazer. A fé e a prática religiosa são, aliás, duas realidades diferentes, que estão longe de sempre coincidir e que, às vezes, até são bastante independentes uma da outra. O cristianismo fabrica menos "religioso" do que desconstrói o apego irracional a toda forma de religiosidade. Ele se define como uma fé que obriga as religiões ao desmentido, esvaziando-as de seus conteúdos. Nem Jesus nem seus apóstolos pregaram uma fé religiosa, mas simplesmente a fé em sua Pessoa. Assim, o cristianismo questiona, principalmente, sem trégua, as motivações de toda busca espiritual.

Por natureza, e qualquer que seja seu objeto, um desejo fica quase sempre insatisfeito, e o desejo espiritual fica assim no ponto mais elevado. Sonha-se com uma viagem idílica ao centro do espírito, acima de qualquer coisa, e acima ou contra toda realidade; confeccionam-se intimidades sensíveis, projetando-se de alguma maneira em pleno céu. O fluxo incessante dos pensamentos, que nos transborda sem parar, dissipa bem depressa a miragem, para deixar espaço às frustrações primeiras. Eu desejaria bem meditar e saborear meu pensamento, e eis que

---

2   O termo *eusebeia*, quase sempre traduzido por piedade, só é, aliás, empregado 15 vezes no Novo Testamento. O termo *threskeia* (culto religioso, religião) é ainda menos utilizado: quatro empregos no total, dos quais dois que descontroem justamente seu sentido usual. Por exemplo, "a religião pura e sem mancha diante de Deus nosso Pai consiste nisto, visitar os órfãos e as viúvas em suas provações, preservar-se de toda imundície do mundo" (Tiago 1, 27). De maneira anedótica, observar-se-á que o *Dictionnaire du Nouveau Testament*, de Xavier Léon-Dufour (Seuil, 1975), não comporta, com justa razão, nenhuma entrada *Religion*.

sinto uma incoercível dissipação de energias mentais. Palavras e imagens turbilhonam, enquanto, desejoso de pensar o mundo, meu próprio pensamento malogra pensando-se nele mesmo. O espírito aprende inicialmente a avaliar sua própria falência. O menor esforço meditativo consistiria em cartografar as ruínas antecipadas de uma impossível meditação. Se a grandeza do espírito humano existe, ela se manifesta em prioridade em sua própria catástrofe, à qual ele se devota heroicamente, esperando poder acabar o *opus imperfectum* de um pensamento que não conseguiria, todavia, renunciar ao que lhe parece ser sua vocação. Quando a tradição meditativa, cristã ou não, fala de "recolhimento", isto é, de concentração, ela destaca justamente a irresistível força centrífuga que se opõe ao recolhimento, deportando sempre para o alhures um espírito destinado aos caprichos da vagabundagem. Um esquema de pensamento expulsa o outro, e essas ondas vêm-se quebrar nas margens da consciência. Como ajustar uma parada em imagem, uma parada em palavras ou ideias, quando o pensamento está condenado ao *zapping* perpétuo? A desmultiplicação exuberante das mídias da palavra, da imagem ou da cultura, na hora atual, marcada pelo culto das proezas tecnológicas, acentua a tendência e confirma o caráter dominador da constatação, entretanto, acima de tudo, bem banal. Aos espíritos muito crédulos, a técnica pode dar a impressão de pensar em seu lugar. Se só a performance das máquinas se substitui, sendo o caso, ao pensamento, como preservar o jardim secreto do mundo interior?

O deserto e a gruta

Grande é a tentação de fechar os olhos para um mundo tão estranho à vida polimorfa e imaterial do espírito. No Egito do século II, Santo Antônio, o pai dos monges, cedeu a essa inebriante tentação, antes mesmo de ser tentado, de um modo mais concreto, por exércitos absurdos de demônios superexcitados. No começo de sua vocação, assim como conta seu biógrafo, Atanásio de Alexandria, ele "partiu para os sepulcros bem distantes do burgo", "entrou num desses sepulcros e fechou a porta, ficando assim sozinho".[3] Por um gesto louco, quase suicidário, Antônio se fecha num túmulo, no meio do deserto, como se ele acumulasse muralha sobre muralha. Sem dúvida, ele procurava também reviver a experiência batismal do sepulcro crístico, onde Jesus se encontrou "livre entre os mortos [*inter mortuos liber*]"[4] (Salmos 88, 6). Os Padres do deserto, campeões de uma anacorese radical, se fechavam, em geral, em túmulos ou cavernas, de onde eles saíam iluminados. Desde Antônio, Paulo de Tebas ou Macário, até o padre Charles de Foucauld, a atração do deserto sempre significou um simbolismo muito sugestivo. Enquanto a era das perseguições não tinha ainda acabado, os primeiros eremitas cristãos reviviam o itinerário de João Batista, cuja atitude ascética tinha aberto o caminho à pregação do Cristo: retirado nas margens desérticas do Mar Morto, simpatizante provável dos Essênios, João, o Precursor, ficava "vestido com uma pele de camelo, comia gafanhotos e mel selvagem" (Marcos 1, 6). Esse profeta rude e antissocial (ele será lançado à prisão e decapitado [Marcos 6, 17-29]) foi, no entanto, a voz ou o grito que precedeu a Palavra, uma voz nascida no deserto (Lucas 3, 21-22). Tais foram os preâmbulos do anúncio evangélico.

O próprio Jesus morou no deserto (Mateus 4, 1-11), como outrora o povo hebreu, fazendo sua a prova fortificante do nomadismo, que ensina o descongestionamento de si. Preciosa lição para o pensamento, que é preciso sempre fazer partir ou recomeçar do zero. A reflexão supõe uma anacorese interior pela qual se rompem as amarras. Retirar-se no deserto não é mudar o curso de sua vida, ou, mais simplesmente, mudar de vida? A conversão evangélica se chama *metanoia* (Marcos 1, 15), mudança radical das maneiras de pensar e de viver. Ela consiste em abstrair-se de seu ambiente, a extrair-se de seu biótopo cultural

---

3   Atanásio de Alexandria (295? 373), *La Vie de Saint Antoine*. Tradução de Robert Arnauld d'Andilly (1653). In: *Les Pères du Désert*. Paris: Plon, 1949. p. 9-10.

4   Tradução segundo a Vulgata. O salmo e, em particular, esse versículo são utilizados no ofício das matinas do Sábado Santo.

para se fixar na solidão. Monges e anacoretas foram chamados "solitários" justamente, e todo cristão, por seu batismo, torna-se, por sua vez, um "monge", o homem de um só desejo, o homem dado a Deus na solidão do coração. Ir ao deserto significa deixar-se *desertar*, deixar-se abandonar pelas coisas, pelos seres, pelos hábitos. O gesto implica uma atitude crítica em relação ao seu próprio passado; as biografias espirituais mencionam muito frequentemente essa mudança radical do olhar. Gregório, o Grande, o biógrafo de São Bento, nos mostra o futuro patriarca dos monges do Ocidente, escolhendo, desde sua juventude, uma ruptura cultural decisiva: "Desprezando o estudo das letras, tendo abandonado a casa e os negócios de seu pai, só desejando agradar a Deus, ele procurou um modo de vida onde encontrar a santidade. Ele se retirou, pois, sabiamente ignorante e sabiamente não educado".[5] Pouco depois, Bento se retirou na gruta de Subiaco. Antônio, o Egípcio, ou Bento de Núrsia assim fizeram a experiência de uma decepção inicial, que um olhar retrospectivo torna ainda mais pungente, uma decepção que os mergulhou numa crise profunda. Os dois exerceram seu direito de retiro. O deserto, a gruta, o túmulo podem sobre todos exercer sua fascinação. Pascal observava que era difícil para o homem "permanecer em repouso num quarto",[6] ou seja, em sua própria cela interior. São esses lugares que ilustram a necessária circunscrição do pensamento. Mas como motivar a fabricação de um deserto mental? Sem dúvida, pelo sentimento difuso de uma secreta angústia, próxima do incômodo existencial. Então, paradoxalmente, poder-se-ia dizer, uma clausura livremente consentida libera o corpo e o espírito de suas clausuras invisíveis. Não se é colocado no estreito senão para se colocar no largo, em virtude do princípio da obrigação emancipadora. O

---

5   *"Dispectis itaque litterarum studiis, relicta domo rebusque patris, soli Deo placere desiderans, sanctae conversationis habitum quaesivit. Recessit igitur scienter nescius, e sapienter indoctus"* (*Sancti Benedicti Vita et Regula*. Rome, Tournai, Paris, Desclée, 1929; o autor traduz).

6   Pascal, *Pensamentos*. Ed. P. Sellier. Paris: Garnier, 1991. fr. 168.

❧ Vazio ❧ 23

incômodo sentido parece-se com alguma nostalgia do Ser; ele resulta da convicção de uma ausência. O livro de Jó chamava isso um "desgosto da vida", *taedium vitae* (Jó 10, 1), sentimento que se declina em inúmeras formas, que a psicologia contemporânea reagrupa sob o nome de "estados depressivos". Atingido por esse mal-estar, que Sêneca chamava *aegritudo*, um indivíduo pode sempre ver-se entre dois estados ou entre duas fases. O herói da *Divina Comédia* se via "no meio da vida", e Petrarca se situava geralmente no entroncamento ou no cruzamento de dois mundos. Que vocação intelectual de envergadura pôde escapar desse desconforto salutar do entre-dois?

Em *A Náusea*, Jean-Paul Sartre coloca em cena um personagem, Roquentin, atingido por um vago mal-estar intelectual, que ele só chega a identificar com dificuldade: "Algo me aconteceu, não posso mais duvidar. Veio como uma doença, não como uma certeza ordinária, não como uma evidência. Isso se instalou sorrateiramente, pouco a pouco; eu me senti um pouco estranho, um pouco incomodado, é isso".[7] O percurso de Roquentin não foi com certeza o que escolheu São Bento, e, no entanto, para além da diferença evidente, manifesta-se um estranho parentesco. Mesmo na ordem profana, com efeito, o *taedium vitae* (Sartre fala de "náusea") resulta de uma constatação dificilmente contestável: um duplo nada encerra todo ser humano, para trás, no antes do seu nascimento, e para diante, no instante de sua morte. Pavoroso truísmo, insuportável banalidade! No intervalo se desenvolvem todas as comédias e tragédias da vida. Muito depressa o feto se torna cadáver, e parece tão evidente que um roteiro assim, tão mecanicamente repetitivo, não conseguisse ter um sentido qualquer. Como esperar a admiração de um *cogito* salvador? O próprio Descartes, no limiar de suas meditações metafísicas, deixou-se engolir por um vórtice abissal.[8] Na

---

7   Jean-Paul Sartre, *A Náusea*. Paris: Gallimard, "Folio", 1983. p. 15.

8   "Como se de repente eu tivesse caído numa água muito profunda, fico de tal forma surpreso que não posso nem segurar meus pés no fundo,

hora atual, quando se impõem a padronização das pessoas e a mercantilização de qualquer coisa, a constatação não deixa de ser ainda mais assustadora: a degradação espiritual equivale a uma verdadeira perdição existencial. Que pensamento poderia consolar-nos desse vazio indiferente? E o que se arriscaria em esperar? Nenhum proveito, nenhuma rentabilidade. De maneira tão eloquente quanto essas noções tiradas da economia, a física sugere, por sua vez, que os corpos e os espíritos sofram eles também a lei da entropia universal. A energia se dissipa, e todo sistema se desfaz até a inércia.

Discordância, contradição

Ora, o cristianismo, longe de ingenuamente opor-se a essas constatações cheias de amargura, reforça-as, ao contrário, confirma-as e as leva à incandescência. Em toda parte, neste mundo triunfam com rumor todos os contravalores do Evangelho: ódio, desprezo dos indivíduos, violências, tiranias, sujeições, egocentrismo histérico etc. Em toda parte se repete, pela enésima vez, o fracasso amargo do Crucificado. Um cristão não deveria primeiramente meditar sobre os fracassos do cristianismo, não somente na ordem circunstancial (processso recorrente das traições do cristianismo pelas Igrejas), mas essencial? O mundo que o cerca, e no qual ele deve viver, não se situa resoluta, orgulhosa e ostensivamente nas antípodas do Evangelho? Essa noção de "mundo", tão frequente no Novo Testamento (a palavra aí é empregada 186 vezes), recobre uma realidade ambígua. Deus "amou tanto o mundo que deu seu Filho" (João 3, 16), mas o mundo contém uma hostilidade latente em relação a Deus. O reino do Cristo "não é desse mundo" (João 18, 36), enquanto o Inimigo, Satã, é declarado "príncipe desse mundo" (João 14, 30), ele, o arcanjo portador da luz (sentido do nome de Lúcifer), o revoltado (Judas 6; Apoc. 12, 9), colocado à disposição pela Providência para iluminar o mundo de suas trevas. O grande Divisor (o que significa diabo)

---

nem nadar para me manter acima." Descartes, *Méditations Métaphysiques*. Paris: Garnier-Flammarion, 1979. Méditation seconde, p. 71.

Vazio

ocupa o antípodo do Cristo, na falsa plenitude do mal; ele é "pai da mentira" (João 8, 44),[9] anticristo desertado pela graça (2 Tes. 2, 3; 1 João 2, 18 e 21; 2 João 7). Às vezes, ele triunfa na Terra, ainda que esteja para sempre expulso no Inferno, isto é, no Inverso de todo espírito e de toda luz. Inteligência perversa, ele é descrito pelo Apocalipse com os traços de uma Besta que exerce na Terra um terrível poder de fascinação (Apoc. 13). Essa Besta não representaria uma espécie de ignorância universal, ignorância vertiginosa, sempre pronta a usurpar os prestígios da inteligência, ignorância abissal dos indivíduos ou das sociedades, a das outras, sem dúvida, mas também e principalmente a minha, primeiramente, no primeiríssimo lugar? A estupidez, degenerescência entrópica do pensamento, precipita a queda do espírito. Como nossa galáxia que gravitaria, dizem, em torno de um buraco negro, indivíduos, povos e sociedades gravitam em torno de uma Ignorância que os aspira, mantendo-os num certo equilíbrio relativo. Mas se a Ignorância é constitutiva do universo espiritual, onde encontrar a salvação?

O Cristo proclama, nos Evangelhos, que o "Filho do homem" não tem lugar "onde repousar sua cabeça" (Mateus 8, 20). E sua cabeça, com efeito, coroada de espinhos, inclinada para a morte, só repousará na cruz. Nesse lugar, apesar de seu poder, o Logos foi esquartejado e dividido, como se o diabólico vencesse o simbólico. O Verbo eterno foi transpassado, *post mortem*, pela lança (João 19, 31-37), e a Palavra-habitada-de-razão (Logos) foi pregada no mastro de infâmia, aniquilada. A Carta aos Hebreus afirma que a palavra de Deus penetra tudo, até as articulações da alma (Heb. 4, 12). Na cena do Gólgota, todavia, foi exatamente o contrário que aconteceu, e a multidão podia contemplar, sem compreender, a autodestruição do Logos, transpassado na raiz imaterial do Ser, até a efusão material do sangue e da água.

---

9   Goethe fará Mefistófeles dizer em *Fausto*: "Eu sou o espírito que sempre nega [*Ich bin der Geist der stets verneint*]... porque tudo o que existe merece ser destruído." Goethe, *Faust*. Tradução de Henri Lichtenberger. Paris: Aubier-Montaigne, 1976, "Cabinet de travail [Studierzimmer]". p. 44.

Carne e espírito permanecem solidários nessa paisagem desolada que só oferece imagens de destruição. O que se conseguiria meditar aí? A inevitável deterioração do corpo físico não provocaria, defendendo-nos nós mesmos, a reação compulsiva de tudo o que, em nós, poderia escapar aos mecanismos de entropia, ou seja, uma reação do espírito? Incômodo e mal-estar se experimentam, entretanto, numa profundidade que desconhece a falaciosa separação entre físico e metafísico. Todo exercício espiritual começa com esse torpor, que ratifica a destruição das imagens e dos raciocínios.

Todo ser vivo, como nos ensina a ciência, é bombardeado por raios cósmicos que envelhecem o tecido de suas células. A esse enfraquecimento radioativo do corpo, violentado pelas forças da *physis*, responde às vezes um *não* retumbante da consciência humana. Enquanto a carne esgotada se sente aspirada, talvez até desejada pelo vazio, um estado de espírito resiste, como sustentado por um esforço de intensa receptividade. Uma tarefa de derivação se desenha: evitar o buraco negro, obliquar para um ponto perspectivo suposto que estaria em algum lugar (mas em nenhum lugar), talvez algo, (mas fora do definido) eventualmente alguém (mas rebelde a toda nominação, a toda representação). A noção de receptividade se precisa então, visto que não se trata, inicialmente, para o sujeito de receber algo ou alguém, mas de *se* receber em prioridade, isto é, aceitar-se tal como é. Eu me considero como estranhamente dado a mim mesmo, e assumo ativamente uma passividade contra a qual não para de murmurar, sem dúvida, uma surda revolta. Meu pensamento toma corpo na repentina evidência de sua própria doação, transpondo o limiar das aparências. Em um ato inaugural, ela decide fundar-se no exterior do mundo, fora do real, para melhor se revirar, não sem surpresa, contra um Tudo que parecia englobá-la, e que, doravante, ela coloca a distância, como um objeto singular.

O eu não coincide jamais com o mundo: constatação implicitamente reiterada pelo aprendiz meditante, prova decepcionante por excelência. O cristianismo coloca em cena uma plenitude que desposa o vazio e se deixa absorver por ele, até um certo ponto, até o ponto de não volta, no inferno e no inverso do mundo. Essa plenitude (*pleroma*) caracteriza a pessoa e a obra do Cristo. O pleroma constitui uma das noções mais complexas do Novo Testamento,[10] que remete a um duplo aspecto da profundidade divina, captada na aparente imobilidade do eterno e no não menos aparente movimento da temporalidade. Sem dúvida, uma semelhante ilusão, quanto às categorias do tempo e da eternidade, falseia as perspectivas, mas a ideia de completude significa uma totalidade ativa, que integra toda vida, toda existência, toda manifestação. Em relação a essa plenitude, a criatura se situa no exterior, no vago, e, portanto, necessariamente do lado do vazio. O cristianismo exibe, no fracasso do túmulo, essa não coincidência, que inicialmente tinha assumido o aspecto de um "santo encontro [*hypapanthe*]";[11] o encontro humano-divino devia ter falhado, mas a não coincidência se revela tão perturbadora que foi momentaneamente abolida no evento da encarnação. Toda uma gama de ambivalências percorre assim o relato evangélico da Natividade, miniatura intimista onde a semiótica celeste (dos anjos anunciadores, uma estrela semáfora) acaba perdendo-se numa terrível insignificância: de qualquer maneira, os homens preferiram as trevas à luz.[12]

Destinada à mãe do Salvador, entretanto, a menos mal informada de todos, a profecia de Simeão exprime essa ruptura do sentido em seu esforço máximo de legibilidade ou de visibilidade: "E a você mesma uma espada lhe transpassará a alma" (Lucas 2, 35). A mais recolhida das fiéis não escapará à transfixão que separa e consagra, fora de todo conforto espiritual. Um "sinal de contradição" (Lucas 2, 34) atravessa a consciência cristã,

---

10 Ver Ef. 1, 23; 3, 19; 4, 13; Col. 1, 19; 2, 9.

11 A Igreja grega chama assim a cena da Apresentação do menino Jesus no Templo de Jerusalém, onde Simeão e Ana o receberam nos braços (Lucas 2, 22-38).

12 "A luz ilumina nas trevas, e as trevas não a apreenderam" (João 1, 5).

como a espada atravessa o coração de Maria, símbolo que materializa e amplifica, no Gólgota, o sinal da cruz. Esses sinais de discordância convidam a inventariar os numerosos índices de fraqueza presentes no coração do homem (aspirações contraditórias, tendências opostas, instabilidades das paixões etc.), ou em operação nos sistemas do mundo (antagonismos assassinos, rivalidades hegêmonicas, coexistência do melhor e do pior etc.). Sob o "signo da contradição" são emblematizadas todas as formas de absurdo, cujo ilogismo básico espanta de tal forma os homens que eles preferem subtraí-lo de sua reflexão.

Tao e Confusão (Tohu-bohu)

O cristão, no entanto, não descobre o sentido do vazio senão através da doação de uma plenitude. Fora do pleroma que o justifica, o aniquilamento seria apenas uma armadilha suplementar. O cheio e o vazio não mantêm, pois, as mesmas relações que na filosofia taoísta, por exemplo.

Para Lao Tseu, o *tao*, origem sem origem, é um princípio que antecipa todo esquema de ontologia: ele possui e não possui nome; ele se deixa aproximar no "ser permanente", mas conserva, contudo, seu segredo no seio do "nada permanente". Essa ambivalência permeia o texto do *Tao-tö king*: "Essas duas origens de um mesmo fundo só se diferenciam por seus nomes. Esse mesmo fundo se chama obscuridade. Obscurecer essa obscuridade, eis a porta de todas as sutilezas."[13] Uma alternância sem fim rege as relações antagonistas e complementares do ser e do nada, como o exprime esse texto do *Huainan Zi*: "Salta-se do nada ao ser e do ser ao nada, sem que haja fim nem começo. Ninguém sabe de onde ele eclodiu."[14] O vazio goza, para os taoístas, de um privilégio enfeitiçante que produz e orienta o

---

13 Tao-tö king, I. In: *Philosophes Taoïstes*. Paris: Gallimard, "Bibliothèque de la Pléiade", 1980. t. I, p. 3.
14 Huainan Zi, VII, Des Esprits Essentiels. In: *Philosophes Taoïstes*. Paris: Gallimard, "Bibliothèque de la Pléiade", 1980. t. I, p. 3.

elã meditativo, desembaraçando o espírito de seus desejos de nominação. Desejar-se-ia nomear, com efeito, ou conceitualizar toda coisa, mas "se se quer ser sem nome, de nada adianta o silêncio, de nada adianta o vazio".[15] O vazio finaliza de alguma maneira a plenitude do Ser, enquanto no cristianismo se produz, antes, o inverso, já que a plenitude, o pleroma crístico finaliza toda forma de vacuidade, material ou imaterial, intelectual ou moral, psíquica ou psicológica.

Pouco presente no Antigo Testamento, a noção de vazio exerce, no entanto, um papel maior no livro da Gênese. Saída das mãos do Artista criador, a Terra fica, num primeiro momento, "vaga e vazia [*tohou va-bohou*]",[16] antes que intervenha a Palavra divina que inventa a luz e aperfeiçoa a criação do mundo. Nesse relato, a sabedoria hebraica reescreve e contesta as mitologias cosmogônicas do Mediterrâneo. Aqui, com efeito, nenhum caos aterrorizante, como em Hesíodo, nenhuma hierogamia fastuosa do Céu e da Terra. Uma desordem (*tohu-bohu*) é, no entanto, mencionada, breve intervalo entre a criação dos céus ou da Terra e o dinamismo intervencionista da Palavra que inventa e orienta o mundo através da procissão da luz e do cortejo das criaturas. A palavra *bohu* só será retomada duas vezes durante o Antigo Testamento, em um contexto apocalíptico (Esdras 34, 11 e Jer. 4, 23), para significar o perigo de um caos que faria regredir o mundo a um estágio informal, ao mesmo tempo infranatural e infracultural. O universo só subsiste pela Palavra, contra a qual não prevalece nenhum nada. Na Bíblia, aliás, a no-

---

15   Le Vrai Classique du Vide Parfait. In: *Philosophes Taoïstes*, t. I, op. cit., I, 11, p. 376.

16   *Tohu* significa "desordem", "deserto", e *bohu*, "nada", "vazio". Um dos maiores mestres da exegese judaica, Rachi, comenta assim a Gênese 1, 2 (*tohou va-bohou*): "Tohu significa *espanto, estupefação,* em francês, *estordison.* Bohu significa *vazio* e *solidão.* O homem é tomado de estupefação e de horror na presença do vazio." *Le Pentateuque.* Accompagné du Commentaire de Rachi Paris: Fondation Samuel et Odette Lévy, 1976. t. I: La Genèse.,

ção de vazio ressoa mais de maneira pejorativa, para conotar tudo o que leva o vestígio da precariedade ou da ilusão.

Seríamos, no entanto, tentados a estabelecer um paralelo entre o *tohu-bohu* e o *tao*, os dois sendo situados na não forma e no sem nome. As diferenças são apenas mais sugestivas: enquanto o *tao* se beneficia de todas as prerrogativas *genéticas* possíveis, a *gênese* bíblica, justamente, coloca o *tohu-bohu* em segunda posição em relação ao Ato criador que a engloba. Não poderia, pois, ser o caso de "obscurecer a obscuridade", mas de esperar a claridade vindoura, num antes-da-luz que se mostra desolador. Se o vazio habita o universo, e, portanto, também o homem, ele permanece provisoriamente portador de virtualidades infinitas; ele representa um momento abstrato, como o silêncio de uma meia hora que se fez ouvir no Céu do apocalipse entrevisto por São João (Apoc. 8, 1). Talvez o vazio sele uma misteriosa relação estabelecida entre caos e criação, silêncio e palavra, trevas e luz.

Os taoístas gostavam de repetir que houve "um começo no começo do começo", que houve "o que precedeu o que não era ainda o não ser".[17] O aumento do nada explica a focalização sobre o vazio. Na Bíblia, em compensação, antes mesmo do começo do começo, Deus é. Ele já satura a plenitude dos vazios conceituais fantasmados pelos homens. Dito isto, a afirmação contrária valeria o mesmo: só Deus ocupa o vazio de todas as plenitudes arquetipais laboriosamente imaginadas pelas cosmogonias. Mais exatamente, Deus aniquila todos os esforços de mitologia, conferindo ao nada um papel a desempenhar na dramaturgia do cosmos ou na busca metafísica dos homens. Esse vazio repercute assim o eco do absoluto. Talvez, num sentido, ele é o denominador comum de uma espécie de mística universal, desafio de uma contemplação desinteressada da natureza, sem palavras e sem imagens. No nada se consome o pensamento; no nada se comunica o tremor imperceptível do Ser. Aber-

---

17   Por exemplo, Huain Zi, op. cit., II, *Du Commencement du Réel*, p. 55. A fórmula parece ser de Zhuang zi.

Vazio

tura de toda representação, a pura vacuidade indica o inverso do real, antimatéria fora do tempo e do espaço, como em um decalque negativo.

A prova do nada

O cristianismo seria mais hostil que outras correntes religiosas a uma espiritualidade do vazio? Na versão evangélica do primeiro capítulo da Gênese, isto é, no prólogo do Evangelho de João, não se encontra nenhum lugar, por exemplo, para o *tohu-bohu*. Um Logos hegemônico predetermina e sobredetermina tudo o que aconteceu e tudo o que deve acontecer na sequência dos séculos. A plenitude crística não teria horror do vazio? E, no entanto, a dupla kênose do Cristo (*kenos* quer dizer "vazio" em grego),[18] na carne e na morte, torna a dar uma significação muito alta a certos temas da mística vacuísta. A história da espiritualidade comprova que existe, desde as origens, uma longa tradição niilista cristã. Na realidade, importa estabelecer uma distinção entre um vazio puramente abstrato e arquetipal, de natureza teórica, para o qual, com efeito, o cristianismo não sente nenhuma fascinação, e um vazio essencialmente espiritual e experimental, de natureza pragmática, de que a tradição cristã sempre soube propagar o modelo e celebrar o profundo simbolismo. Se o homem é "capaz de Deus [*capax Dei*]",[19] como o escrevia Santo Ireneu, deve sem cessar tornar-se uma *capacidade* sempre pronta a recebê-lo. Para ficar satisfeito, o pecador deve evacuar o que, nele, usurpa um lugar reservado a Deus. A fábrica de um vazio interior favorece, então, uma benéfica compensação; Santo Agostinho traduziu esse processo pela imagem de um vaso que se esvazia e se enche: "Expulsa o mau amor do mundo para te deixar encher

---

18   A palavra *kenos* é utilizada 19 vezes no Novo Testamento.
19   Irénée de Lyon, *Contre les Hérésies*. Paris: Cerf, "Sources Chrétiennes", n° 152, 1969, livre V, 12. A obra de Santo Ireneu data de 180.

do amor de Deus. Tu és um vaso, mas ainda cheio; derrama o que está em ti para receber o que não está."[20]

Esse vazio é, assim, o resultado de um intenso investimento pessoal (esvaziar-se, despojar-se), mas ele cria, sobretudo, uma movimentação de ar, oferecendo um espaço interior adaptado ao dom divino. Ou seja, o vazio interior fica correlato à graça prometida que já, e quase em segredo, o configura à sua maneira. A imagem agostiniana do vaso cheio, esvaziado, depois cheio de novo, conhecerá um imenso sucesso na tradição mística. Mestre Eckhart muitas vezes pregou sobre a necessidade de se manter "livre e vazio", como o próprio Jesus foi "vazio e livre".[21] Angelus Silesius evocara a fonte inesgotável do vazio que, no homem, derrama a água de eternidade;[22] Bérulle, por sua vez, contemplando a vinda do Verbo em Maria, fala de "nua capacidade" e até de "puro vazio", para descrever a verdadeira receptividade da alma fiel.[23] Insistindo mais sobre a dimensão ascética dessas operações, João da Cruz mostra que as três virtudes teologais (fé, esperança, caridade) estabelecem nos três poderes da alma que lhes correspondem (entendimento, memória, vontade) "o mesmo vazio e a mesma obscuridade". "Veremos em seguida, acrescenta ele, como o entendimento deve aperfeiçoar-se nas trevas da fé, a memória pelo vazio da esperança, e a vontade pela privação e pela carência de toda afeição, para unir-se a Deus."[24] Assim, o vazio afeta a totalidade das componentes do homem, como se ele devesse informar, por sua própria informi-

---

20 Agostinho de Hipona (354-430), *Commentaire de la Première Épître de saint Jean*. Paris, Cerf, "Sources Chrétiennes", n° 75, 1961, II, 9, p. 169.

21 Maître Eckhart (1260?-1327?), *Traités et Sermons*. Ed. Alain de Libéra. Paris: Flammarion, 1993. Sermon 2, p. 231.

22 "*Mensch wo du Ledig Bist, das Wasser Quillt auss dir/ So wol als auss dem Brunn der Ewigkeit herfür*" (Angelus Silesius, *Cherubinischer Wandersmann*. Stuttgart: Philipp Reclam, 1984. I, 159, p. 50).

23 Pierre de Bérulle (1575-1629), *Discours de l'État et des Grandeurs de Jésus* (1623). Paris: Cerf, 1996. II, 12.

24 João da Cruz (1542-1591), *La Montée du Carmel*. In: *Œuvres Spirituelles*. Paris: Seuil, 1947. II, 5, p. 114.

Vazio

dade, todas as modalidades do pensamento. Em face do mistério divino, a razão não é menos instável que o fantasma ou o elã do coração. Por toda parte deve-se experimentar, nessas "cavernas" que são os poderes da alma, o "vazio imenso de sua profunda capacidade".[25]

O vazio representa, ao mesmo tempo, um teste para a fé, um antídoto para o orgulho e uma colocação à prova da inventividade espiritual; e, no entanto, ele abre uma porta para horizontes de esplendor. Outra ambiguidade: é recebido enquanto se trabalha em fabricá-lo. Ele significa, aliás, de maneira contraditória, tanto a presença quanto a ausência de Deus, seu retiro voluntário, seu exílio ontológico. Assim, a experiência do vazio é vivida como uma exigência metafísica (purgar-se das escórias, evacuar ilusões), uma obrigação moral (humilhar-se) e uma prova espiritual (deixar-se satisfazer por um não-sei-quê de absoluto). Precisão suprema: no cristianismo, esse imperativo, esse dever e esse exercício se inscrevem num modelo trinitário, supondo a caridade que vem do Pai, pela graça do Filho, na comunhão do Espírito. Enquanto exigência metafísica, a experiência do vazio desenvolve a convicção ontológica pela qual o sujeito se reapropria do *tohu-bohu* original, capta uma distância e coloca uma alteridade. Enquanto obrigação moral, o aniquilamento de si se refere à kênose crística e extenua os egocentrismos idólatras. Enfim, enquanto prova espiritual, a despossessão de si serve como prelúdio a qualquer itinerário místico. Tais são, pois, os efeitos devastadores desses contatos repetidos com o nada, vividos no mais profundo de si.

Convém destacar, uma vez mais, que a tradição cristã, nesse domínio, compartilha com outras correntes espirituais um certo número de posições. O costume de meditar, qualquer que seja seu enraizamento cultural, com efeito, levanta bem depressa o problema do excesso anárquico que ameaça: proliferação de imagens, logorreia interior, *zapping* mental etc. Uma das

---

25   *Idem*, La Vive Flamme d'Amour. In: *Œuvres Spirituelles*, op. cit., p. 987.

maiores dificuldades do exercício meditativo consiste em canalizar o balbucio mudo da discursividade interna, neutralizando ao máximo as diversas formas de distração. Nenhuma receita conseguiria impor-se; só prevalece um conhecimento empírico: não resistir, não lutar de frente, mas agir "por trás", como o sugeriam os mestres taoístas, ou, antes, não agir diretamente. O paradoxo da passividade ativa habita a estratégia discreta que manobra nos bastidores. O termo chinês *wuwei* qualifica um não agir assumido, isto é, uma ação refletida, mas travestida sob a aparência da inatividade. O sábio observa as coisas e os seres, procurando avaliar sua natureza intrínseca. A verdadeira força não está, num primeiro tempo, do lado da ação. Um mestre do Tao contava a anedota seguinte:

> Quando dois homens se batem, e um outro, muito fraco, se encontra ao lado deles, que ele venha em auxílio de um, e este levará a vitória; que ele preste socorro ao outro, e aquele será salvo. Assim nossos dois lutadores, que são muito fortes, dependem de um homem fraco, não por causa de sua coragem, mas porque ele não combate.[26]

São Paulo preconiza, ele também, uma virada radical dos critérios mundanos: "Quando estou fraco, é aí que fico forte" (2 Cor. 12, 10). Não se faz "diversão", como dizia Montaigne, não se pratica a "santa indiferença", como queria Francisco de Sales, senão para melhor controlar seu mental. O vazio se cultiva a portas fechadas, ao preço de uma longa aprendizagem, de uma lenta pedagogia, onde o sujeito se descobre, nessas matérias, autodidata sem querer. A abertura de um buraco interior, pouco a pouco sentido, pondera o zelo barulhento do espírito; ela impede excessos e precipitações. O aprendiz meditante se esforça para manter o rumo, no caso o despertar permanente de sua consciência, pela consideração de um nada que dá ao pensamento uma espécie de réplica ritmada.

---

26 *Philosophes Taoïstes*, op. cit., XIV, *Des Paroles Probantes*, p. 688.

Numa perspectiva cristã, esse vazio que emerge do bem fundo da consciência permanece de natureza substitutiva, já que retrocede a Deus, além de um lugar doravante vacante, uma iniciativa que se desejava imprudentemente confiscar-lhe. João Batista se situava numa tal dinâmica quando dizia a respeito de Jesus: "É preciso que ele cresça e que eu diminua" (João 3, 30). Um místico renano do século XIV, Jean Tauler, pregará o mesmo tipo de apagamento: "Se você sai completamente de si mesmo, Deus entrará inteiro. Enquanto você sai, ele entra, nem mais nem menos."[27] Semelhante transferência se acompanha inicialmente de amargor, não nos enganemos quanto a isso, e não de ebriedade espiritual. João da Cruz insistia muito sobre o caráter doloroso da prova, principalmente em sua fase intermediária, quando a presença divina não se faz ainda sentir, ainda que não fique mais nada, ou, por assim dizer, nada, no entendimento, na memória e na vontade doravante purificados: "O apetite espiritual [...] fez o vazio nele mesmo para se dispor a receber o divino, e como esse divino não lhe é ainda comunicado pela união com Deus, esse vazio onde ele está, e essa sede de Deus lhe causam sofrimentos mais cruéis que a morte."[28] Desde que se trate de se livrar de si, o desafio se mostra perigoso. Os Padres do deserto, como lembramos, tinham tido sua profunda intuição. Ora, é precisamente essa experiência pessoal do vazio que caracteriza melhor o verdadeiro espírito da ascese. Um adágio que remonta a São Jerônimo afirma que a santidade consiste em "seguir nu o Cristo nu [*nudus nudum Christum sequi*]". As ordens mendicantes da Idade Média erigirão esse princípio como norma de vida. O vazio cristão se chama também, de maneira muito concreta, pobreza, despojamento, austeridade.

---

27   Jean Tauler (1300?-1361), *Aux "Amis de Dieu".* Sermons. Paris: Cerf, 1979. t. I, Sermon 1, p. 15.

28   João da Cruz, *La Vive Flamme d'Amour*, op. cit., p. 987.

Ioga ou pleroma

Nesse estágio, um paralelo se impõe com os procedimentos técnicos preconizados pelas tradições hinduísta e budista. A Bhagavad-Gītā, por exemplo, defende frequentemente a concentração psíquica mais intensa, tendo em vista um total isolamento interior. O aprendiz deverá despojar-se de todo apego, "ficando indiferente ao sucesso ou ao insucesso", porque "a ioga é indiferença".[29] A palavra *ioga* (cuja raiz indoeuropeia se encontra no latim *jugum*, "elo") se refere aqui a toda uma disciplina espiritual visando à união ou à reunião das energias físicas e psíquicas da pessoa. O movimento de introversão se revela decisivo: "Porque o ato é infinitamente inferior ao desligamento interior: é no pensamento que se deve buscar o refúgio."[30] A tradição ocidental cristã louvará, por sua vez, a "via purgativa" como primeiro estágio de uma ruptura com o mundo exterior. Teresa de Ávila contou minuciosamente esse mergulho em alta profundidade, até o centro de si, até o vazio de uma interioridade misteriosa, descrita sob a imagem de um vasto castelo com sete moradas.[31] Estratégia de enclausuramento, sem dúvida, em clausuras invisíveis. "Tal como a tartaruga entrando completamente seus membros", o adepto da ioga "isola seus sentidos dos objetos sensíveis".[32] A serviço do mental, que é preciso domar, a gente se abriga, só pela força do espírito, como em um caixão de isolamento sensorial. A desalienação prometida (liberar-se das paixões, das ilusões etc.) justifica a imensidão de um esforço quase sobre-humano: "Quando o espírito disciplinado se fecha unicamente nele mesmo, então se diz que o homem, liberado de todos os desejos, atingiu a ioga."[33]

---

29 *La Bhagavad-Gītā*, texto bilíngue. Ed. Émile Sénart. Paris: Les Belles Lettres, 2004. II, 48, p. 8.
30 *Ibidem*, II, 49, p. 8.
31 Teresa de Ávila, Le Château de l'Âme, ou les Demeures (1577). In: *Œuvres Complètes*. Paris: Seuil, 1949.
32 *La Bhagavad-Gītā*, op. cit., II, 58, p. 9.
33 *Ibidem*, VI, 18, p. 21.

✿ Vazio ✿   37

Um outro ponto de contato merece ser destacado, entre espiritualidade hindu e ascese cristã: a colocação no mesmo plano das diferentes espécies de relação estabelecidas entre o sujeito e o mundo exterior. Um mesmo combate se desenvolve, uma mesma vigilância disciplinar se impõe. A *Bhagavad-Gītā* menciona uma tripla ascese:

> Culto dos deuses, dos brâmanes, dos mestres e dos sábios, pureza, retidão, castidade e respeito da vida, eis o que se chama ascese de ação.
> Uma linguagem que não fere jamais, verdadeira, agradável e útil, e a récita do veda é a ascese de palavra. A calma do espírito, a bondade, o silêncio, o domínio de si, a pureza interior constituem a ascese de pensamento.

A penitência cristã insistirá, por sua vez, nos pecados cometidos "em pensamento, em palavra, por ação e por omissão"; quanto a João da Cruz, ele evocava a travessia de uma tripla noite – dos sentidos, do espírito, da fé – durante a qual se efetuava, no próprio cerne dos "poderes da alma", a neutralização de seu conteúdo parasita. A ascese se justifica como uma ação mas se acaba na quietude contemplativa. Uma semelhante dialética da intervenção e da não intervenção se encontra na *Bhagavad-Gītā*: "Para elevar-se à ioga, a ação é a arma do sábio; é a inação quando ele está elevado à ioga."[34] A ascese não tem fim em si e não conseguiria confundir-se com uma espécie de performance esportiva. Mesmo se ela se acompanha, sendo o caso, de tal ou tal prática corporal (sobriedade alimentar, continência sexual, posturas trabalhadas do corpo etc.), a ascese do iógui procura principalmente obter a paz interior. A *Ioga Sutra* de Patanjali desenvolve particularmente essa ideia, alertando, como mais tarde Teresa de Ávila e João da Cruz, contra a procura ingênua de algum poder maravilhoso destinado a impressionar as multidões. Dever-se-ia concluir disso que o vazio celebrado pela ioga é da mesma natureza que o elogiado pelos místicos cristãos? Na

---

34   *Ibidem*, VI, 3, p. 20.

realidade, diferenças maiores se impõem. A *Bhagavad-Gītā* celebra várias vezes uma espécie de ataraxia ideal, possível desde esta vida, e que conduz a uma total impassibilidade: "Sem confusão no sofrimento, sem atração pelo prazer, livre de apego, de cólera e de medo, o asceta está em posse da luz."[35] O Nada representa um Em-Si puramente exterior, uma pura exterioridade completamente vazia à qual se associa a sábia e na qual ele se funde. Ora, o Cristo, que sofreu livremente sua Paixão, não ficou jamais impassível; não somente ele foi compassivo com os homens, como o foi Buda, mas ele tomou sobre ele todas as paixões e todos os sofrimentos, até a angústia da agonia, sem se excluir da humana e comum fragilidade. O ióggui, por outro lado, deve aprender a "fixar-se unicamente em seu eu",[36] atitude inaceitável para um cristão, que deve, ao contrário, aprender a se desapegar de seu eu, desde o iníco de sua conversão, para se voltar para Deus. Nenhuma forma de egocentrismo, mesmo motivada pela busca do Nada, não conseguiria ser legítima para um leitor da Bíblia. Na *Bhagavad-Gītā*, o sábio opera sua própria salvação, como se a meditação perfeita terminasse na redenção real da pessoa: "É por si mesmo que se salva, que se escapa da perdição; o homem é para ele mesmo seu amigo, para ele mesmo seu inimigo."[37] No cristianismo, o homem não pode se salvar; ele *é salvo*. Enfim, depois de ter conseguido o controle das paixões e dos sentidos, o espírito do ióggui deve pouco a pouco, "fechando-se em si, não pensar mais".[38] Semelhante desqualificação do pensamento fica naturalmente incompatível com uma teologia do Logos encarnado. O Deus que se revela na Bíblia e a própria pessoa do Cristo mediador reorientam integralmente a espiritualidade do vazio. O Evangelho de João menciona precisamente a ideia de plenitude (pleroma) a propósito da encarnação do Verbo: "De sua plenitude nós todos recebemos" (João

---

35   *Ibidem*, II, 56, p. 9.
36   *Ibidem*, II, 61, p. 9.
37   *Ibidem*, VI, 5, p. 20.
38   *Ibidem*, VI, 25, p. 21.

1, 16), e São Paulo falará frequentemente em termos enfáticos da "plenitude do Cristo" (Ef. 4, 13). Nas epístolas escritas durante seu cativeiro, onde a dimensão cósmica do Cristo é particularmente engrandecida, ele usa fórmulas grandiosas para sugerir a completude perfeita do Cristo, em sua transcendência divina absoluta: "Nele habita corporalmente toda a plenitude da divindade" (Col. 2, 9); "Deus foi indulgente fazendo habitar nele toda a plenitude" (Col. 1, 19). O Cristo exaltado, em seu corpo glorioso, concede uma superabundância de graças. Sua plenitude se confunde com a do Pai, mas ele a comunica aos homens. Desse ponto de vista, um versículo muito importante da Epoístola aos Efésios relativiza grandemente o entusiasmo pelo vazio espiritual que alguns cristãos poderiam cultivar sem recolocá-lo em sua justa perspectiva: "Vocês entrarão por sua plenitude em toda a plenitude de Deus" (Ef. 3, 19). Não somente o Deus da Bíblia é um Deus de plenitude, para além do pleno e do vazio, tais como a física ou os homens os concebem, mas essa plenitude comunicada convida a humanidade à partilha, à parceria, ao companheirismo. No cristianismo, enfim, a totalidade entrou no particular. O Todo-Outro se fez alguém, Deus ousou se tornar alguém.

Nada, quase nada, algo...

Vimos, no entanto, a fecundidade de um pensamento *do* vazio e *sobre* o vazio, no âmbito da Revelação bíblica; constatamos também a riqueza operatória da noção de vazio para qualquer exercício espiritual. Seria, finalmente, impossível manter uma dupla abordagem dessa noção, ora positiva, ora negativa? Como reconciliar o vazio e a plenitude?

Talvez se devesse afirmar imediatamente a conaturalidade que religa, no plano metafísico, Deus e o vazio. Se Deus "coloca sua tenda" ou "morada" entre os homens, como gosta de escrever São Joao, em seu Evangelho,[39] ele ocupa o lugar do vazio, mas fica inconcebível, avesso a toda dominação, refratário a

---

39   "E o Verbo se fez carne, e ele *habitou* entre nós" (João 1, 14).

toda ideia. Deus esvazia a alma para enchê-la, mas sua plenitude empresta ainda a forma ou a imagem do vazio. É precisamente nesse divino Nada que se mede uma distância infinita, e que o homem descobre o não representável, o não conceitualizável, o inefável. Na "vacuidade vazia do espírito", para empregar a terminologia de Ruusbroec, icomensurável profundeza do "sem--fundo" (*Grondeloes*), projeta-se um reflexo da Essência.[40]

No primeiro dicionário de teologia mística, *Clef pour la Théologie Mystique*, o jesuíta Maximilien Sandaeus, em 1640, esforça-se para justificar a noção de vazio, que ele chama de Nada, traçando um paralelo entre "unidade divina" e "unidade do espírito":

> Os místicos ensinam isto: quando, na mais elevada contemplação, as forças da alma foram arrastadas para a unidade do espírito, e que a unidade do espírito se impôs imediatamente por sua presença e colocou a alma diante de Deus, então, da unidade divina projeta-se alguma luz na unidade elevada de nosso espírito, sob o aspecto de uma tripla semelhança, a saber, a da névoa tenebrosa, da serenidade luminosa, e do nada. Essa luz, com efeito, se manifesta como algo de nada, cuja nobreza leva o homem a cessar toda atividade, a ponto de ele ser vencido pela operação do amor divino, que é, acima de qualquer operação, uma calma celeridade, e, acima de todo desejo ou de todo impulso, uma certa tranquilidade bem-aventurada.[41]

Uma imaterial luz, de origem divina, que se comunica ao homem, pode da mesma forma converter-se em trevas (a famosa "névoa" dos místicos, *caligo* em latim). Essa dupla semelhança paradoxal, expressa sob a forma do oximoro (luminosas trevas, tenebrosas luzes), gera uma outra semelhança, a do Nada, que integra as duas primeiras, anulando-as. Deus e o homem po-

---

40   Jan van Ruusbroec (1293-1381), *Les Noces Spirituelles* (1335), Abbaye de Bellefontaine, 1993.

41   Maximiliani Sandaei (1578-1656), *Pro Theologia Mystica Clavis*. Cologne, 1640, artigo *Nihilum*. O autor traduziu do latim.

dem, pois, também encontrar-se na utopia ucrônica do vazio, que nos remete ao nada primeiro da origem sem origem.

Nas *Confissões*, Santo Agostinho não esconde as dificuldades que encontrou quando, ainda imbuído das teses maniqueístas, ele se esforçava para pensar no primeiro dia da Criação. Ele não chegava, com efeito, a se livrar da noção de "forma". Ora, Deus, tendo criado o mundo a partir de nada, "*de nihilo*", o primeiro Céu e a primeira Terra, tirados do nada, são, primeiramente, algo de puramente informal e de contíguo, entre o ser e o nada, antes que Deus organizasse *formalmente* a sequência da Criação. Agostinho devia, pois, conceber "uma coisa que ficou entre a forma e o nada, nem forma nem nada, uma coisa informe próxima do nada [*quiddam inter formam et nihil, nec formatum nec nihil, informe prope nihil*]".[42] A meditação sobre as primeiras palavras da Gênese (*bereshit bara Elohim, in principio creavit Deus*) leva Agostinho a descobrir o estranho valor conceitual do "informe absoluto", pura virtualidade que, no processo evolutivo da Criação, se torna variabilidade infinita das coisas, "mutabilidade [...] capaz de todas as formas nas quais se mudam as coisas mutáveis".[43] No universo, mas da mesma forma na carne do homem, em seu pensamento ou em sua palavra, triunfa um princípio de metamorfose e de adaptação que a presença subterrânea do nada torna particularmente performante. O nada, de alguma maneira, atravessa de um lado a outro a menor totalidade. Para descrever o estado necessariamente instável do real, essa espécie de impermanência do Ser, Agostinho não hesita diante do oximoro metafísico, evocando "um nada que é algo [*nihil aliquid*]" ou, então, ainda, "um ser que é um não-ser [*est non est*]".[44] Uma tal impermanência continua a informar ou mais exatamente a habitar a criatura, dando-lhe, com efeito, alguns *hábitos*. Desde o instante zero do *Bereshit* inicial, de al-

---

42 Agostinho de Hipona, *Confessions*. Paris: Desclée de Brouwer, "Bibliothèque Augustinienne", nº 14, 1962, livre XII, p. 351.
43 *Ibidem*, p. 353.
44 *Ibidem*.

guma maneira, onde ela foi suspensa à palavra divina, a Criação toda conserva uma profunda afinidade com o nada. Agostinho medita assim sobre o *tohu-bohu* que caracterizava a primeira Terra: "Todo o conjunto de então estava próximo do nada [*illud autem totum prope nihil erat*], visto que era ainda absolutamente informe; já era, no entanto, capaz de receber uma forma. Foste tu, com efeito, Senhor, que fizeste o mundo de uma matéria informe, que do nada tu fizeste quase nada [*quam fecisti de nulla re paene nullam rem*]."[45] Por mais maravilhoso que seja, o universo não deixa de ser semelhante a um "quase nada". O processo criativo se confunde com um fazer absoluto, incondicionado, independente, gratuito. Não se detecta aí nenhuma imanência do mundo, como em muitos paganismos, nem mesmo nenhuma emanação ou continuação a partir do Uno, como em Plotino. O quadro pintado pela Bíblia se revela definitivamente menos sedutor, mais inquietante, ou mais incompreensível: um abismo se aprofundou entre Criador e criaturas, isto é, uma distância infinitamente infinita, vazio imenso que nada parece preencher; e, todavia, esse mesmo nada não escapa a Deus. O Nada satura a parte de finitude ou de infinitude que marca a face negativa das coisas, mutáveis, precárias, falíveis.

A Revelação é um excesso?

A evolução que se opera, inevitavelmente, do pensamento do vazio ao vazio do pensamento, repousa sobre a intuição de uma equivalência vertiginosa: o pensamento humano nada mais é que um *nada*. Os místicos sempre tiraram proveito desse impasse terrível: "Onde acabam a compreensão e o desejo", dizia Mestre Eckhart, "onde as trevas aparecem, aí começa a luz de Deus".[46] No exercício meditativo, o pensamento condescende a esse risco; ele se deixa desestruturar e desconstruir até fazer

---

45   *Ibidem*, p. 355.
46   Mestre Eckhart, *Traités et Sermons*, op. cit., Sermon 42, *Adolescens...*, p. 339.

Vazio 43

a experiência de uma improcedência que reflete seu próprio limite. Mas esse *não existir* não conseguiria, no entanto, confundir-se com uma simples forma de niilismo. O cristão em particular não mantém nenhuma nostalgia por um vazio primordial, cuja atração cativaria seus desejos. Se ele medita sobre um nada que o encerra, ele contempla essencialmente a perspectiva de uma abertura infinitesimal, antecipação de um preenchimento por vir. Dito isto, a plenitude prometida, mas já parcialmente dispensada, ofusca às vezes o horizonte da consciência cristã. Não se priva, aliás, de repreender no cristianismo seus excessos de plenitude dogmática, excesso que, diferentemente das espiritualidades do Extremo Oriente, comprometeriam gravemente o contato com o Absoluto. Talvez a "noite da fé" se ofereça aos místicos; mas para o comum dos fiéis, em compensação, só parece existir a completude maciça e catastrófica do catecismo. Sob uma avalanche de enunciados doutrinais, o que sobra para refletir, meditar? Um excesso triunfalista não evacuou justamente o vazio místico? Sem dúvida, convém colocar o problema de outra forma, num esforço de justeza.

A despeito de seu caráter normativo ou definitivo, com efeito, os enunciados da fé apenas sugerem um mistério, esquematizam quando muito um devaneio dogmático. O que eu disse ou fiz quando confessei, por exemplo, esse tipo de verdades: Deus é único em sua substância, mas trino em suas hipóstases; o Cristo é verdadeiramente Deus e verdadeiramente homem, sem mistura nem confusão das naturezas etc.? Eu recito o mais inteligentemente possível uma "lição", esforçando-me para "compreendê-la" do fundo do coração e com toda minha alma, mas, na realidade, continuo não compreendendo nada, utilizando, não sem um ingênuo orgulho, conceitos ao mesmo tempo infinitamente sugestivos e ridiculamente pretensiosos. Existiriam então duas maneiras de conceber o *credo*. Pode-se, com efeito, considerar o dogma como uma camisa que aprisiona o elã espiritual, traz respostas formatadas às inquietudes, paralisa para sempre a dúvida e anestesia toda forma de espírito crítico. Pode-se, também, no entanto, como o prova, através dos tempos, uma criatividade teológica ininterrupta ver no dogma uma espécie de núcleo atômico que não para de irradiar ou de vibrar. A partir daí, como não detectar, nesse patrimônio exuberante de conceitos, de imagens ou de formulários, um *déficit* fundador, uma confissão de ignorância?

Uma plenitude doutrinal atravessa, de alguma maneira, os enunciados da fé, à maneira dessa coluna de fogo e de nuvens que guiava os hebreus, mas sem ficar prisioneira de formulários necessariamente desastrosos. A menor afirmação, mesmo expressa com a mais elegante concisão retórica, ressoa precisamente no vazio, a partir do momento em que ela não é mais encontrada ou reinventada, mas principalmente meditada, rezada e vivida por aquele que pronuncia suas palavras e assume seu conteúdo. Um dogma vive menos de estéreis repetições mecânicas que de extensões infinitas.

A Bíblia propõe, com certeza, uma revelação, mas ela destaca implicitamente, *ipso facto*, o antes da revelação ou sua ausência. Tal seria, aliás, o paradoxo da plenitude, já que a mensagem entregue concerne a um "mistério envolvido de silêncio nos séculos eternos" (Rom. 16, 25), encoberto sob persistentes trevas, e que só se abre através da história complexa dos homens. A Revelação desposa, de alguma maneira, os estados diversos da humanidade, para confundir-se com a história da salvação. O cosmos todo, toda a humanidade e cada vida pessoal recapitulam, durante sua existência, essa história progressiva cuja última palavra nos escapa. A própria ideia de "revelação" *revela*, pois, principalmente a extensão não revelada ou do não-ainda-revelado. Nessas condições, a Revelação bíblica, apesar ou por causa de sua extraordinária exuberância, permanece, num sentido, o que Santo Agostinho chamava um "quase nada". Tem-se, às vezes, uma falsa ideia da Revelação cristã, imaginando-se cristãos satisfeitos de doutrina, e, por conseguinte, espiritualmente paralisados. O mistério cristão parece, no entanto, apesar do paradoxo, uma vasta tarefa de desmistificação, contra o refúgio do mito ou das seduções da fábula, contra as imposturas de uma razão às vezes muito crédula, contra as ilusões ou as armadilhas da sensibilidade. A noção de "mistério" corrige ou compensa, aliás, a de "revelação". Se a Revelação justamente permanece um mistério, ela se confessa, então, incompleta, com uma incompletude que leva a marca do vazio. Não se vê jamais, segundo São Paulo, senão "num espelho", através de um "enigma" (1 Cor. 13, 12), e o que escapa ao domínio da palavra leva a assinatura de uma radical alteridade, mesmo que essa se tivesse feito próxima na carne do Cristo. Antes como depois da Encarnação, a Trindade fica impenetrável em sua essência. Fascinada por esse mistério que a nutre, a meditação cristã se envolve numa "nuvem de desconhecimento"[47] onde o nada se torna eloquente. Reduzida apenas aos esforços do espírito humano, a meditação experimentaria um vazio no qual ela acabaria por se consumir. Palavras, imagens, pensamentos são apenas poeiras que revertem em poeira. O aspecto negativo da trajetória fica, no entanto, rico de ensinamentos: o espírito se impõe uma higiene, submete-se ao treinamento, pratica uma ginástica a fim de se beneficiar, por flexibilidades sucessivas, de uma salutar cura de lucidez. A *Imitação de Jesus Cristo* propõe, muitas vezes, esse "nada" à contemplação:

> Quão profundamente devo abaixar-me, Senhor, sob teus julgamentos abissais [*abyssabilibus judiciis*], onde eu descubro que sou apenas nada e nada [*nihil et nihil*]. Oh, peso imenso! Oh, oceano que não se pode atravessar, onde não identifico nada mais a meu respeito senão um nada na totalidade [*nihil de me reperio quam in toto nihil*].[48]

---

47 Título de uma obra anônima inglesa, *The Cloud of Unknowing*, escrita entre 1350 e 1380.

48 *Imitation de Jésus-Christ* (obra anônima escrita no fim do século XIV), ed. bilíngue (o autor traduz o texto latino). Paris: Garnier, 1936, *Le Livre de la Consolation Intérieure*, § XIV, p. 326.

Na presença da ausência

Diferentes níveis de sentido defendem o alto valor espiritual da noção de vazio. O fundo físico contamina naturalmente e prolonga o semantismo do termo, realçando assim seu prestígio metafísico. Assim, em primeiríssimo lugar, o vazio representa a tela de fundo do cosmos, um avesso do universo, um agente secreto da Criação, uma face oculta do real. A energia mascarada que ele simboliza exprime sempre alguma projeção fóssil do Ser. Sua invisível e discreta onipresença, disfarçada em pura ausência, confere-lhe uma ambiguidade dinâmica que estimula a reflexão sobre os próprios fundamentos do pensamento. A ordem e o caos se dividem os favores do espírito, fazendo nascer, na menor de suas obras, esboços de estrutura que sua própria tendência à desconstrução logo ameaça. Na infinidade do espaço ou do tempo, o vazio indexa no registro do não ser todas as formas possíveis de dissolução ou de entropia. Porque ele introduz o obstáculo ou a diferença em qualquer sistema de pensamento, ele invalida qualquer visão totalitária do mundo. No plano da psicologia, enfim, onde acontece o prelúdio meditativo, em sua fase preparatória (recentramento, concentração, tensão...), o sentimento do vazio trabalha na perda das referências culturais familiares, favorecendo a renúncia de si, ou seja, o aniquilamento do *Ego*. Pela prova da ascese (corporal, moral, intelectual etc.), as paixões de todas as ordens se curvam a uma disciplina livremente consentida, que não conduz necessariamente ao radicalismo da apatia ou da ataraxia, mas a um melhor controle da consciência de si. Transpõem-se soleiras e percorrem-se lugares simbólicos, no próprio interior da consciência: um oco, um deserto, um abismo...

"O abismo chama o abismo [*abyssus abyssum vocat*]" (Sl. 42, 8); a chamada coincide com uma queda no desconhecido. Portas em fileira se entreabrem para uma paisagem inaudita que nenhum pincel conseguiria pintar, que nenhuma linguagem pode descrever. O abismo impõe um modo negativo de expressão, uma apófase[49] inelutável. Seria, esclareçamos, um erro abandonar essa via só aos "profissionais" da mística, enquanto qualquer um pode facilmente fazer sua experiência. A dimensão mística não constitui um apêndice da vida cristã, recompensa reservada a uma "elite", mas, ao contrário, uma dimensão constitutiva dessa mesma vida, de que ela deveria ser apenas uma evidência ordinária. Deus reside num abismo impenetrável, ainda que Ele comunique aos homens uma parte de seu mistério. Desde o Antigo Testamento, Ele se revela inominável e inacessível. Se vem adiante dos homens, Ele jamais se impõe às consciências; aprofundando o desejo, Ele instaura uma troca baseada na confiança recíproca. Abatido pelas piedosas submissões que lhe prodigalizam habitualmente os homens, em suas diversas "religiões" (atos de fé sustentados à maneira de slogans, manifestações tonitruantes frequentemente motivadas por um simples reflexo supersticioso), o Deus revelado na Bíblia espera o amor, e não o servilismo; ele procura parceiros responsáveis, e não súditos. Sua liberdade convoca nossa liberdade, seu infinito chama nosso próprio infinito. *Abyssus abyssum vocat...*

Eis por que razão, mesmo se Deus se comunica para o exterior, Ele continua para sempre o Todo-Outro em sua essência. As grandes figuras do povo hebreu (Abraão, Isaac, Jacob, José, Moisés...) experimentaram a importância decisiva de valores tais como o nomadismo ou o exílio, categorias de pensamento que se referem a uma experiência do nada, categorias universais que deveriam estruturar toda vida espiritual. O Absoluto habita um recôncavo do Ser. A cabala judia sempre insistiu nesse retiro poético e incompreensível do *En-Sof*. O Sem-Nome se deixa buscar num afastamento máximo, um grande afastamento de linguagem e de representações, um espaço-tempo existencial onde Deus incentiva a busca, aceita a dúvida, desculpa o de-

---

49 A palavra *apófase* significa "negação". Chama-se teologia *apofásica* uma atitude teológica que privilegia uma abordagem de Deus por negações sucessivas do que ele não é.

sespero e chega até a assumir sua própria rejeição eventual, em nome de uma liberdade outorgada sem condição.

"Se o Cristo não ressuscitou", escrevia São Paulo às comunidades de Corinto, "vazia então é nossa mensagem, vazia também sua fé" (1 Cor. 15, 14). Todo o cristianismo repousa na experiência perturbadora desse túmulo desertado pela Vida. Se o túmulo não está vazio, vazia é a fé; mas se esse vazio sepulcral não está *evacuado*, por sua vez, por uma "plenitude de Vida", a fé permanece ainda vazia de qualquer conteúdo. Compreende-se melhor o espanto do grupo de mulheres vindas de manhãzinha embalsamar um cadáver que se despediu da morte. Não se conseguiria "pensar o Cristo" sem ir ao Sepulcro, onde a fé muito humana deve falhar para renascer. A experiência do vazio, através de dúvidas e de "noites escuras", não é inseparável de toda fé autêntica? São Paulo acrescentava em seus propósitos precedentes a formulação de uma hipótese muito incisiva: "Se é por essa vida somente que colocamos nossa esperança no Cristo, nós somos os mais lastimáveis de todos os homens" (1 Cor. 15, 19). A meditação cristã não pode ignorar essa eventualidade que venceria em seu próprio nada. Não é ela, justamente por causa de suas lacunas ou de suas deficiências, convidada a se elevar à presença paradoxal do grande Ausente?

Orar significa primeiramente "colocar-se na presença de Deus", como o repetem todos os livros clássicos de devoção. Essa "colocação em presença" equivale, como se viu, a toda uma série de recusas voluntárias, a uma evacuação do inessencial. Não se encontra "em presença" de Deus senão no sentimento de sua própria "ausência". Mais exatamente, talvez, experimenta-se esse vazio num excesso de sua própria presença: excessivamente ocupado consigo mesmo, mede-se melhor o nada de toda coisa. É preciso ter profundamente consciência de suas ausências para experimentar o que os Padres gregos chamavam o "sentimento de uma Presença [*aisthesis parousias*]". E, no entanto, fica-se na soleira de uma porta que se abre. Quem está atrás da porta? A Bíblia sugeriria aqui uma humilde atitude: o temor é o começo da sabedoria; ele é também o primeiro dom do Espírito Santo.

Esse temor do começo, de todo começo espiritual, se prolonga até o termo do exercício. Nesse contexto, a noção de "temor" não remete ao léxico do medo; ele suporia até, antes, em seu contrário, um abandono confiante. Dom do Espírito Santo, o temor se revela aqui benéfico, educativo, liberador; toda uma gama de sentimentos modula sua natureza e seus efeitos: espanto, surpresa, susto, recato, reticência, pudor, ponderação, lucidez... Assim deve-se abordar, em seu pensamento, o mistério do Nome "acima de qualquer nome" (Fil. 2, 9). É preciso, pois, "temer" ao nomear muito depressa o Deus da Bíblia, o Anônimo que brinca de esconde-esconde na névoa. "Eu estava reduzido ao nada e eu não sabia nada",[50] como o confessava o salmista. Se a meditação não apreende o vazio das palavras, ela se condena precisamente à insignificância. Em hebraico, o vazio vocálico cimenta as quatro consoantes do divino Tetragrama (*He, Ve, Yod, He*) impronunciável, assim como o nada estrutura o universo ou nosso próprio corpo, nossa própria linguagem principalmente, nada que desenha as filigranas invisíveis de um mundo *recto verso*. "Esse nome de Deus", escrevia Tomás de Aquino, "é incomunicável segundo a realidade [*hoc nomen Deus incommunicabile est secundum rem*]".[51] O exercício cristão da meditação deve considerar esse "incomunicável", escandalosamente transgredido pela descida do Filho de Deus. Vindo entre os homens, com efeito, o Cristo se *esvaziou* ele próprio (*ekenosen*) de suas prerrogativas divinas, assim como o proclama com audácia o hino aos Filipenses de São Paulo: "Tenham entre vocês os mesmos sentimentos que estão no Cristo Jesus. Ele, de condição divina, não reteve orgulhosamente a posição que o igualava a Deus. Mas

---

50 "*Ad nihilum redactus sum et nescivi*" (Sl. 72), segundo a Vulgata, que modifica aqui o texto hebraico original.

51 Tomás de Aquino, *Somme Théologique*. Paris: Desclée, 1926. Ia, Q. 13, art. 9, conclusion.

ele se aniquilou a si próprio, tomando a condição de escravo, e tornando-se semelhante aos homens. Tendo-se comportado como um homem, ele se humilhou ainda mais, obedecendo até a morte, e na morte numa cruz" (Fil. 2, 5-8). Metamorfoses impensáveis, rebaixamentos em cascata: Deus tornado escravo, o Inefável tornado palavra, o incomunicável comunicado só pela "linguagem da cruz" (1 Cor. 1, 18).

A meditação cristã não pode fazer a economia de uma travessia *kenótica*. Não deve ela experimentar a suficiência dos discursos, a vaidade dos comentários, a força dos hábitos, a tirania do preconceito? No vazio das representações, ela conseguirá ir "até a morte", até a cruz, para descobrir ao mesmo tempo a permanência do indizível e a graça da palavra? No fundo, a meditação deve liberar-se de toda *premeditação* apressada, e tentar verdadeiramente a experiência do vazio espiritual. No Espírito, pois, o vazio tomou uma outra forma, e o nada, um outro sentido.

Sopro

Πνεῦμα [...] ὁδηγήσει ὑμᾶσ εἰς πᾶσαν τὴν ἀλήθειαν.

Spiritus [...] docebit vos omnem veritatem.

O Espírito [...] vos introduzirá em toda a verdade.

(Evangelho de João 16, 13)

❧ ❧ ❧

Sente-se um encantamento diante dos poderes do pensamento, capaz de envolver o mundo em seus recônditos, de envolvê-lo em sua bandeira de conquista. A despeito de inúmeras misérias, o homem não deveria jamais esquecer o que Pascal chamava sua "grandeza".[1] E, no entanto, o quadro comporta zonas sombrias. Na citadela interior do espírito acontecem a portas fechadas muitas encenações, teatros de sombras ou manipulações. O pensamento continua sempre rei em seu reino, ou não se deixa subverter em profundidade por suas próprias fraquezas? Um racionalismo extremista não parece viável; o pensamento humano repete o fracasso de Narciso: iludido pela imagem que dá de si mesmo, ele mergulha em seu próprio reflexo, num esforço desesperado de *reflexão*.

Numa perspectiva bíblica, viu-se como o nada gravitava em torno da criatura. No início do século XV, o autor da *Imitação de Jesus Cristo* se via perdido num espaço imaginário, vastas ex-

---

1   Pascal, *Pensamentos*, Ed. P. Sellier. Paris: Garnier, 1991. fr. 146, 148.

tensões onde o eu se torna algo de tão ínfimo que ele não era nem um ponto imperceptível: "Lembre-se, Senhor, que eu não sou nada [nihil sum], que eu não tenho nada [nihil habeo], que não sou capaz de nada [nihil valeo]."[2] Em toda projeção espacial do universo mental, em duas, três ou quatro dimensões, não há outro sinal de referência senão o da suprema contradição: "Volta-te para o alto [supra], volta-te para baixo [infra], volta-te para fora [extra], volta-te para dentro [intra], e em toda parte encontrarás a cruz."[3] Onde, pois, se situar para pensar? A que distância se colocar? Que ponto de vista oblíquo ou transversal adotar, em que recôndito estratégico se refugiar? Longe de formar um porto de paz propício a suaves devaneios, a meditação desestabiliza e desloca o que acreditou imprudentemente poder fazer dela suas delícias. O que, em mim, aliás, faz a experiência da meditação? Uma concepção exclusivamente intelectualista – a mais espontânea de todas, no Ocidente, principalmente a partir de Descartes –, identificaria, geralmente, o sujeito meditante com o eu que raciocina. Pensar intensamente não seria estabelecer um ato reflexivo, intelectualmente motivado? Outras faculdades, no entanto, entram em competição, que interdizem confundir a meditação com uma atividade puramente cerebral: a recordação, a imaginação, o desejo etc. Os autores espirituais clássicos reduziam essas faculdades a três grandes "poderes da alma" (entendimento, memória, vontade), a fim de melhor ligá-los ao modelo trinitário. Em nossos dias, ampliamos esse círculo muito restrito, fazendo intervir outras instâncias decisivas: o fantasma, o inconsciente, o imaginário, o sentido poético etc. Inúmeros se revelam os "poderes", ou, mais exatamente, mas da mesma forma justa, as "impotências" da alma.

Uma outra dificuldade de análise reside na temível imprecisão da palavra "alma", de tal modo mal usada que se tornou,

---

2   Imitation de Jésus-Christ, op. cit., Le Livre de la Consolation Intérieure, § III, p. 280.

3   Ibidem, Recommandations Concernant la Vie Intérieure, § XII, p. 162.

para a maioria das pessoas, tão insignificante quanto fora de moda. Podia-se interrogar-se sobre *o que*, em si, meditava; pergunta-se, pois, também, mais simplesmente, qual é a natureza desse *eu* que medita. A questão trata doravante sobre a confusa identidade do sujeito. O problema se desloca, introduzindo uma sutil distinção entre esses dois enunciados: "eu medito", "eu sou (um) meditante". Talvez, com efeito, a meditação seja menos um *ato* que um *estado* do pensamento. Duas expressãos francesas, cujo sentido fica problemático, refletem as afinidades do pensamento com uma maneira de ser: "*état d'âme*" (humor, preocupação, escrúpulo) e "*état d'esprit*" (mentalidade, disposição). Sem ser sinônimos, os termos se situam numa relação de proximidade semântica. A discriminação que se pode esquematizar trata, na realidade, da noção de pessoa, conforme se encare a mesma na unidade ou na pluralidade. Para designar o sujeito real da meditação, alguns vocábulos concorrem numa confusão bastante desordenada. Os termos mais frequentes, em todo caso os que foram majoritariamente consagrados pelo uso, entrecruzam redes de sentidos muito vizinhos, e, contudo, claramente distintos. Essas três noções, que desempenharam um papel considerável na literatura espiritual, oferecem uma disponibilidade semântica delicada para apreender em razão da diversidade das culturas no seio das quais elas foram empregadas. Assim invoca-se a alma, o coração e o espírito.

Carne e Sopro

Um certo ultraintelectualismo, originário do racionalismo clássico e confortado pelo impulso das ciências cognitivas, coloca naturalmente o pensamento somente nos neurônios do cérebro. Nossa racionalidade "moderna" evacua com desprezo "a alma" viva, a alma que anima (*anima*) o corpo, mas ela não se mostra mais indulgente em relação ao "coração", sede das intenções secretas de um indivíduo. Um tal vocabulário carregaria fatalmente o vestígio de uma antropologia metafísica que a ciência invalidou e que se deve doravante depositar no museu das curiosidades. Só restaria, pois, em competição, o termo *espírito*. Infelizmente, depois de tantos avanços no domínio da neurologia, não é preciso resignar-se a reduzir o espírito a uma série de reações químicas cada vez mais identificáveis? Nossas meditações mais íntimas, como nossos sonhos, não acabarão sua carreira em simplificadas transcrições algébricas, materializadas na tela, devidamente periciadas e sabiamente controladas?

Ora, a alma, o coração, o espírito traduzem também uma vibração da carne, um transbordamento da vida, uma dissimulação de ser. A complexidade terminológica, fonte de embaraço, leva aqui a marca de uma dupla herança filosófica, a da Grécia e a da Bíblia. Por um lado, com efeito, essas palavras herdam o dualismo platônico que opunha ao extremo o corpo (desvalorizado) à alma (exaltada). Para o pensamento grego, o pensamento é uma atividade intrinsecamente noética, e os "exercícios da alma", se eles se pretendem como tais, devem desenvolver-se no interior dessa esfera ideal da alma, como num precioso recinto. Nas Escrituras, em compensação, as palavras "alma", "coração" e "espírito" ressoam de maneira completamente diferente. A herança bíblica não se contenta em matizar o retrato dicotômico do homem, tal como os gregos o poliram: ela o contradiz radicalmente. O hebraico ignora, com efeito, a distinção entre corpo e alma, pela simples razão de que a realidade fisiológica do corpo se exprime tanto pelo termo alma (*nephesh*) quanto pelo termo carne (*basar*). Esplêndido e frágil, o ser humano permanece uma unidade, uma mônada onde se juntam a alma e a carne, que desvanecem na morte. Em contexto bíblico, procurar um equivalente à noção grega de imortalidade da alma não seria somente um absurdo, mas um ingênuo contrassenso. O conceito autenticamente escritural de "vida eterna" oferece, com efeito, uma significação totalmente diferente. Fazendo participar o homem de sua plenitude, Deus o associa a sua eternidade; a vida eterna significa uma plenitude de vida divina, e não uma simples sobrevivência, um simples prolongamento material da vida de aqui embaixo, no seio de uma "eternidade" em si materialmente compreendida como uma duração temporal que se prolongaria indefinidamente.

Na realidade, aliás, ao lado da dupla formada pela alma e pela carne, a antropologia bíblica reconhece o papel decisivo exercido por uma outra dupla de parceiros: o coração e o espírito. No coração se encontram precisamente a carne e a alma, em uma livre troca relacional; o coração simboliza por ele só todas as alianças possíveis entre o que depende do psíquico e o que depende do somático. Os mais belos elãs espirituais do salmista são justamente expressos em versículos onde se entrecruzam a alma, a carne e o coração: "Como anseia uma corça pelas águas correntes, assim anseia minha alma por ti, meu Deus", "Para ti elevo minha alma", "Minha alma tem sede de ti, por ti anseia minha carne, como terra seca, esgotada, sem água", "Minha alma suspira e desfalece pelos átrios do Senhor, meu coração e minha carne cantam de alegria ao Deus vivo."[4]

Na Bíblia, o coração designa a totalidade de um indivíduo, no que ele tem de mais irredutivelmente pessoal. Ele é, por outro lado, no sentido fisiológico, o lugar onde o sangue entra em contato com o ar inspirado ou expirado, com o sopro que o hebraico chamava *ruah*, e que o grego traduzirá por *pneuma*. No início, a noção de espírito se caracteriza por sua materialidade física, e ela se exprime com a ajuda de um termo muito concreto que se refere ao sopro de ar, próprio objeto da respiração. A palavra latina *spiritus* traduzirá muito bem essa dicotomia analógica que se pode estabelecer entre o vento e o espírito (em grego, em compensação, *pneuma* não pode corresponder a *nous*, que significa a inteligência racional). Um paradoxo muito instrutivo se manifesta: é essa palavra tão concreta, tão naturalista, *ruah* (fôlego de vida), que encerra o segredo da vida espiritual, mesmo em seus estados mais elevados. Esse sopro, aliás, se refere ao Espírito de Deus que, no começo, planava sobre as águas (Gên. 1, 2). Ele não designa, portanto, somente uma função vital

---

4   Sucessivamente: Sl. 42, 1; 25, 1; 63, 2; 84, 2.

(a respiração), ou, então, ainda, um impulso que, no homem, regeria a vontade e desencadearia as emoções; de maneira mais misteriosa, ele atualiza a cada instante o ato criador do começo, de que ele renova a memória: "Tu retiras teu sopro, eles expiram, tu envias teu sopro, eles são criados" (Sl. 104, 29-30). O espírito humano permanece um sopro, mesmo em suas atividades intelectuais; igualmente, o Espírito de Deus toma facilmente a aparência do vento. Seu isomorfismo parcial revela toda a complexidade da vida espiritual. O evangelista João conta que, na hora da morte, na cruz, Jesus "entregou o espírito", mas que, no dia depois do dia seguinte, dia da Ressurreição, ele soprou sobre seus apóstolos dizendo-lhes "recebam o Espírito Santo" (João 19, 30; 20, 22). O paralelismo dos enunciados destaca a passagem insensível que se produz do sopro criado (fôlego de vida) ao sopro incriado (o Espírito Santo). Nos dois casos, o Cristo *expira* um sopro portador ou doador de vida, que dissimula, de alguma maneira, seu próprio rosto.

Inteligência do coração

Assim, numa perspectiva bíblica, os "estados" ou os "exercícios" da alma não podem significar outra coisa senão os estados ou exercícios de uma pessoa particular, considerada na rica componente de seus elementos constitutivos (alma/carne/coração/espírito). Não medito contra meu próprio corpo ou fora dele (seria, aliás, uma terrível ilusão imaginar-se poder fazê-lo, visto que a coisa é impossível), mas, ao contrário, a partir dele. "Meu coração e minha carne" são um grito vivo, cantava o salmista; a meditação mais cordial, ou seja, a mais intimista que se possa conceber, não é menos estendida a Deus do que a carne, quando esta quer-se lembrar de seu Criador. E, no entanto, o menor esforço de pensamento, desde o lugar do corpo, se efetua sob a garantia do *creator spiritus*, do Sopro divino. Não se destacará jamais o suficiente quanto a dimensão pneumática (ou espiritual) de toda vida intelectual só tem muito pouca relação com uma espiritualidade que se desejaria desencarnada. Na realidade, a personalidade daquele que se entrega aos exercícios espirituais aparece e se exprime na carne (finitude material), na alma (tensão vital) e no coração (palpitação da consciência, em relação com o Absoluto divino que lhe comunica sua vida. Por esse elo de dependência ou de participação, nosso próprio elã, limitado, volta às suas raízes num dinamismo ilimitado, como se nosso espírito se encontrasse configurado ao Espírito de plenitude.

A imagem do sopro se mostra determinante, através da analogia decisiva da respiração, que afeta a rica diversidade da vida psíquica, cerebral ou emocional. Pensa-se ou reflete-se, medita-se ou reza-se como se *respira*. Essa aproximação natural, mas, contudo, audaciosa, implica uma abordagem fisiológica de todos os modos de expressividade espiritual; ela implica também, num sentido inverso, uma abordagem espiritual das realidades corporais. O único dualismo fundamental que a Bíblia conhece opõe a criatura ao Criador, isto é, a pessoa humana à Essência inacessível e irreconhecível de Deus, apesar do peso da revelação contida nas Escrituras. Nenhum dualismo, em compensação, dá conta da natureza humana: corpo e espírito são, ao contrário, solidários e interativos.

Seja ele crente ou ateu, e qualquer que seja, aliás, sua confissão religiosa, um ser humano não pode viver e pensar senão com o auxílio do princípio espiritual que ele carrega em si mesmo. O Sopro divino confere seu dinamismo a toda criatura animal; aos homens, ele confere um psiquismo mais elaborado; aos que confessam seu Nome e que querem abrir-se à graça, ele concede eventualmente um modo especial de participação. Mas, no entanto, ele "sopra onde ele quer" (João 3, 8), e "onde está o Espírito do Senhor, aí está a liberdade" (2 Cor. 3, 17). Definitivamente, ninguém é proprietário do Espírito. Já que essas palavras fazem parte do Novo Testamento, os cristãos deveriam particularmente estar convencidos dessa liberdade inalienável do Espírito de verdade, e deveriam poder afirmar sem medo que o Espírito está operando, desde o começo do mundo, no coração de qualquer tradição espiritual. Quem ousaria sustentar, sem ser tachado não somente de intolerância, mas de ridículo ou de bobagem, que os escritos taoístas, por exemplo, ou ainda a Bhagavad-Gītā são desprovidos de sentido espiritual?

O Espírito divino, principalmente tal como ele se manifesta nos Evangelhos e nas epístolas de Paulo, assedia os corações, sacode os costumes e inventa linguagens inéditas. Por suas operações, ele unifica os "poderes" da alma; ele permite ao homem tanto se mover quanto exercer seu pensamento; ele lhe inspira também um certo tipo de relação com Deus, em especial através da oração. Por outro lado, a alteridade absoluta de Deus, que se dá no Espírito, supõe uma liberdade não menos absoluta deixada à humanidade. A possibilidade de conhecer Deus depende da inteligência, que tem sua sede no coração. No episódio dos peregrinos de Emaús, por exemplo, é dito que o Cristo abriu o coração deles para a "inteligência das Escrituras": essa inteligência singular, que difere da simples compreensão racional, se desenvolve em uníssono com o amor, com o qual ela se desabrocha em estreito contato. Deve-se crer para compreender, e compreender para crer, como gostava de repetir Santo Agostinho, mas o progresso harmonioso da fé e da inteligência toma seu impulso na caridade que vem de Deus, caridade cuja experiência se oferece a cada um.

Numa elevação para o divino, o pensamento parece uma oração da razão, como a oração parece uma inteligência do coração. A meditação ocupa todo esse espaço retórico, marcado por uma dupla polaridade ou uma dupla conivência: ela se altera tanto em pensamentos quanto em orações, confundindo de propósito razão e oração. A cristandade ocidental teve dificuldade, principalmente a partir do século XIII, que viu o impulso da escolástica em integrar essa feliz ambivalência da discursividade espiritual ou teológica. Quando a teologia, tentada por modelos ou por esquemas puramente racionais, se separou pouco a pouco da experiência espiritual, a meditação pôde ser acusada de uma cumplicidade muito grande com uma pura e árida discursividade. Assim, muitos espirituais reagiram, excluindo-a do campo contemplativo. Mas esse tipo de problema jamais se apresentou no seio das Igrejas do Oriente, onde o exercício meditativo sempre foi compreendido como uma inteligência do coração destinada a favorecer os progressos do *hesicasmo (hesychia)*, a paz interior. Com certeza, para os que chegavam à verdadeira iluminação interior, a meditação se tornava inútil, mas seu valor místico, ou, antes, mistagógico, jamais foi questionado. Entre a aridez de um coração desviado de Deus e o estado de pura contemplação, ou êxtase unitivo, a meditação ocupa um lugar intermediário. Ela procura conjugar o espírito do homem ao Espírito de Deus, e opera sem trégua para essa aproximação, esse encontro, essa comunhão.

O modelo hesicasta

Na tradição hesicasta,[5] a analogia entre oração e respiração exerce um papel considerável. O espiritual toma emprestado aí justamente as vias naturais, e rezar se torna tão funcional quanto respirar. Um tal conhecimento foi principalmente elaborado, durante séculos, por monges, e era objeto de um ensino oral que se transmitia de mestre a discípulo. Ao termo de um longo percurso, esses monges consignavam às vezes seus conselhos: encontra-se o essencial desses testemunhos na *Philocalie des Pères Neptiques*, vasta antologia composta por Nicodemos, o Hagiorita, no fim do século XVIII.[6] O método hesicasta não consistia em simplesmente regular a respiração, e, ainda menos, em efetuar alguma proeza técnica; tratava-se na realidade de fixar a atenção da inteligência, esforçando-se para fazê-la "descer" no "coração" ao mesmo tempo que o ar inspirado pelos pulmões.

---

5   *Hèsuchia* significa em grego "tranquilidade", "calma", "repouso". O hesicasmo designa uma prática espiritual que enfatiza a obtenção da paz interior, e que nasceu nos meios monásticos (Antônio e Macário do Egito, Evagro).

6   Publicada em 1782 em Veneza, a *Philocalie* conheceu seu primeiro grande sucesso na Rússia, no século XIX.

60 ❧ O Corpo Pensante ❧ Christian Belin ❧

Um dos melhores teóricos desses exercícios foi, sem dúvida, Calisto Santhoupoulos, patriarca de Constantinopla, no fim do século XIV, depois de ter sido por muito tempo monge no Monte Athos. Assim ele se expressa em sua *Centúria Espiritual*:

> Tu, pois, sentado na calma de tua cela e recolhendo teu espírito [*nous*], faze-o entrar pela via onde a respiração penetra no coração. Empurra-a e força-a para ficar com o sopro inspirado no coração. Desde que ela tenha entrado, o sofrimento e o esforço desaparecerão, a alegria e a graça se farão sentir, e as coisas que devem seguir se farão sozinhas para ti.[7]

Uma oração, murmurada ou muda, acompanha o vai-e--vem ritmado da respiração; é a famosa "oração do coração", ou "oração de Jesus", isto é, uma breve invocação (oração jaculatória) incansavelmente reiterada e assim formulada: "Senhor Jesus Cristo, Filho de Deus, tenha piedade de mim." A inteligência (*nous*) empresta, pois, o trajeto da respiração, concentrando-se essencialmente no nome de Jesus, nome da divina hipóstase encarnada e mediadora. Essa operação de fixação procura dissipar as divagações do coração e do espírito, todos os pensamentos vagabundos e anárquicos (*dialogismoi*) que perturbam a "respiração" mental. Então, pouco a pouco se instaura uma calma serenidade no centro do ser (o "coração"), que não se deve confundir com uma vaga ataraxia psicossomática (higiene de relaxamento), mas que se deve, antes, identificar com uma profunda paz interior (*hesychia*). A repetição rítmica do Nome de Deus se encontrará também preconizada pelo islã, em especial na tradição do sufismo, onde se meditavam assim os 99 Nomes de Deus. O Alcorão menciona frequentemente a necessidade de uma "repetição [*dhikr*]" lancinante: "Lembra o nome de teu Senhor e dedica-te a Ele profundamente";[8] "De que mais senão

---

7   *Philocalie des Pères Neptiques*. Ed. Jacques Touraille, Calliste e Ignace Xanthopouloi, *Centurie spirituelle*, Abbaye de Bellefontaine, 1979. t. I, p. 72.

8   *Le Coran*. Tradução de Jacques Berque. Paris : Albin Michel, 1995, sourate L'Emmitouflé (73, 8), p. 643.

da lembrança de Deus serenidade pode vir ao coração?";[9] levanta-se também, no texto corânico, uma discreta alusão às consequências físicas de tal exercício: Deus faz descer a mais bela das mensagens: um Escrito harmonioso em suas reflexões. Eles têm a carne que estremece, os que temem seu Senhor! Mais ela se abranda, e é o que faz seu coração na Lembrança de Deus".[10]

A "oração do coração" pretende ser perpétua, isto é, contínua, no sentido de que a repetição se faz aí a serviço de uma continuidade de desejo: abrir-se à presença de Deus. Notar-se-á que já é difícil restringir-se por muito tempo a uma obrigação de repetição (é preciso muita disciplina para não sucumbir à monotonia, à letargia, ao aborrecimento), mas que se mostra ainda mais delicado restringir-se a ela segundo um ritmo mais regular possível, aqui calcado no de uma respiração dominada. Enfim, uma terceira exigência torna ainda mais complexo o processo: focalizar sua atenção ao máximo num único ponto, o nome de Jesus. O conjunto desses esforços constitui naturalmente o exercício meditativo por excelência, onde é importante obrigar-se voluntariamente, disciplinar-se com flexibilidade e recolher-se profundamente. Assim se criam as condições da oração. Calliste Xanthopoulos esclarece que "o espírito, uma vez tendo descido, não sai antes de ter renunciado a todo pensamento, de se ter encontrado uno e desnudo, sem mais nenhuma lembrança em torno dele além da invocação de nosso Senhor Jesus Cristo".[11] Nenhum automatismo conseguiria, no entanto, sozinho garantir a obtenção da "sobriedade espiritual do coração";[12] o espírito adota com certeza o ritmo das pulsões respiratórias, mas ele opera "pela oração, pela meditação, pela sobriedade".[13] A associação dessas três últimas palavras é muito significativa: oração e meditação se fundem na vigilância espiritual, a "proteção do

---

9   *Ibidem*, sourate Le Tonnerre (13, 28), p. 261.
10   *Ibidem*, sourate Par Vagues (39, 23), p. 496.
11   Calliste; Ignace Xanthopouloi, *Centurie Spirituelle*, op. cit., p. 74.
12   *Ibidem*, p. 76.
13   *Ibidem*, p. 76.

coração". A "sobriedade [*nepsis*]" designa um abandono controlado, uma recusa das agitações superficiais, um "sono vigilante" da alma, como dizia Gregório de Nissa, uma cura ascética da inteligência. Gregório falava ainda de "sóbria ebriedade" e de eros impassível.[14] Objeto de uma espécie de continência mental, visto o esforço, com efeito de *contê-la*, a inteligência tende, aliás, à imobilidade: "Quando ela se reveste com sua própria condição natural, simples, essencial, e com seu esplendor indivisível, absoluto, independente [...], a inteligência volta sempre a ela mesma na imobilidade, e se eleva por ela mesma, irresistivelmente, totalmente, absolutamente para o pensamento sem forma, sem imagem e simples de Deus."[15] Durante o exercício, em particular, cuida-se de subtrair o intelecto dos encantos poderosos da imaginação, que, "como o Dédalo do mito" se disfarça em "múltiplas formas", e, "como a hidra", possui "muitas cabeças".[16]

O hesicasmo depende da *praxis*, mesmo se ele visa à contemplação (*theoria*); ele se apoia na experiência secular dos monges, os do Egito, do Sinai, ou do Monte Athos. No século VII, João Clímaco já situava a hesychia no vigésimo sétimo degrau de sua *Escada do paraíso*,[17] mas foi durante o século XIV bizantino que esse movimento espiritual conheceu seu apogeu e encontrou principalmente em Gregório Palamas seu mais eminente teólogo. Não faltavam, com efeito, objeções: não se arriscava a reduzir a serenidade interior a algum dispositivo engenhoso e eficaz, mas muito humano, um simples artifício, de alguma maneira, que outras tradições religiosas podem, aliás,

---

14 Ver, por exemplo, Grégoire de Nysse (335?-394?), *Homélies sur le Cantique des Cantiques*, em especial a homilia XII, Ed. Migne, "Patrologie Grecque", 44.

15 C.; I. Xanthopouloi, *Centurie Spirituelle*, op. cit., p. 159-160.

16 *Ibidem*, p. 145.

17 Essa escada possui 30 degraus. Os últimos três são consagrados à oração, à impassibilidade (entendida como o Céu na Terra) e à caridade. Ver *L'Échelle Sainte*. Tradução de Placide Deseille. Abbaye de Bellefontaine, "Spiritualité Orientale", nº 24, 1987.

muito legitimamente reivindicar? Esse eterno debate que opõe, em vão, a ascese à contemplação, ou, ainda, a natureza à graça, ressurgirá em outros momentos da história da espiritualidade cristã, em especial na França, no fim do século XVII, no momento da crise quietista.

O sistema hesicasta oferece, na realidade, uma notável coerência, a partir do momento em que, como o preconiza Gregório Palamas, se distingue cuidadosamente, em Deus, a essência (inacessível) e a energia (projeção da essência, transmissível na comunhão do Espírito Santo). Igual discriminação permite salvaguardar, ao mesmo tempo, a primazia absoluta da graça crística (energia incriada) e a possibilidade oferecida ao homem de colaborar livremente, apesar de suas misérias, com a obra de Deus, deixando-se transformar por sua força e por sua luz.

> Visto que se pode participar de Deus, escrevia Gregório Palamas, e visto que a essência superessencial de Deus é absolutamente imparticipável, há algo entre a essência imparticipável e os participantes que lhes permite participar de Deus. E se suprimes o que está entre o imparticipável e os participantes – oh, que vazio! –, tu nos separas de Deus, destruindo o elo e estabelecendo um grande e intransponível abismo entre Deus, por um lado, e a criação e o governo das criaturas, por outro.[18]

Numa realidade assim, a diferença, tipicamente ocidental, entre natureza e sobrenatureza deixa de ser pertinente. Apreciar-se-á também a sutil elegância desse modelo, infinitamente mais sugestivo que o peso demonstrativo das "causas primeiras" e das "causas segundas", pelas quais a teologia escolástica se esforçava para compreender o mistério da graça. Porque o Verbo desceu na carne, a essência, no entanto incomunicável de Deus se deixa, contudo, abordar – contato furtivo, mas plenário –, através de um processo de participação. A energia se comunica na sinergia. A língua grega permite, é verdade, senão melhor

---

18 Gregório Palamas (1296-1359), *Triades pour la Défense des Saints Hésychastes*. Tradução de John Meyendorff. Louvain. III, 2, § 24, p. 686.

compreender (porque tudo isso fica para sempre incompreensível), pelo menos melhor descrever o fenômeno, jogando astuciosamente com variações léxicas: à *energia* incriada que emana de Deus reponde ou corresponde assim a *sinergia* que envolve o homem criado, assim como a essência (*ousia*) divina se conserva paradoxalmente intacta no próprio gesto da participação (*metousia*). Toda a vida espiritual repousa sobre essa troca inaudita, *admirabile commercium*,[19] onde se realiza o desígnio exorbitante que menciona a Segunda Epístola de Pedro: "As preciosas, as maiores promessas nos foram dadas, a fim de que vocês se tornassem participantes da divina natureza" (2 Pedro 1, 4). Gregório Palamas, e toda a tradição ortodoxa oriental, canta com lirismo a graça inefável de um tal contato: "Deus, por um acréscimo de bondade em relação a nós, sendo transcendente a qualquer coisa, incompreensível e indizível, consente em se tornar participável à nossa inteligência, e invisivelmente visível em sua superessência e inseparável poder."[20]

Se voltamos a partir de agora à dinâmica do Sopro no hesicasmo, compreende-se bem que a respiração representa o suporte encarnado de uma operação invisível e inefável. A descida do sopro aéreo imita a condescendência do Espírito, cujos carismas oxigenam o coração e o corpo. O Sopro de santidade, terceira hipóstase da Trindade, fica o primeiro ou o único parceiro daquele que reza e medita. Ora, a sinergia humano-divina não suprime de modo algum as resistências da "carne"; o espírito consagra a harmonia corporal, mas antagonismos subsistem entre a carne e o espírito, incansavelmente separados desde a primeira humanidade (Adão) pela ação destruidora do pecado: "Porque a carne luta contra o espírito e o espírito, contra a carne; há entre eles antagonismo, para que vocês não façam o que vocês desejariam" (Gál. 5, 17). Se a força está do lado do

---

19 *Missale Romanum*, início de uma antífona do tempo de Natal (1º de janeiro).

20 Gregório Palamas (1296-1359), *Triades pour la Défense des Saints Hésychastes*, op. cit., I, 3, § 10, p. 128.

espírito, a inconsistência, ao contrário, caracteriza o império da carne: "Realmente o que eu faço, não o compreendo, porque eu não faço o que eu quero, mas eu faço o que eu odeio" (Rom. 7, 15). Durante a noite da agonia, Jesus tinha prevenido seus apóstolos: "Vigiem e rezem para não cair em tentação, porque o espírito é ardente, mas a carne é fraca" (Mt. 26, 41). Em uma outra ocasião, ele já tinha destacado esse divórcio trágico: "É o espírito que vivifica, a carne não serve para nada" (João 6, 63). Quando os mestres da oração evocavam uma "arquitetônica do Espírito", que convinha construir em si mesmo, em seu coração, eles enfatizavam a necessidade imperiosa, para o espírito, de abandonar-se com toda confiança ao Espírito paráclito.[21] A astenia da carne implora o vigor de um sopro celeste que possa devolver-lhe vida, como um vento que se levantaria para dissipar miasmos nauseabundos, a leste do Éden.

O furacão Paráclito

Entre as três pessoas que formam a divina Trindade, o Espírito Santo arvora a personalidade mais misteriosa. Ele é, aliás, propriamente falando, uma pessoa sem nome e sem rosto: o nome do Pai fica impronunciável, o do Filho se tornou um "nome acima de todo nome" (Fil. 2, 9), mas o do Espírito cobre uma multidão onomástica infinita. É um "tesouro sem nome", como o cantava Simeão, o Novo Teólogo, um "nome bem-amado e repetido em toda parte, mas do qual exprimir o ser ou conhecer a natureza nos é absolutamente proibido"[22] porque ele não possui "nome particular entre os homens".[23] "Deus é espírito", certamente, mas o Espírito preserva orgulhosamente seu anonimato. Tanto a complementaridade genealógica do Pai e

---

21 Utilizado cinco vezes pelo evangelista João, a respeito do Espírito Santo, o termo *paráclito* designa o Consolador, o Advogado, o que é "chamado ao lado". O Espírito permanece residindo no coração dos fiéis.

22 Syméon le Nouveau Théologien (949-1022), *Hymnes*. Paris: Cerf, "Sources Chrétiennes", n° 156, 1969, "Prière Mystique".

23 *Ibidem*, 1971. t. II, Hymne XXII, p. 185.

do Filho esboça, aos olhos dos homens, um esquema de parentesco, quanto a terceira Pessoa parece subtraída de uma relação qualquer de semelhança ou de familiaridade. Como o situar, efetivamente? Igual ao Pai e ao Filho (mesma essência, mesma natureza, mesma substância) no absoluto do Ser, o Espírito invalida, todavia, toda espécie de modelo antropomórfico na representação conceitual de Deus: a Trindade decididamente não é uma família nem humana nem divina. E a obra do Espírito em especial escapa a toda lógica formal. Basílio de Cesareia destacava a complexidade de sua teofania singular:

> Todo inteiro presente em cada um e todo inteiro em toda parte. Sem ataque à sua impassibilidade, ele é dividido; guardando sua integridade, ele se dá em partilha: à imagem de um raio solar cuja graça, presente naquele que dela goza como se ele fosse o único a gozar dela, brilha sobre a terra e sobre o mar e se misturou ao ar. Assim o Espírito, presente em cada um dos sujeitos capazes de recebê-lo, como se ele fosse único, emite suficientemente para todos a graça em plenitude: gozam dela os que dela participam, tanto quanto é possível à sua natureza, mas não tanto quanto ele pode, ele, dar-se em participação.[24]

Por sua própria existência, a Terceira Pessoa lembra a impossibilidade de toda representação da Divina Essência, que não se entrega senão por modos de subsistência (cada uma das três hipóstases);[25] assim se encontram afastados tanto os desejos inconscientes de idolatria quanto as ingenuidades irrisórias do sentimento.

No seio de um estrito monoteísmo, que ameaça a esclerose de uma deriva totalizante ou totalitária, o Espírito reintroduz permanentemente a diversidade relacional, perenizando de alguma maneira o gesto divino de uma criatividade sem limites.

---

24 Basílio de Cesaréia (330-379), *Sur le Saint-Esprit*. Paris: Cerf, "Sources Chrétiennes", n° 17 *bis*, 2002. p. 327.

25 Na teologia cristã, o termo hipóstase designa cada uma das Pessoas divinas tomadas distintamente. Assim, no mistério da Trindade, Deus é uma só natureza em três hipóstases.

Sopro 67

Contra esquemas rigorosamente unitários (o Pai somente) ou binários (o Pai e o Filho), às vezes redutores ou simplistas, o ilogismo unitrinitário salvaguarda a iniciativa absoluta e desconcertante de Deus, cujas vias não serão jamais as nossas. Onde está o Espírito, aí se encontra a liberdade, e onde se encontra o Espírito, aí se encontram também a invenção pura, a inovação, a poesia. O lirismo, com efeito, se expande geralmente a respeito do Espírito. É ele, escrevia Basílio de Cesareia, "que equipa o coro da vida".[26] Um hino litúrgico em forma de oração enumera assim suas manifestações carismáticas:

> Vem, Espírito criador, visita as almas dos teus, enche de graça do alto os corações que criaste. Tu que chamamos conselheiro [*paraclitus*], dom do Deus altíssimo, fonte viva, fogo, caridade e unção espiritual. Tu, septiforme por teus dons [*septiformis munere*], dedo da dextra divina, promessa solene do Pai, tu enriqueces nossas bocas por tua palavra [*sermone ditans guttura*].[27]

O inverso de seu anonimato revela uma sequência de vocábulos. O Sem-Rostos não fica, aliás, sem figuras, mas sempre sob o signo da diversidade imprevisível. No Novo Testamento, é identificado cobrindo Maria com sua sombra (Luc. 1, 35), descendo como uma pomba nas margens do Jordão (João 1, 32), fazendo irrupção no Pentecostes à maneira de uma ventania para se dispersar em seguida em línguas de fogo (Atos 2, 1-13)... Um desdobramento de imagens ou de símbolos ilustra assim a frisa de suas epifanias espetaculares. Assim, a piedade cristã sempre o celebrou em ladainha. Assim se apresenta, por exemplo, a sequência litúrgica do *Veni sancte Spiritus*:

> Vem, Espírito Santo, e envia do Céu um raio de tua luz. Vem, pai dos pobres; vem, dispensador de dons; vem, luz dos corações. Consolador soberano, hóspede muito suave das almas, suavizante frescor. No trabalho, o repouso; na fornalha, o sopro temperado;

---

26 Basílio de Cesaréia, *Sur le Saint-Esprit*, op. cit., p. 325.
27 Hino *Veni Creator*, para as vésperas de Pentecostes. O autor traduziu em francês.

nos choros, a consolação. Oh, luz muito feliz, enche até o íntimo o coração de teus fiéis. Sem teu poder divino, não há nada no homem, nada que não seja corrompido. Lava o que está sujo, rega o que é árido, cura o que está machucado. Torna flexível o que é rígido, aquece o que é frio, endireita o que está torto. Dá a teus fiéis que em ti se confiam a sagrada plenitude de teus sete dons. Dá-lhes o mérito das virtudes, dá-lhes o êxito da salvação, dá-lhes a alegria eterna.[28]

Só o poema pode tentar a enumeração das maravilhas, imitar a outorga das graças ou das energias, dons e frutos comunicados pelo Sopro improvisado. O Espírito exprime a manifestação pura, a efusão imprevista, a proveniência gratuita. Em Deus coexistem, pois, uma eterna gênese, fonte inesgotável do Ser (o pai), uma eterna geração (o Filho), uma eterna continuação (o Espírito). Essa misteriosa "continuação" foi, aliás, objeto de controvérsias intermináveis. O Oriente professa uma continuação do Pai pelo Filho, esquema que mantém rigorosamente a igualdade das Pessoas divinas, assim como a estrita personalidade das identidades ou das propriedades (*idiotes*); o Ocidente professa, por sua vez, a continuação do Espírito a partir do Pai e do Filho (*filioque*), destacando assim fortemente o dom pascal, crístico, até mesmo cristocêntrico, do Espírito. Estaríamos errados não percebendo nas nuances senão o resultado de irrisórias querelas bizantinas; elas explicam, na realidade, por que, na espiritualidade ortodoxa, se pode objetivamente constatar uma maior preponderância atribuída ao Espírito, enquanto o Ocidente supervalorizou a dimensão cristocêntrica da piedade. A aporia espreita, no entanto, uns e outros, tornando-se assim difícil conjugar a propriedade das Pessoas e a identidade de sua natureza. Como conceber ou distribuir funções e missões na própria permanência da Unitrindade? O discurso sobre Deus (*teologia*) fica voltado a balbucios temerários. A verdadeira "teo-

---

28   Sequência *Veni, Sancte Spiritus*, para a missa de Pentecostes. O autor traduziu.

Sopro 69

logia" só se descobrirá na medida do eterno, fora da vida presente, onde se impõe um regime de humilde apófase.

O "sempre movente"

Simeão, o Novo Teólogo, atribuía essas palavras ao Absoluto:

> Eu, por natureza sou inexprimível, infinito, perfeito, inacessível, invisível a todos, intangível, impalpável, imutável por essência, só no único Todo e só no meio de todos os que me reconhecem na obscuridade dessa vida, fora do mundo inteiro, fora do visível, fora da luz sensível, do sol e da obscuridade [...]. Eu sou o Imóvel [...]. Eu sou também o sempre Movente que nada pode circunscrever.[29]

Dessa clareza opaca emerge o espírito, com profusão difundida; ele dispensa os mistérios da vida divina no próprio centro do ser humano, no santuário do coração. Aí ele se revela como promessa, e aí ele se irradia com uma luz imaterial – a da Transfiguração no Monte Tabor (Mt. 17, 1-8) –, cujo esplendor transcende a criação. A "economia" do Espírito Santo, que foi enviado, oferecido e manifesto, se confunde com uma arte da comunicação. Restabelecida pelo Filho, a Aliança com o Pai é incessantemente atualizada pelo Espírito, no mais íntimo dos corações que a graça torna disponíveis. "Todos os que o Espírito de Deus anima são filhos de Deus" (Rom. 8, 14), a partir de quando ele próprio destrava o modo de acesso ao Absoluto, pela configuração no Cristo, na glória de Deus.

O olhar dirigido ao mundo ou à condição humana, mas ainda a relação pessoal com Deus, e, pois, também o comportamento em relação a outrem deveriam encontrar-se profundamente afetados por essa "economia" singular do Sopro divino. Um cristão esquece facilmente que ele vive no tempo ordinário, mas, na verdade, discretamente extraordinário, do pós-Pentecostes, em especial desde o dia em que ele foi misticamente consagrado pela unção do Espírito Santo, que significava a ou-

---

29 Syméon le Nouveau Théologien, *Hymnes*, op. cit., t. II, p. 175.

torga da graça batismal. Impresso na testa, durante o batismo, o "selo" da Trindade (Ef. 1, 13) deveria para sempre, para todo cristão, marcar uma existência, determinar um caráter, escrever um destino. Em sua carne e em sua alma, em seu coração, em seu espírito e em seu corpo, se sobrepõe a tripla figura paterna, filial e pneumática. A consagração batismal transformou os candidatos em padres, profetas e reis (1 Pedro 2, 5-9), e doravante todo o pensamento como também todo o agir cristão deveriam assumir os engajamentos ligados a essa tripla vocação. A dimensão trinitária suprime, além disso, toda espécie de distinção entre prática e teoria, visto que ela conjuga, ao contrário, ação e contemplação. Assim se concebe a natureza exata dos "exercícios espirituais". Se toda espiritualidade concerne ao "espírito", com efeito, a espiritualidade cristã oferece de particular que ela se condena a si própria ao nada – piedosa conversação ou psicologia inepta – se ela evacua a presença ou a assistência do Espírito Santo, que somente ele lhe pode conferir, de alguma maneira, um esquema ternário, associando-o à obra da Unitrindade, pela participação na vida divina.

No decorrer dos tempos, as diferentes espiritualidades não foram todas marcadas igualmente pelo dinamismo trinitário. A terceira Pessoa é, certamente, sempre mencionada, mas, às vezes, praticamente esquecida ou desconhecida. Esse lento recuo do Espírito, ou, antes, uma certa desafeição a seu respeito, no Ocidente em especial, a partir da segunda metade da Idade Média, corresponde a um desenvolvimento progressivo de uma piedade mais radicalmente cristocêntrica, especialmente através do culto da Santa Humanidade do Cristo. Pouco a pouco, a devoção como a meditação puderam soçobrar, sendo o caso, no encantamento ou na compaixão superficial, ceder ao sentimentalismo, desfalecer num moralismo estéril. Ora, como uma tendência muito apoiada acaba por suscitar uma reação diamentralmente oposta, o segundo século XX, tanto entre os católicos quanto entre os protestantes, pretendeu promover uma ressurgência do Espírito, parente pobre da Trindade indivisível. Diferentes movimentos pentecostais ou carismáticos então proliferaram efetivamente. Mas assim como uma excessiva fixação sobre a pessoa humana de Jesus (desse ponto de vista o "Jesus da história", tão cortejado pela exegese contemporânea, só substituiu, *mutatis mutandis*, o homem das dores ensanguentadas da *via crucis*) pode gerar novas formas de arianismo (negação da divindade do Cristo), assim como uma excessiva supervalorização do Espírito pode gerar um tipo de espiritualidade confusa ou vagamente panteísta, não sem sempre evitar, por outro lado, os riscos de uma exaltação muito emotiva ou compulsiva contra a qual São Paulo já pedia atenção aos Coríntios. Nos dois casos, seja sucumbir à tentação do racional ou, em sentido contrário, deixar-se levar pelas seduções do irracional, o resultado se mostra decepcionante, tendo na chave um enfraquecimento do mistério cristão. Ora, o mistério da Santa Trindade se situa acima da razão, mas jamais contra ela. Sem referência à terceira Hipóstase, o "pensamento do Cristo" não poderá transformar-se numa *espiritualidade* autêntica, que não se deve jamais confundir com a imprecisão de um "sentimento oceânico", uma vaga religiosidade, um simples vestígio de interioridade mais ou menos assumida.

O menor exercício espiritual, para conseguir seu sentido plenário, exige a colaboração *pessoal* do Sopro divino, desse Paráclito (defensor) que suscita e orienta os movimentos da inteligência cordial. A esse objetivo corresponde o dom do "conselho". Parceiro espiritual do coração, o Espírito "aconselha", com efeito, quando ele desperta, vitaliza, critica, orienta e reorienta "o que está enviesado [*quod est devium*]".[30] De certa maneira, ele redimensiona o ser profundo, permitindo-lhe entrever "o comprimento, a largura, a altura e a profundidade" (Ef. 3, 18). Um contato inefável se instaura com a essência enigmática de Deus, sob a forma de um ensinamento paradoxal que afasta ou minimiza um didatismo de superfície: "O que é, com efeito,

---

30   Sequência *Veni, Sancte Spiritus*, op. cit.

72　　　❧ O Corpo Pensante ❧ Christian Belin ❧

perguntava Rupert de Deutz, o *Intellectus* ou a Inteligência, na ordem e na série dos sete Espíritos de que tratamos, senão uma faculdade de graça pela qual, sem o magistério humano, as palavras divinas se fazem ouvir no interior, e são percebidas em seu verdadeiro sentido."[31] O "pensamento do Cristo" supõe uma vigilância constante do espírito crítico, formado pelo Espírito Santo e conformado com ele, em particular nos três domínios precisos: a relação com a verdade, o recurso à linguagem, o posicionamento ético.

Rumo à verdade

Porque ele está em situação de proveniência perpétua, porque ele *procede* eternamente, o Espírito assume todas as figuras da diferença. Por toda parte, com efeito, ele introduz a alteridade, como se se manifestasse, no cerne de tudo o que é humano, um *diferencial* dessa plenitude de que ele é, no entanto, o primeiro distribuidor. Elo da caridade, entre as Pessoas divinas, mas também entre Deus e os homens, mas ainda entre os próprios homens, ele cria permanentemente relações e rompe as solidões, as autarcias, tanto no nível psíquico quanto no plano social. Jesus prometeu enviá-lo como "o outro Paráclito" (João 14, 16), um outro ele mesmo de alguma maneira, um *alter ego* crístico que devia concluir a Revelação: "Ele lhes ensinará tudo e lembrará a vocês tudo o que eu lhes disse" (João 14, 26). A efusão profetizada revestiu o Pentecostes com um aspecto eminentemente espetacular: uma multidão estupefata pelo efeito de surpresa pode ouvir alguns iletrados, aureolados com uma luz imaterial, discorrer sabiamente sobre as Escrituras e sua realização. O Espírito de improvisação confundia as consciências. Os Atos dos apóstolos relatam outras manifestações do Espírito, geralmente bastante imprevistas; vê-se,

---

31　　Rupert de Deutz (1075-1129), *Les Œuvres du Saint-Esprit* (1177). Paris: Cerf, "Sources Chrétiennes", nº 165, 1970. t. II, p. 131. Rupert especula sobre os sete dons do Espírito Santo.

aliás, o Espírito que cai sobre estrangeiros, e às vezes até sobre não batizados (Atos 10, 44-48). Preciosa lição: cada igreja cristã, de qualquer confissão, pode-se crer a única depositária do Paráclito; ora, ninguém é proprietário do Espírito, e ninguém pode reinvindicar-se a exclusividade. Pela imprevisibilidade de suas epifanias, o Espírito de Diferença e de Alteridade inculca o sentido do relativo e da relatividade. Entretanto, poder-se-ia retorquir, o cristianismo não afirma que a verdade se manifestou definitivamente no Cristo? Que lugar, então, reservar ao relativo? Convirá aqui lembrar-se que essa verdade é muito menos o objeto de um ensinamento que a própria realidade de uma Pessoa: "Eu sou o caminho, a verdade e a vida" (João 14, 6). Tal propósito muda profundamente a própria natureza da verdade, que depende menos de um saber doutrinal do que de um contato pessoal. O corpo doutrinal importa menos que o corpo do Ressuscitado. É de se lembrar, por outro lado, que a descoberta da verdade está precisamente ligada à vinda do Paráclito: "Quando ele vier, ele, o Espírito de verdade, ele os introduzirá na verdade total" (João 16, 3). Ou seja, a verdade permanece inacabada até o fim dos tempos, até a hora da última e definitiva manifestação de Deus. Nessa perspectiva, os dogmas só podem ser limites de milhas que encaminham para a Parusia;[32] eles ficam subordinados a esse último Evento, em *relação* com o retorno glorioso do Cristo; eles são, pois, pelo Espírito e no Espírito, essencialmente *relativos*.

A verdade, personalizada e personificada no Filho, permanece incoativa, e em curso de elaboração; ela está por vir, ancorada no futuro e não no passado. No decorrer do tempo, na marcha da história, ela aparece em parte velada, em parte descoberta por um Sopro proteiforme (língua, fogo, fonte, unção...) que se adapta, escorre, desliza, imiscui-se na inteligência crente. Assim, apesar da persistência em seu seio de reflexos doutri-

---

32   Empregado 24 vezes no Novo Testamento, a palavra designa o Advento solene do Senhor, seu Dia ou seu retorno, no fim dos tempos.

nários, o cristianismo demonstra, antes, a impossibilidade de ter um olhar objetivo sobre a Verdade (esse ponto de vista só pertence a Deus), em qualquer que seja o domínio, o que não significa nem que os homens seriam incapazes de aceder à verdade, nem que a verdade seria por natureza inacessível. O relativismo do Espírito Santo não se confunde com o dos filósofos céticos. O Espírito, com efeito, "introduzirá na verdade completa" (João 16, 13). Esse acompanhamento individual exige um envolvimento pessoal, uma ascese, um desejo. O amor e a busca da verdade dependem do combate espiritual, e, como escrevia Santo Agostinho, não se entra na verdade fora da caridade.

Se ninguém detém a verdade, é justamente porque a verdade é uma Pessoa. Esta exerce uma atração poderosa, mas, ao mesmo tempo, ela despossui os que se comportariam como idólatras em relação a ela, profanando sua essência. Aliás, a Sabedoria encarnada na pessoa do Filho, resplandecente de luz, foi crucificada pela Ignorância. Sob a conduta do Espírito, um longo percurso se mostra, então, necessário, de progressões em regressões, interminável processo onde se atualiza, um dia atrás do outro, uma busca da verdade: "Ele lhes lembrará tudo o que eu lhes disse." O dispensador dos carismas reside no coração dos fiéis, tornando-se o inspirador dos poderes da alma (memória, inteligência, vontade, imaginação) aos quais ele confere seu esplendor incomparável. Na economia desse dispositivo, caminho do retorno ao Pai pela fé, esperança e caridade, o Espírito permanece o inspirador titular, predestinado, privilegiado, o único verdadeiro Parceiro da vida interior. Nenhum "diretor" ou "conselheiro" espiritual conseguiria a esse propósito substituir-se a ele; quando muito pode tentar apagar-se, fazendo exercerem humildemente os intermediários. Nenhum livro, por outro lado, nem mesmo as Santas Escrituras, conseguiria bastar ao exercício cristão do pensamento. "A letra mata", com efeito, enquanto "o Espírito vivifica" (2 Cor. 3, 6). E, todavia, esse verdadeiro interlocutor, no dialogismo tão anticonformista, não se deixa jamais apoderar-se ou instrumentalizar-se. Donde a tarefa imperiosa de um "discernimento dos espíritos [*diacrisis ton pneumaton*]" (1 Cor., 12, 10; João 4, 1), análise rigorosa de si, sondagem vertiginosa do espírito que se restringe a detectar nele a presença do verdadeiro Sopro vindo de alhures. O Espírito Santo não dispensa jamais os crentes de pensar, na medida em que ele é crítico e *diacrítico* por natureza e por vocação. Sem um tal pano de fundo, a espiritualidade cristã naufraga no espiritualismo insípido, ou, então, se dissolve numa interioridade artificial, ingênua e ilusória.

A "ciência da voz"

No dia de Pentecostes, os apóstolos enclausurados no Cenáculo pareciam estar sem *fôlego*, quando, de repente, um vento impetuoso caiu sobre eles em "línguas dispersas" (Atos 2, 3). Se Babel tinha sancionado a dispersão de uma única linguagem humana (Gên. 11, 1-9), até então indivisível, em múltiplos idiomas estranhos um ao outro, o Pentecostes confirmava, ao contrário, mas não sem paradoxo, a dispersão de uma linguagem espiritual doravante convertível em qualquer língua. Nenhum retorno, por conseguinte, a nenhuma língua mítica e original. Aliás, cada um dos ouvintes compreendia os apóstolos "em sua própria língua". Fenômeno linguisticamente estranho: pensar-se-ia *a priori* no processo da tradução simultânea, ou, então, ainda, no uso de uma espécie de esperanto, mas, na realidade, trata-se da eficacidade de uma linguagem (proferida pelos apóstolos inspirados) que se encontra em conformidade ou entra em ressonância com cada um dos idiomas utilizados pelos assistentes. O idioma particular se converteu em linguagem espiritual, e todos os códigos linguísticos se encontram em igualdade. Ou seja, o Pentecostes não significa a negação, mas a sublimação de Babel, seu exorcismo e sua ultrapassagem. Uma linguagem oral e material se une em sintonia com uma linguagem cordial e imaterial, a partir do momento em que o Espírito subverteu e converteu as palavras pronunciadas. Através de uma operação de inversão do sentido, o Espírito Santo assegura uma troca entre palavra exterior e voz interior, entre o Logos divino e o balbucio humano.

A poliglossia harmoniosa de Pentecostes, eufônica e não cacofônica, não suprime, aliás, a diversidade das nações, que ela reúne, ao contrário, sem jamais confundi-las. Aí ainda verifica-se a eficiência do princípio da unidiversidade, tal como ele opera no seio da Trindade consubstancial. Assim como o bom pastor, na parábola contada por Jesus, chama suas ovelhas "uma a uma, cada uma por seu nome [*nominatim*]" (João 10, 3), também cada nação, na teofania pentecostal, conserva sua identidade cultural e espiritual. Na comunhão renovada dos idiomas, o Espírito difunde seus dons sobre todos os idiotismos, e, a partir de então, toda espécie de comunicação se acaba em comunhão. Se o Cristo tinha muitas vezes desatado a língua dos mudos, o Espírito possui, quanto a ele, a ciência das palavras, o conhecimento de toda linguagem: "O Espírito do Senhor, com efeito, enche o mundo, e ele, que mantém unidas todas as coisas, tem conhecimento de cada palavra [*scientiam vocis*]" (Sab., 1, 7). O sentido dessa expressão ultrapassa evidentemente o âmbito restrito da linguística: em todo domínio, signos e imagens são convocados para um máximo de expressividade. A energia incriada do Sopro engloba e, ao mesmo tempo, transcende aqui a *energeia* dos oradores. Nessa configuração de linguagem, não ganha nem o arbitrário nem mesmo o magistério do signo, mas só a capacidade de invenção, pura força de renovação: "Eis que eu faço todas as coisas novas" (Apoc. 21, 5).[33]

Visto, pois, que o Espírito une sem uniformizar, o "pensamento do Cristo", procurado na meditação, só poderá ser pessoal e personalizado. Fora dessa exigência, que é, da mesma forma, um desejo, a experiência espiritual cristã fica nula e não advinda. Sempre, no entanto, manifesta-se uma lógica de *metanoia* ou de transformação do sujeito. O Espírito modela a riqueza de uma personalidade, conduzindo-a a caminhos no início

---

33 O autor dá a versão da Vulgata.

improváveis. Gregório de Nazianzo fazia essa observação a respeito dos profetas:

> Esse Espírito muito sábio e muito amigo dos homens aprende um pastor, faz dele um harpista cujos tons conjuram os espíritos maus, e ele o designa como rei de Israel; se é um cabreiro cortando as amoreiras, ele faz dele um profeta; pense em Davi e em Amós. Apodera-se de um adolescente bem dotado, ele o estabelece como juiz dos velhos, sem mesmo se importar com sua idade; testemunha Daniel, o que, no fosso, foi vencedor dos leões.[34]

No grande palco do mundo, como na cela do coração, o Espírito organiza a polifonia espiritual, o Cristo sendo ele próprio, como o canta admiravelmente um antigo hino pascal, o "corifeu da dança mística",[35] que traz os homens ao seio da *orchestra* trinitária. Desse ponto de vista, a meditação não parece efetivamente uma verdadeira coreografia do espírito? E, sem dúvida, exige a maior audácia possível, enfim, liberta das rotinas ligadas aos modos de expressão.

O cristianismo, aliás, não valida nenhuma língua sagrada: nem o hebraico, nem o grgo, nem o latim, nem nenhuma língua vernacular pode arrogar-se tal privilégio. E, de qualquer maneira, Jesus falava aramaico... Na cruz, o motivo de sua condenação foi inscrito em três línguas (João 19, 19-20) (hebraico, grego e latim), mas cada um podia, de uma certa maneira, antes de Pentecostes, entender "em seu próprio idioma materno" (Atos 2, 8) esse espetáculo mudo, que só a inteligência crente podia interpretar. A mensagem poliglota de Pentecostes esvaziará de seu sentido, de qualquer maneira, o fetichismo dialetal: o Espírito dessacraliza, ao contrário, as línguas que os homens idolatram em geral. A mesma observação se impõe pelos outros modos de expressão: nenhuma forma de espiritualidade con-

---

34 Gregoire de Nazianze (329-390), *Discours 38-41*. Paris: Cerf, "Sources Chrétiennes", nº 358, 1990, Discours 41, p. 347.

35 *Homélie sur la Pâque*. Ed. Migne, "Patrologie Grecque", 59, col. 741. Esse hino é frequentemente atribuído a Santo Hipólito de Roma (morto em 235).

seguiria, com efeito, ser canonizada. O "pensamento do Cristo" deve adaptar-se às épocas e aos indivíduos, porque ele é condenado a uma vital inculturação. Semelhante exigência é eminentemente racional. Uma cena dos Atos dos apóstolos fornece essa ilustração. Pedro e João comparecem diante do tribunal do Sinédrio, porque eles curam e pregam em nome do Cristo (Atos 4). O narrador insiste sobre o poder do Espírito que age através deles, mas ele não os mostra, no entanto, desprovidos de eloquência. Os juízes se surpreendem que pessoas "sem instrução nem cultura" possam mostrar-se tão persuasivos e exprimir-se com tanta "certeza [parrhesia]".[36] Seria um contrassenso interpretar os carismas num sentido completamente irracional. São Paulo chama a atenção dos Coríntios, a respeito do fenômeno de glossolalia (falar em línguas), contra essa desastrosa deriva: "Eu rezarei com o espírito [pneuma], mas rezarei também com a inteligência [nous] [...]; prefiro dizer cinco palavras com minha inteligência, para instruir também os outros, a dez mil em línguas" (1 Cor. 14, 15 e 19). Nada é mais estranho a uma autêntica espiritualidade cristã que as elucubrações do paranormal ou do espiritismo, o bricabraque do sobrenatural, ou os devaneios de um "New Age" invocando um "Espírito" universal.[37] São Paulo defende uma inteligência da fé que é também uma estética da razão: "Assim é com instrumentos de música, flauta ou cítara; se eles não dão as notas distintamente, como se saberá o que toca a flauta ou a cítara? E se a trombeta só emite um som confuso, quem se preparará para o combate?" (1 Cor. 14, 7-8).

Para além da moral

A relação com a verdade (a Pessoa do filho) determina uma relação com a linguagem (o Espírito que testemunha), e essa du-

---

36   A palavra *parrhesia* designa sempre, no Novo Testamento, um domínio racional da palavra e do comportamento. Ver, por exemplo, 1 João 3, 21 e 2 Cor. 3, 12.

37   Já Joaquim de Flora (1130-1202), em sua *Exposição sobre o Apocalipse* (1194), predizia, depois da era do Pai e a do Filho, uma Nova Era, a do Espírito.

pla relação esclarece a ética cristã, resposta dos homens feita ao Pai, pelo Filho, no Espírito. Configurada na Trindade, essa *resposta* exprime e revela a responsabilidade dos homens em *relação* ao mundo. A salvação oferecida exclui toda forma de irresponsabilidade ética, sob pretexto de que só Deus governaria os acontecimentos. Jesus afirma que o Espírito "convencerá o mundo de culpabilidade" (João 16, 8), desse pecado que o Cordeiro de Deus, entretanto, apagou com seu sangue. O tempo do Espírito não é, pois, um tempo irênico, onde o pecado seria minimizado, senão evacuado. A missão da Terceira Pessoa não consiste em encerrar no passado a obra redentora realizada uma vez por todas pelo Cristo; ela entra, ao contrário, em consonância com ela, ela exprime a mesma ambivalência ou a mesma tensão enigmática: culpabilidade do mundo, mas certeza do triunfo. Ao egocentrismo mórbido ou estéril do pecador o Espírito substitui o dinamismo da caridade. O primeiro, o único dever ético do cristão consiste num descentramento de si, a serviço dos outros, com a graça do Cristo. Em termos abruptos, Santo Agostinho exaltava o amor de Deus "até o desprezo de si;"[38] assim trabalha-se, sem remorso nem reticências, para desmistificar o pobre roteiro de sua pequena existência, contudo, prometida à glória assim que ela aceita sua própria insignificância.

Compreende-se melhor por que o exercício meditativo não pode, em caso nenhum, ainda que a tentação seja frequente, transformar-se em introspecção egocêntrica. Na contracorrente do individualismo contemporâneo, centrado no culto neurótico de um *ego* ingenuamente fantasiado de esplendores, o esquecimento de si desenvolve o sentido de uma responsabilidade em relação aos outros, à sociedade, à história, e até ao cosmos. O Espírito que estabelece a "culpabilidade do mundo" é

---

38   Agostinho de Hipona, Cité de Dieu. In: *Œuvres de Saint Augustin*. Paris: Desclée, "Bibliothèque Augustinienne", v. 35, 1959, livre XIV, 28.

também, com efeito, aquele que "renova a face da Terra" (Sl. 104, 30). As duas ações seguem paralelas. É a razão pela qual a ética cristã, de maneira positiva e não desesperadamente queixosa ou amarga, deveria compreender-se como um ato de renovação permanente, que se atém à promoção da obra do Deus "filantropo" (Tim. 3, 4).[39] Assim definida, a dimensão ética é constitutiva de todo exercício espiritual, que se estima erroneamente cortado das realidades do mundo presente. Assim se explica também o *status* da moral cristã que não é, propriamente falando, senão uma realidade secundária, isto é, que só vem *secundariamente*, depois do amor de Deus, do qual ela só pode ser uma consequência lógica, sob forma de resposta.[40] No decorrer dos séculos, um triste moralismo muitas vezes desnaturou o espírito dessa moral, e não é surpreendente que, assim desfigurada, ela tenha sido sujeita às críticas, às incompreensões ou às zombarias. A célebre máxima de Santo Agostinho – "Ama e faze o que queres" –,[41] tão frequentemente citada, mas tão frequentemente incompreendida, não elogia nenhum laxismo demagógico; ela lembra simplesmente uma evidência banal: o comportamento moral decorre do amor (da caridade), e não o inverso. As virtudes não são jamais cultivadas por elas mesmas, por sua beleza moral; elas difundem somente os dons ou os frutos do Espírito Santo, que São Paulo se comprazia em enumerar: "Caridade, alegria, paz, longanimidade, disponibilidade, bondade, confiança nos outros, suavidade, domínio de si" (Gal. 5, 21-22). O amor da virtude não está submetido a algum estetismo sentimental, mas os sentimentos a nutrir em si manifestam, ao contrário, a força carismática da graça. Reduzir o cristianismo a uma "moral" tem a

---

39   Paulo evoca "o dia em que apareceram a bondade de Deus nosso Salvador e seu amor pelos homens [*philanthropia*]".

40   De maneira muito significativa, na *Suma* de Santo Tomás, a moral só intervém na Segunda parte, e até mesmo essencialmente na segunda parte da Segunda parte.

41   Dilige et quod Vis Fac. *Commentaire de la Première Épître de Saint Jean*, op. cit., VII, p. 328.

ver com o triste contrassenso. Compreende-se a indignação irritada de um Kierkegaard, escritor, em seu *Tratado do desespero*: "É uma das definições capitais do cristianismo, que o contrário do pecado não é a virtude, mas a fé".[42]

Ora, esse mesmo Espírito que conclui o processo da criação cósmica, na renovação permanente, opera incessantemente na consciência crente. De modo nenhum fechado na esfera moral, o "pensamento do Cristo" leva em consideração, com efeito, o desenvolvimento cósmico do universo inteiro: "A criação em espera aspira à revelação [*apocalypse*] dos filhos de Deus" (Rom. 8, 19). Tudo fica em suspense, em fase de realização: "Nós o sabemos, com efeito, toda a criação até o dia de hoje geme no trabalho de parto. E não somente ela; nós mesmos que possuímos as primícias do Espírito, gememos, também nós, interiormente na espera da redenção de nosso corpo" (Rom. 8, 22-23). O Espírito que *procede* preside a uma maiêutica universal, desde a Origem até o Fim, em um *processo* de realização contínuo e evolutivo. Uma brecha se abre na profundeza abissal do ser, na pré-história secreta das almas, na escrita invisível de cada existência privada. No fundo do coração elabora-se, até no que parece impotente ou informe, uma palavra que precede a linguagem. Aquém ou além das palavras emerge um pensamento que se abre um caminho através de um jogo de vibrações infinitas (gemidos), um pensamento que parece pertencer-me e que, no entanto, não me pertence totalmente. Se "gememos", com efeito, o Espírito também geme conosco: "O Espírito vem ao socorro de nossa fraqueza porque nós só sabemos pedir para rezar como é preciso; mas o próprio Espírito intercede por nós em gemidos inefáveis" (Rom. 8, 26). Esse "trabalho" de colocação no mundo e na luz reflete a sinergia humano-divina, inapreensível modulação que corresponde, por assim dizer, ao tempo meditativo. Quando a responsabilidade ética se deixa inspirar pelo Paráclito,

---

42   Søren Kierkegaard, *Traité du Désespoir* (1849). Tradução de Knud Ferlov e Jean-Jacques Gateau. Paris: Gallimard, "Folio", 1988. p. 169.

oração, pensamento e ação coincidem ou se interpelam. O combate espiritual encontra aí, aliás, sua razão de ser, e ainda que subsistam dificuldades ou fracassos, uma alegria se apodera do coração: "Vossa tristeza se transformará em alegria [...] e vossa alegria, ninguém vai tirar de vós" (João 16, 20-21). Aliás, mesmo a verdadeira penitência é sempre somente a expressão de uma alegria inexplicável; São Bento não imaginava que seus monges fossem taciturnos durante a quaresma: "Esperemos", escrevia ele, "a Santa Páscoa com a alegria do desejo espiritual".[43]

Inaestimabile sacramentum

Os "gemidos inefáveis" do Espírito desenham o contraponto do canto espiritual que já Davi executava no saltério.[44] O último versículo do Livro de Salmos exalta a harmonia universal do ser vivo, o incessante cântico das criaturas: "Que tudo o que respira louve o Senhor" (Sl. 150, 6). Ao tamborim, à cítara, aos címbalos que soam forte responde em eco a voz humana. A dimensão suavemente musical do concerto espiritual atravessou os séculos cristãos, desde os hinos que Santo Ambrósio canonizou em Milão até os *negro spirituals* de Luisiânia, passando pelas variações do canto bizantino ou moçárabe, a polifonia renascente, ou, ainda, os motetos e cantatas compostas por Johann Sebastian Bach para a igreja de Santo Tomás, de Leipzig. No Ocidente, a forma privilegiada do canto religioso se confundiu logo com o canto gregoriano, que jamais separou meditação, oração e contemplação. Um texto, quase sempre tirado das Escrituras, habita uma melodia que desposa o ritmo natural da respiração. Em conformidade com a antropologia bíblica, o canto gregoriano é proferido pelo corpo todo, carne e alma unidas no coração e mantidas pelo espírito, o *sopro*. Num amplo movimento

---

43   Bento de Núrsia (480-547), *Regra dos Monges*, § XLIX.
44   O saltério designa um instrumento de cordas (em princípio 10) semelhante à cítara. Pinçavam-se as cordas para acompanhar o canto dos salmos.

medido de elevação e de queda, o sopro respiratório exala ao exterior do corpo a expressão da oração interior, a uma só vez vocal e verbal, mental e cordial. "Que o espírito esteja em concordância com a voz [*mens voci concordet*]", exigia São Bento;[45] assim as melodias gregorianas contribuem para consolidar ou restaurar, nos que as cantam ou que as escutam, um autêntico "pensamento do Cristo". Assim como existe uma inteligência da fé, sem dúvida existe uma inteligência da voz.

Tecnicamente, o canto gregoriano, monodia modal em ritmo livre, foge ao regime axiológico da música moderna. Nele se confundem ritmo corporal (movimento de inspiração e de expiração) e fraseado musical. Uma fisionomia singular emana dele, de um hieratismo flexível, sem choques nem precipitação. As ondas sonoras se desdobram, regulares e pacíficas; em alguns momentos, o texto articulado predomina, e a dicção se faz então silábica; em outros momentos, ao contrário, o fluxo verbal se interrompe, ou, antes, se metamorfoseia em puras curvas musicais que se liberam provisoriamente das palavras das quais elas propõem uma exegese imaterial. O elemento maior da sintaxe gregoriana é o neuma, que remete tanto ao signo gráfico quanto ao sopro espiritual (*pneuma*), e que mantém o ritmo, concebido como o conjunto das notas levadas por uma única e mesma sílaba. Que ele se reduza a um estrito silabismo (uma nota por sílaba) ou que ele se mantenha no puro melisma (um feixe de notas numa só sílaba), o canto gregoriano combina muito livremente diferentes graus de articulação. Nas passagens em estilo melismático, o significante verbal parece absorvido no bordado musical: o sopro se apossa, então, das únicas vogais (como é o caso para o *a* vertiginoso dos aleluias), que o hebraico bíblico deixava na sombra invisível de sua transcrição gráfica, provocando o suspense do significado – equilíbrio instável – para melhor dar passagem ao Espírito que possui a "ciência da voz". Em regime ordinário de simples salmodia, palavra

---

45   Bento de Núrsia, *Regra dos Monges*, § XIX.

por palavra, passo a passo, ou, então, em regime extraordinário de ornamentação neumática, por elãs sucessivos, tonalidade e modalidade emprestam seu poder expressivo à amplitude espiritual de uma voz que se eleva a partir do corpo, cai e se ergue de novo, para aniquilar-se, enfim, na paz e na alegria. Assim se expande o extraordinário introito *Resurrexi* da missa de Páscoa, colocado nos lábios do Cristo glorificado no além-túmulo, e a gravidade insensivelmente se altera em jubilação.

Nos confins da Babilônia, onde às vezes eles sucumbem involuntariamente, os homens não cantam mais com prazer. Suas harpas ficam suspensas nos salgueiros das margens (Sl. 137, 1-3). Uma ação de graças ininterrupta irritaria, aliás, os que não a compreendessem. Quando um grupo infantil aclamou Jesus entrando em Jerusalém, puritanos quiseram obrigá-los ao silêncio: "se eles se calam", retorquiu o Mestre, "as pedras gritarão" (Lucas 19, 40). A profecia era exata. Apesar da falta de fervor ou da covardia dos fiéis durante os tempos, o coro mudo dos edifícios cristãos continuou sua obra de louvor. As ruínas de Tintern Abbey, no país de Gales, não celebram sempre o grande ofício monástico? E o santuário abandonado de São Salvador em Chora, perto de Istambul, não repete ainda os fastos da divina liturgia? Sem dúvida, é preciso preservar-se de sacralizar excessivamente essas relíquias monumentais. Jesus desiludiu brutalmente seus apóstolos apegados a uma forte emoção estética diante do Templo de Jerusalém: "Não ficará aqui pedra sobre pedra: tudo será destruído" (Lucas 21, 6). O evangelista João relata uma outra palavra misteriosa, pronunciada por Jesus no dia em que expulsou os vendilhões do Templo: "Destruam esse santuário, e em três dias eu o reerguerei" (João 2, 19). O Cristo falava, na realidade, acrescenta João, do "santuário de seu corpo". Essa analogia entre o Templo e o corpo dá a chave da arquitetura cristã, tanto que os cristãos serão chamados de "pedras vivas" do edifício espiritual fundado sobre a "pedra angular" que é o Cristo (1 Fil. 2, 4-8). Enfim, se o Templo deve permanecer uma "casa de oração" (Marcos 11, 17), o corpo, por sua vez, nada mais é que o "templo do Espírito Santo" (1 Cor. 6, 19). O corpo de carne e o edifício de pedra se assemelham porque eles abrigam a presença do Espírito, e ambos são destinados à conversação interior, à oração. O Sopro sagrado torna equivalentes volume sonoro e arquitetural. Os mestres do hesicasmo não se referiam a uma "arquitetônica do espírito"? Numa longa pausa descritiva inserida no meio das crônicas de Israel, as Escrituras insistem com complacência nos detalhes da construção do Templo por Salomão (1 Reis 6; 2 Crôn., 3-4). Esse lugar conservava memória do Texto e da Aliança confiados ao povo eleito; era por excelência o lugar do Testemunho, lugar mártir e martirizado. Os profetas não evocavam sem melancolia as cerimônias que aí se realizavam. Joel imagina assim a liturgia penitencial de uma expiação coletiva: "Que entre o altar e o pórtico chorem os padres, servidores do Senhor. [...] Por que, diriam entre os povos, *onde está seu Deus?*" (Joel 2, 17). A topografia cristã das igrejas ficará marcada pelo simbolismo do Templo, que exprime essencialmente uma escatologia. As últimas páginas do Novo Testamento colocam, aliás, em cena uma Jerusalém que desce do Céu como uma esposa ornamentada com suas joias (Apoc. 21). Aqui embaixo na Terra, entre paredes, é convocada a assembleia (*ecclesia*), aqui se faz ouvir a Palavra da salvação, como se se verificasse materialmente a força espiritual de uma fé que se nutre com uma escuta atenta e coletiva, *fides ex auditu*.[46]

O espaço balizado traduz as trajetórias da oração que, em sua linguagem, empresta formas tão diversas: gritos e gemidos, ruminação tranquila, suspiros e murmúrios, ferverosas salmodias. Nossos sentimentos se conformam com os lugares que visitamos, e eles são, em retorno, configurados por eles. Respira-se e medita-se de maneira inteiramente diferente nas catacumbas de São Sebastião, em Roma, ou diante do pórtico real de Chartres, ao abrigo de uma humilde capela de vilarejo, ou sob a influência

---

46 "Assim, a fé nasce da pregação [*ex akoes, ex auditu*], e a pregação se faz pela palavra do Cristo" (Rom. 10, 17).

de uma coreografia gótica. No meio das Cévennes protestantes (camisardes), no templo protestante de Rousses, o pequeno púlpito de castanheira, tão sóbrio e eloquente, prega às multidões do Refúgio huguenote a beleza selvagem dos salmos: "O Eterno é meu rochedo" (Sl. 18, 2; 31, 3; 91, 2; 94, 22). A marcha, peregrinação física, favorece a meditação, e é agradável passar de um lugar a outro, como em Roma, outrora, os fiéis percorriam o itinerário estacional, de procissão em procissão, ora fazendo parada em alguma igreja doméstica, por exemplo a casa da família Pudens, que se tornou a Igreja Santa Pudenciana, ora privilegiando a majestade de uma basílica maior, tal como São João de Latrão, mãe e cabeça das igrejas. O espírito meditante multiplica os circuitos, as voltas e os desvios, assim como o sugere o vasto deambulatório de Saint-Sernin, em Toulouse, ou o de Saint-Julien do Mans. Ele saboreia também longamente o eterno jardim dos claustros. Outras vezes, uma soleira fica por transpor, passagem perigosa: em Moissac, a pintura do pórtico onde se contorciona o profeta Jeremias, obriga o visitante a voltar seu olhar para o alto, para o tímpano, onde os reis do apocalipse levantam eles próprios a cabeça para o Cristo Salvador que se senta como juiz no meio de um mar de cristal.

Temos por obrigação ler um edifício, assim como nos inscrevemos num espaço, para habitá-lo ou cultivar afinidades. A nave e a interseção (transepto), orientadas segundo os quatro pontos cardeais, do oeste ao leste do Éden, deslocam o espírito em trânsito para o Santo dos Santos, e a geometria das formas imita em suas grafias minerais o abismo insondável do interior. A partir das ogivas, das abóbadas ou dos arcos inteiros romanos, ou de qualquer outro sistema de linhas, constitui-se um conjunto de signos que interrogam, e cujas regras gramaticais devem ser clareadas. Assim, a posição das mãos e dos dedos, nas espiritualidades da Índia, codifica a semiótica das *mudra*.[47]

---

47 *Mudra* significa "signo, sinal" em sânscrito. O termo é utilizado para designar gestos ou posições simbólicas da mão na tradição hindu ou budista.

Um ritmo visual se cria pelo emaranhado das abóbadas e arcos, arabescos complexos que fazem pensar, referindo-se ao canto gregoriano, à silhueta de um *scandicus* ou de um *torculus*.[48] A forma exterior reflete uma disposição interior, e, inversamente, por relação ou reciprocidade: alma e carne assimilam o edifício que ele mesmo reflete, por um processo de incorporação; o templo "não feito pela mão do homem" (2 Cor. 5, 1). O mistério encontrou um estojo, banhado por uma luz por assim dizer sobrenatural ou incriada: "Tu revestes a manhã com esplendor, e com tuas luzes o meio-dia."[49] Nos transeptos das catedrais mariais, o prisma dos vitrais provoca justamente uma vibração colorida, como se a luz trançasse rosáceas místicas para cantar a Virgem-Igreja "sem mancha nem rugas" (Ef. 5, 27), a Esposa inesposada, a Senhora coroada, tal como já a contemplavam os versículos do hino acatista: "Salve, Projeção de alegria", "Mistério da indizível sabedoria", "Fé dos suplicantes de silêncio", "Aurora do dia misterioso", "Ostensório do Cristo Senhor", "Tabernáculo do Deus incomensurável", "Confusão dos infiéis", "Porto nas navegações da vida", "Palácio de esponsais imaculados", "Raio do sol espiritual", "Purificação da consciência", "Odor dos perfumes do Cristo", "Arca dourada pelo Espírito".[50]

E, no entanto, o fervor das orações não conseguiria ser garantido pela magnificência dos cenários. Aliás, não se prefere meditar em seus próprios lugares de eleição, que aflora não algum furacão tonitruante, mas somente essa espécie de bri-

---

48 Esses termos designam certas figuras gráficas do canto gregoriano. O *scandicus* é um grupo de três notas em posição ascendente; o *torculus* é um grupo de três notas, onde a nota mediana é mais elevada que as outras duas.

49 "*Splendore mane instruis et ignibus meridiem*", Hino *Rector Potens*, para a Hora Sexta (meio do dia).

50 O *Hino Acatista* (isto é, que se cantava *sem sentar-se*) é atribuído a Saint Germain, patriarca de Constantinopla de 715 a 729. Ele comporta 12 estrofes com 12 invocações. Texto grego. Ed. Migne, "Pathologie Grecque", 92. A versão francesa se encontra em Pie-Raymond Régamey, *Les Plus Beaux Textes sur la Vierge Marie*. Paris: La Colombe, 1946. p. 70-77.

sa imperceptível que outrora tinha envolvido com seu suave rumor o profeta Elias desamparado (1 Reis 19, 11-13)? A orgulhosa e santa montanha do Athos não é menos inspiradora que a ilha onde se encontra fixada a catedral de Maguelone, entre céu e mar juntos. O ofício da Dedicação das igrejas insiste na majestade temível, que impõe aos que transpõem a soleira de um edifício eclesial distância e reverência: "Este lugar é temível [*terribilis est locus iste*]; é aqui a casa de Deus e a porta do Céu [...]. Deus fez deste lugar um mistério inapreciável, fora de todo alcance [*inaestimabile sacramentum, irreprehensibilis*]."[51] O visitante, mesmo o de um dia, revive, de algum modo, o espanto sagrado do patriarca Jacob: depois de um sonho onde ele tinha visto uma escada que atingia o alto do Céu, ele tinha consagrado pela unção a pedra sobre a qual tinha adormecido (Gên. 28, 11-19).[52] Aí aconteceria, com efeito, um mistério que é difícil julgar em seu justo valor. A experiência espiritual se fortalece em lugares ou monumentos singulares que cabe a cada um guarnecer, à maneira de uma paisagem interior ou de um santuário imaginário. Por toda parte, o invisível se torna manifesto, e, por toda parte, a beleza do absoluto se deixar abordar, em importantes lugares carregados de história ou de patrimônio, assim como em lugares mais modestos, que a história parece desprezar. Assim, nos cumes áridos e selvagens da Espinouse, ergue-se a minúscula capela Sainte-Marie de Douch, quase esquecida por todos, esplêndida de modéstia e, no entanto, tão nobre em seu despojamento extremo, no meio das giestas que, às vezes, um vento turbilhonante varre, do qual não se sabe, com efeito, à imagem do Sopro-Paráclito, nem de onde ele vem nem para onde vai. *Inaestimabile sacramentum...*

---

51   *Missale Romanum*, missa *Terribilis...*, para a Dedicação das igrejas. Os textos citados pertencem ao Introito e ao Gradual.
52   Jacob chama esse lugar Bethel, isto é, "casa de Deus".

Corpo

> Τὸ σῶμα τοῦ ἐνδύματοσ.
> Corpus plus quam vestimentum.
> O corpo mais que a roupa.
>
> (Evangelho de Mateus 6, 25)

❧ ❧ ❧

O corpo de carne foi frequentemente considerado, no Ocidente, como o grande inimigo da vida espiritual. Se ele é, no entanto, como escreve São Paulo, o "templo do Espírito Santo" (1 Cor. 6, 19), como pôde ele ser a esse ponto suspeito, ostracizado, desprezado? Um grau de elevação como esse significaria que sua realidade puramente física seria incompatível com a vida do espírito? Visto que ele anuncia um Deus que tomou corpo, o cristianismo não deveria transmitir a seu respeito uma mensagem especial, pregar seu esplendor incomparável, e não sua desclassificação? Por que focalizar misérias ou imundícies mais do que celebrar uma vocação definitiva à glória divina? Essas questões revelam um certo embaraço, eufemismo que desejaria sugerir uma profunda complexidade.

Santuário a céu aberto

A surpreendente definição pauliniana do corpo, como "templo do Espírito", opõe-se radicalmente aos esquemas usuais do helenismo. Herdado do pitagorismo, o famoso trocadilho sobre o corpo-túmulo (*soma/sema*) se encontra em Platão,[1] mas ele impregnou de forma durável toda a mentalidade ocidental, tanto antes como depois de Cristo. Compreende-se que a expressão pauliniana não tenha atravessado os séculos sem ambiguidades. Enquanto templo, o corpo pôde, primeiramente, ser religiosamente sacralizado, até santuarizado. Contra as ideias recebidas de seu tempo, os primeiros cristãos exaltavam, por exemplo, um corpo capaz de viver na virgindade perpétua, ou, então, capaz, igualmente, de suportar, sem jamais curvar-se, os mais terríveis suplícios, no martírio. Nos tempos heroicos do cristianismo, insistia-se, por outro lado, fortemente, na pureza pós-batismal do corpo, que se devia conservar a todo custo, em uníssono com costumes renovados, ao abrigo de toda desordem dos sentidos. Certamente, tudo isso não era absolutamente novo, e muitas escolas filosóficas, cada vez mais tingidas com o espírito religioso, no momento do nascimento do cristianismo, insistiam no indispensável domínio do corpo e de suas pulsões. O estoicismo, por exemplo, incentivava uma vigilância de cada instante sobre os transbordamentos do corpo, que só podiam perturbar os progressos da alma. Um pagão como Celso acusava a moral cristã de se prevalecer indevidamente de alguma novidade: "Ela é banal e, em relação aos outros filósofos, não ensina nada de venerável nem de novo".[2] Não tinha ele em grande parte razão? Sem dúvida, a novidade não vinha de uma série de práticas concretas (temperança, sobriedade alimentar, continência, castidade...), mas, precisamente, de um novo *status* reconhecido ao corpo: ele não era mais nem uma carga insuportável nem algum triste sarcófago, mas um santuário a céu aberto, um espaço íntimo consagrado a Deus, e, portanto, em razão dessa consagração, incessantemente ameaçado, durante sua vida terrestre, por um risco de profanação.

---

1   Platão, *Crátilo*, 400c; *Górgias*, 493a. A imagem da prisão do corpo que mantém a alma cativa se encontra em *Fédon*, 82d.

2   Origène, *Contre Celse*. Paris : Cerf, "Sources Chrétiennes", nº 132, 1967. p. 85.

A vigilância extrema defendida em relação a ele resultava de uma chamada: "Vocês não pertencem a vocês; vocês foram verdadeiramente resgatados. Glorifiquem, pois, a Deus em seu corpo!" (1 Cor. 6, 20). Isso não provocava, de forma alguma, proezas ascéticas. Em matéria de alimentação, por exemplo, nada era proscrito ou tabu. Jesus tinha afirmado que "não é o que penetra no homem" que pode sujá-lo; o evangelista Marcos acrescenta que, com essas palavras, o Cristo "declarava puros todos os alimentos" (Mc. 7, 18-19). São Paulo manterá essa suspensão dos interditos:

> Que ninguém ouse criticá-los sobre questões de alimentação e de bebida [...]. A partir do momento em que vocês estão mortos com o Cristo aos elementos do mundo, por que se dobrar a receitas como se vocês ainda vivessem neste mundo? *Não pegue, não experimente, não toque*; tudo isso por coisas destinadas a perecer pelo seu próprio uso! Eis as prescrições e doutrinas dos homens! (Col. 2, 16 e 20-22).

Paulo se insurge aqui, ao mesmo tempo, contra os que queriam conservar algumas prescrições rituais do judaísmo e contra "puristas" cristãos levados por um zelo mal esclarecido. Ele denuncia, de fato, uma medíocre caricatura da verdadeira ética do corpo: "Essas espécies de regras podem parecer de sabedoria por sua ostentação de religiosidade [*in superstitione*] e de humildade que não poupa o corpo; de fato, elas não têm nenhum valor para a insolência da carne"[3] (Col. 2 e 6, 23). Sem o Espírito do Cristo, a ascese se torna bravata. Ora, assim como lembrará a Epístola a Diogneto, mesmo se os cristãos não se distinguissem de alguns pagãos, pelo menos no exterior (e Celso não dirá outra coisa), eles deviam, no entanto lembrar-se do sentido de sua vocação extraordinária, que os obrigaria a se sentirem responsáveis pelo mundo inteiro:

---

3   Notar-se-á que a Vulgata emprega o termo "superstição".

> Os cristãos não se distinguem dos outros homens nem por seu país, nem pela linguagem, nem pelas roupas. [...] Eles estão na carne, mas não vivem segundo a carne. [...] Resumindo, o que a alma é no corpo, os cristãos o são no mundo. A alma está difusa em todos os membros do corpo, como os cristãos nas cidades do mundo. A alma habita no corpo e, no entanto, ela não é do corpo, como os cristãos habitam no mundo, mas não são do mundo. [...] Assim, os cristãos se instalam no corruptível, esperando a incorruptibilidade celeste.[4]

Os cristãos, com efeito, constituíam *simplesmente* – que carga e que glória! – o Corpo místico do Cristo.

Mesmo parecendo favorecer a difusão da fé cristã, pela elevação espiritual para o Bem e para a contemplação do Uno, as diferentes filosofias originadas da corrente platônica exasperavam ao extremo a oposição entre a alma e o corpo. Assim, o cristianismo precisou combater sempre o que ele não podia não considerar como uma concepção errônea do corpo. A polêmica antignóstica se explica pela necessidade de defender a dignidade do corpo de carne. Nenhum descrédito definitivo conseguiria, com efeito, ser lançado sobre a matéria, obra de Deus. Nos primeiros séculos do cristianismo, o preconceito anticarnal era tão tenaz que mesmo alguns cristãos rejeitavam o realismo físico, altamente escandaloso, da encarnação divina. Assim, por exemplo, os sofrimentos do Crucificado não eram aos seus olhos mais que uma simples aparência, uma ilusão. Esse docetismo[5] está ligado à gnose, para a qual a salvação da alma passa pelo conhecimento do divino e pela recusa absoluta de tudo o que é carnal ou material. Grande destruidor da gnose "com nome enganoso", Santo Ireneu não cessará de desferir contra seus adversários essa afirmação tão incômoda: o Verbo "se fez

---

4   Epístola a Diogneto (escrito anônimo do fim do século II, dirigida a um pagão). In: *Les Pères Apostoliques*. Paris: Cerf, 1991. p. 490-492.

5   A ortodoxia emprega esse termo para designar as correntes de pensamento que, aos seus olhos, só se ligam a aparências (*dokein* = "parecer") e negam o realismo da Encarnação.

Corpo

93

homem para acostumar o homem a apreender Deus e acostumar Deus a habitar no homem, segundo o bom agrado do Pai".[6] Todo o composto humano foi, a título definitivo, assumido e elevado, visto que o Cristo "veio através de toda a economia e tudo recapitulou nele mesmo".[7] Contra a *doxa* que prevalecia nos meios intelectuais, os Padres da Igreja tiveram, frequentemente, que lembrar a eminente dignidade do corpo humano: "Não desprezes", dizia São Basílio, "extasiando-se na anatomia humana, a maravilha que está em ti".[8] Tertuliano, por sua vez, destacará com veemência que a carne do Cristo não é absolutamente "imaginária" ou "fantasmática [*phantasma*]",[9] e que a realidade fisiológica da carne não foi absolutamente dissolvida na obra redentora: "Nós sustentamos que não é a carne do pecado [*carnem peccati*], mas o pecado da carne [*peccatum carnis*] que foi aniquilado no Cristo; não a matéria dessa carne, mas seu natural [*non materiam sed naturam*], não sua substância, mas sua culpa [*nec substantiam sed culpam*]".[10] Esse otimismo jubilatório, é verdade, não se comunicou aos séculos ulteriores. Tertuliano medita aqui sobre uma carne humana inocentada para sempre, lavada de seus pecados e de sua culpabilidade. A assunção da carne pelo Cristo modificou, com certeza, sua natureza, ou, antes, seu destino, mas ela não atingiu absolutamente sua integridade *material*. Numa célebre paronomásia, Tertuliano resume a novidade assustadora dessa reabilitação provocante da carne, tão revolucionária em relação às ideias difundidas no paganismo: "A carne é o pivô da salvação [*caro cardo salutis*]".[11]

---

6   Irénée de Lyon, *Contre les Hérésies*. Paris : Cerf, "Sources Chrétiennes", livre III, t. II, nº 211, 1974. p. 393.

7   *Ibidem*, p. 313.

8   Basílio de Cesaréia, *Sur l'Origine de l'Homme*. Homélies X et XI sur l'Hexaéméron. Paris: Cerf, "Sources Chrétiennes", nº 160, 1970. p. 169.

9   Tertuliano (155?-222?), *La Chair du Christ*. Paris: Cerf, "Sources Chrétiennes", nº 216, 1975. p. 213.

10   *Ibidem*, p. 277.

11   Tertuliano, *De Resurrectione Mortuorum*, VIII, 6-7.

Estamos, então, doravante salvos *na* carne e *com* ela, mesmo se ela conserva os estigmas de sua fragilidade ou de sua incompletude. E, de toda maneira, a vigilância em relação a tentações carnais não exige, apesar dos propósitos muito zelosos de alguns místicos, o ódio de si. Não está escrito: "Amarás a teu próximo como a ti mesmo" (Levítico 19, 18; Mc. 12, 31)? O justo amor de si, prescrito pela Torá e pelo Evangelho, concerne à totalidade concreta de um indivíduo bem real, e não alguma pessoa idealmente fantasmada. Se a carne foi por Deus instrumentalizada para se tornar o "pivô da salvação", ela não pode ser julgada supérflua. Nossa materialidade carnal assim como nossa realidade corporal não são anomalias metafísicas. Por outro lado, esquece-se muito frequentemente que, em Adão, a queda da humanidade reveste-se, no início, de um caráter essencialmente espiritual: a revolta de um orgulho megalomaníaco arrasta a carne à perdição, e não o inverso, mesmo se, em resposta, desde a noite dos tempos, se constata a reciprocidade desse encaminhamento. Enfim, uma das grandes ambiguidades terminológicas da antropologia cristã consiste na confusão que assimila a carne ao corpo. Se a carne, com efeito, pode ser legitimamente suspeita e suspeitada, desde quando ela se abandona a si mesma e não reconhece mais o Espírito que a vivifica, o corpo, em compensação, porque ele ultrapassa a carne e porque forma uma realidade mais complexa, possui uma mais forte capacidade de resistência. Uma passagem da Epístola aos Romanos se revela aqui decisiva:

> Os que vivem segundo a carne desejam o que é carnal; os que vivem segundo o espírito, o que é espiritual. Porque o desejo da carne é a morte, enquanto o desejo do espírito é a vida e a paz, já que o desejo da carne é inimitado contra Deus [...]. Vocês, vocês não estão na carne, mas no espírito, visto que o Espírito de Deus habita em vocês (Rom. 8, 5-9).

Se o texto parasse aí, poder-se-ia, sem muita dificuldade, perceber nele uma ressonância gnóstica. Paulo argumenta, entretanto, a partir da Ressureição do Cristo, e a partir de então

Corpo 95

tudo se desequilibra. Instrumento de morte, a carne é, de alguma maneira, salva pelo corpo glorificado. Sem o Espírito, a carne e o corpo são os dois destinados à morte, ou, antes, eles *já* estão mortos, apesar de sua vitalidade biológica. Os dois, em compensação, *já* escapam da morte física, desde esta vida, visto que eles são levados no dinanismo da Ressurreição. Assim, Paulo acrescenta imediatamente: "Se o Cristo está em vocês, ainda que o corpo já esteja morto em razão do pecado, o Espírito é vida em razão da justiça. E se o Espírito d'Aquele que ressuscitou Jesus dentre os mortos habita em vocês, Aquele que ressuscitou o Cristo Jesus dentre os mortos dará também a vida aos seus corpos mortais pelo seu Espírito que habita em vocês"(Rom. 8, 10-11). No Novo Testamento, "carne" e "corpo" são raramente sinônimos, e se a palavra "carne", apesar dos usos positivos do termo para designar a carne do Cristo, é bem frequentemente tomada num sentido negativo (fraqueza, corruptibilidade), a palavra "corpo", em compensação, é quase sempre utilizada num sentido positivo. O corpo plural acrescenta sempre algo de misterioso à carne singular. Muito mais que uma realidade estritamente material – a carne que o preenche –, o corpo designa um lugar, esboça uma configuração, anuncia um destino. Nele se opera uma "troca admirável" entre o material e o imaterial; nele cochila um poder permanente de metamorfose.

Embaraços ilegítimos

Processos recorrentes são intentados ao cristianismo, acusado de muito frequentemente cair num espiritualismo insípido, que culpabiliza a carne de maneira histérica, rejeitando-lhe a menor satisfação corporal. Os libertinos dos séculos XVII e XVIII terão tido, nesse ponto, ganho de causa: a opinião pública ocidental é há muito tempo majoritariamente obtida em seus catecismos. Desde a Renascença, para dizer a verdade, a "modernidade" profana recomeça incansavelmente, não sem brilho, sua cruzada anticristã, continuando sem trégua uma luta, que ela acredita sempre final, contra a tirania judeo-cristã, insolentemente liberticida em relação às expansividades corporais. Poder-se-ia observar, sem nenhuma polêmica, que os progressos da descristianização de nossas sociedades, cada vez mais marcadas, ao contrário, por um espírito de revanche anticristão, não parecem realmente multiplicar o número de pessoas "expansivas" ou de bem em sua pele. Talvez até jamais tenha havido tantas angústias, mal-estares ou crispações; as diferentes formas de puritanismo moral – nas antípodas do Evangelho –, que se veem reflorescer em nossos dias com tanto vigor, confirmariam, aliás, essa tendência ou esse fracasso. Era-se menos "expansivo" que hoje, mesmo no plano corporal, na mística e sensual Bizâncio da ortodoxia triunfante, nos tempos heroicos da imperatriz Teodora, ou, ainda, na França, na época tão refinada de Marie de France ou de Aliénor de Aquitânio? Era-se mais obrigado ou, ao contrário, menos complexado que hoje no tempo do poeta François Villon, tão sinceramente piedoso e tão livre de costumes? Os cristãos apreciavam menos que nós a alegria de viver, sob o ministério dos cardeais Richelieu e Mazarin? A dúvida é amplamente permitida... Talvez mesmo seja preciso apostar alto que os "tempos cristãos", pelo menos aqueles em que o cristianismo era espiritualmente dominante, foram, sem dúvida, muito menos "acuados", no capítulo dos costumes, que o período que seguiu a Revolução Francesa (tão abertamente anticristão), época que viu no século XIX, mas que vê ainda num sentido, o triunfo ideológico do moralismo laicizado, puritano e asseptizado, ao mesmo tempo em que ela se acredita liberada de todo preconceito ético e que ela se julga ingenuamente "liberada".

Dito isso, uma boa parte das críticas dirigidas ao cristianismo fica amplamente fundada. O discurso oficial cristão, principalmente quando ele era destinado ao povo, não cessou de alimentar a suspeição anticarnal, relegando o tema da *caro cardo salutis* à posição somente dos argumentos teológicos especializados, por assim dizer válido só para o caso da encarnação do Cristo. De alguma maneira, o cristianismo não tirou sempre todas as consequências da subversão filosófica que carregava nele. As-

Corpo 97

sim se apresenta, com efeito, a questão, sob a forma de um incrível paradoxo: repreende-se no cristianismo o fato de sustentar teses que profundamente ele só pode recusar; imputam-se-lhe concepções que não são as suas (entre outras, o dualismo platônico ou gnóstico) e que, na realidade, ele não cessou de combater, em teoria, em suas extrapolações dogmáticas, enquanto, na sua prática pastoral, ele se afastava de seus próprios princípios para inculcar nos fiéis uma excessiva desconfiança da carne e do corpo. Quanta energia gasta pelos apologistas ou pregadores, principalmente a partir do século XVI, para defender, por exemplo, a imortalidade da alma (conceito pagão), contra alguns "libertinos" que, negando-a, imaginavam subverter a fé cristã! Que incômodo, em compensação, para pregar a glorificação dos corpos através da inimaginável e mística ressurreição da carne! Quando um leitor percorre os suntuosos sermões de quaresma de Bossuet, ele fica inteiramente surpreso diante da ausência de inspiração que parece apoderar-se do orador desde que ele deva pregar sobre a Páscoa, ao passo que ele é tão inspirado durante a quaresma. Quando se trata não mais de denegrir a carne e o corpo, mas, ao contrário, de celebrar sua excelência reencontrada, o brilhante pregador parece não ter mais nada a dizer.

Um outro mal-estar ou uma outra obsessão reside naquilo que se poderia chamar *psicocentrismo* de muitos escritores espirituais, que não cessam de convocar a "alma" na menor ocasião, e de temperá-la em todos os contextos. Esse platonismo reaquecido, tão contrário à antropologia bíblica, pôde corresponder, a partir da Renascença, à emergência de um individualismo exacerbado, reforçado, por outro lado, por uma concepção lucrativa, desmesuradamente interessada da salvação ("ganhar" sua alma). Essa "alma" onipresente acabava parecendo com algum ectoplasma etéreo, éon indistinto flutuando nos ares. Ora, a Bíblia, quando menciona a alma humana, faz alusão à vida e ao ser vivo, prometido à iluminação e ao absoluto: "Bendize o Senhor, oh, minha alma; do fundo de meu ser, seu santo nome. Bendize o Senhor, oh, minha alma, não esqueças nenhum de seus benefícios" (Sl. 103, 1-2); "Venham, ouçam, que estou contando, vocês todos, os tementes a Deus, o que ele fez por minha alma" (Sl. 66, 6). Não é nada surpreendente, em razão desses numerosos mal-entendidos, que o pensamento contemporâneo censure geralmente, na herança judeo-cristã, uma visão do corpo que, na realidade, lhe permaneça fundamentalmente estranha. Tal é a ironia da história: nossa época atribui seus favores a um psicossomatismo que ela imagina ter inventado, enquanto ele depende de um modo de representação tipicamente escritural.

A linguagem do corpo

O sentido cristão do corpo resta ainda a descobrir em profundidade, como uma terra que não teria sido explorada senão superficialmente no decorrer dos séculos. Sem dúvida, também os cristãos deveriam redescobrir o papel insubstituível do corpo na vida espiritual. Para reinventar esse *status* esquecido, bastaria, aliás, tomar o caminho dos Evangelhos, onde, longe de ser atormentado ou censurado, o corpo se encontra, ao contrário, no centro da festa, restaurado em seu dinamismo original. As doenças e deficiências físicas, objetos de cuidados atenciosos de Jesus, obtiveram valor exemplar: lepras e paralisias, surdez, mutismo e cegueira, febres e epilepsias[12] caracterizam, por figuras e símbolos, as patologias costumeiras do homem, na ordem da inteligência ou da sensibilidade, no plano moral ou espiritual. Todos os infelizes que afluem a Jesus se beneficiam de uma cura que suprime sua deficiência, mas que se torna também o índice de uma salvação mais universal que atinge a integridade de sua pessoa: "Chegada a noite, quando o sol se pôs, trouxeram-lhe todos os doentes e endemoniados, e a cidade inteira estava reunida diante da porta. E ele curou muitos doentes atingidos por diversos males e expulsou muitos demônios" (Mc. 1, 32-34).

---

12   Ver, por exemplo, a cura de uma febre (Mc. 1, 29-31), de um leproso (Mc. 1, 40-45), de um paralítico (Mc. 2, 1-12), de um surdo-gago (Mc. 7, 31-37), de um cego (Mc. 8, 22-26), de um epilético (Mc. 9, 14-29).

A solicitude do taumaturgo atinge indistintamente as doenças corporais e as perturbações que afetam o equilíbrio psíquico. Os frenéticos possuídos de "inúmeros demônios" gritam sua saída imediata, como o pobre alienado do país dos Gerasenianos, que transita desesperado em suas correntes, recluso em um túmulo, "soltando gritos e se recortando com pedras" (Mc. 5, 5). O relato evangélico atribui o maior espaço a esses exorcismos (tão estranhos aos nossos olhos), para destacar uma concepção unitária do corpo. Tornado homem, Deus se fez terapeuta. A parábola do bom samaritano sugere toda a delicadeza de seus gestos hospitaleiros (Lc. 10, 29-37),[13] e o Cristo confiará, aliás, aos seus apóstolos o dom de cura, concretizado através do gesto suave da unção, acompanhado de uma oração.[14] O óleo perfumado tornou-se matéria sacramental, bálsamo aplicado sobre um corpo doravante consagrado ao Espírito Santo. A cura é sinal de restituição vital. Três verdadeiros cadáveres são, assim, no Evangelho, chamados à existência ordinária: uma menina de 12 anos (Lc. 8, 40-56), o filho único de uma pobre viúva (Lc. 7, 11-17), Lázaro, enfim, sobre quem se lamentam seus amigos e suas irmãs (João 11, 1-44). O Verbo da vida os reanima, e "o morto saiu, com os pés e as mãos em ataduras", o rosto "envolvido com um sudário". Cada vez, Jesus reza sobre o corpo e por ele. Assim, o cristão é convidado a rezar *sobre* seu próprio corpo e *com* ele. Abatido pela doença, Pascal compôs para a ocasião um de seus mais belos textos:

> Oh, Senhor, que amais tanto os corpos que sofrem que escolhestes como vosso o corpo mais abatido por sofrimentos que existe no mundo! Agrade-Vos meu corpo, não por ele mesmo, nem por tudo o que ele contém, porque tudo aí é digno de Vossa cólera, mas pelos males que ele enfrenta, que só podem ser dignos

---

13   "Ele se aproximou, enfaixou suas feridas, derramando aí óleo e vinho."

14   Esse dom é conferido aos apóstolos (Mt. 10, 1), assim como aos 72 discípulos (Lc. 10, 9). Paulo fala de um "dom de cura" (1 Cor. 12, 9). Tiago fala de uma unção feita sobre os doentes em nome do Senhor (Tiago 5, 14); a Igreja Católica fará disso um de seus sete sacramentos.

de Vosso amor. Amai meus sofrimentos, Senhor, e que meus males Vos convidem a visitar-me.[15]

A oração, com efeito, implica o corpo. Só os anjos, precisa a teologia, são "poderes incorporais" e, aliás, "quem quer se fazer de anjo", observa Pascal, "faz-se de besta".[16] Os salmos fornecem a esse respeito um verdadeiro brasão do corpo que reza. Atitudes e reações espirituais são frequentemente evocadas em referência aos órgãos psicológicos: se as mãos, os braços e os pés são eloquentes, o fígado e as entranhas são confusos, os rins queimam, a cabeça e o coração se perturbam... Todos os membros se exprimem com vigor, para sugerir um desejo, confessar uma reticência, ousar uma súplica, lançar um apelo de socorro, deplorar uma hesitação, confessar um retiro em si, ou, ao contrário, cantar um abandono delicioso. O corpo não é um simples participante: ele mesmo é habitado por uma força (dom do Espírito Santo) que o eleva para seu Criador. A paisagem interior da anatomia representa, assim, sem falso pudor, o biótopo natural do espírito, e a atitude do corpo não é jamais vazia de sentido. Na tradição cristã, nenhuma posição é, no entanto, particularmente recomendada ou canonizada no momento da oração. Em suas assembleias litúrgicas, os primeiros cristãos privilegiavam a posição de pé, que parecia a mais adequada com o *status* do ressuscitado; o Cristo, com efeito se havia *levantado* dentre os mortos (*anastasis*). O cristão que reza de pé reconhece primeiramente que ele recobrou seu orgulho de homem livre, mas em outras ocasiões ele se curva, ou se inclina profundamente (o que os gregos chamam de metania), ele se prosterna ou se ajoelha a fim de traduzir seu esforço de veneração. As mãos erguidas, as palmas abertas, ou, então, cruzadas sobre o peito, ou, ainda, juntas para o Céu, correspondem a pa-

---

15   Pascal, *Prière pour Demander à Dieu le bon Usage des Maladies* (obra póstuma publicada em 1666). In: *Œuvres Complètes*. Ed. J. Mesnard. Paris: Desclée de Brouwer, 1992. t. IV, p. 1.007.

16   *Idem, Pensamentos*, op. cit., fr. 557.

Corpo   101

lavras enraizadas nas profundezas do coração. O corpo executa sua partitura no concerto espiritual. Muito frequentemente influenciado pelo conhecimento ancestral do Extremo Oriente, o Ocidente aprecia cada vez mais, em nossos dias, as capacidades expressivas do corpo, ignorando, às vezes, que tais práticas não são incompatíveis com a Bíblia ou com a tradição cristã, mesmo se esta não soube sempre valorizar esse ensinamento. No século XVII, reputado por sua austera e abstrata espiritualidade, Bossuet justifica, aos olhos dos protestantes, a participação efetiva do corpo, durante a liturgia católica, evocando uma "linguagem de todo o corpo, pela qual explicamos, assim como pela palavra, o que sentimos no coração".[17]

Seria possível conformar-se ao Cristo, que se dignou tomar um corpo, se, pretendendo-se mais crístico que ele, se obstinasse em querer colocar seu corpo entre parênteses? Não somente o angelismo é impossível, e mesmo bem lastimável, mas ele incorre no risco de sucumbir inevitavelmente na hipocrisia. Tartufo desejava que o seio de uma criada fosse escondido dos seus olhos, e é bem verdade que um certo pudor caricatural às vezes quis "esconder" o corpo aos olhos dos cristãos, desacreditando uma moral que ele acreditava servir. O Rabbi galileu não se embaraçava com esses trejeitos, chegando até a vituperar contra as caras de fantasia: "Quando jejuas, perfuma tua cabeça e lava teu rosto" (Mt 6, 17). Esses propósitos alegremente livres, e não desprovidos do humor, contrastam com muitas extravagâncias relatadas nos arquivos da espiritualidade cristã. Na *Histoire Lausiaque* (crônica dos monges do Egito, escrita por volta de 419), Pallade conta alguns desvios da piedade ou da *hybris*, de que alguns Solitários se tinham tornado costumeiros. Àqueles que mortificavam excessivamente seus corpos por um jejum extremo, o autor opõe o simples bom senso:

---

17   Bossuet, Du Culte Dû à Dieu. In: *Œuvres Complètes*. Paris: Mequignon, 1846. t. VIII, p. 7.

É melhor beber vinho com discernimento do que água com orgulho. [...] Não cuidemos mais dos detratores do que dos admiradores. Jejuemos com João, se a razão nos conduz a isso, embora digam: eles estão possuídos. Com Jesus, sejamos sábios bebendo vinho se nosso corpo precisa, embora digam: eis glutões e bêbados.[18]

São Paulo já chamava a atenção de Timóteo, a respeito da inutilidade das proibições alimentares, contra a impostura moral dos hipócritas, "marcados no ferro em brasa em sua consciência" (1 Tim. 4, 2). Os puritanos se torturam em vão, e eles torturam os outros igualmente em vão. Bem antes de Nietzsche, que consternará com seus sarcasmos os "depreciadores do corpo",[19] Jesus ironizava, contra os bem-pensantes, sobre a inconsistência espiritual do purismo moral: "As prostitutas vos precedem no Reino dos Céus" (Mt. 21, 31). Com certeza, existem nas comunidades cristãs diferentes formas de vida, chamadas de formas diferentes de perfeição (um monge se santifica diferentemente de um leigo), mas os grandes autores espirituais são quase unânimes em condenar as derivas irracionais de uma ascese patológica (causa ou efeito de recalcamentos infinitos) que cedo ou tarde se fixa em uma espécie de *asceticismo* estéril, do qual não se dirão jamais bastantes os estragos.

O corpo não entrava, pois, a aventura noética da *alma*. O cristão não tem que tomar consciência do seu corpo somente por humildade, mas em vista de sua própria glorificação. A fé na ressurreição da carne proíbe toda interdição. Assim, o "pensamento do Cristo" orquestra um dinamismo somático, ao mesmo tempo pelo combate que ele supõe (ascese autêntica motivada pelos antagonismos da carne e do espírito) e pelo elã que ele imprime: a harmonia do corpo já é possível, ainda que sempre inacabada. O corpo ocupa um lugar atravessado de altas tensões.

---

18   Pallade (363-431), *Histoire Lausiaque*. Paris: Desclée de Brouwer, 1981, prologue, p. 38-39. Alusão a João Batista, que jejuava e que tratavam de possuído, enquanto Jesus, que não jejua, é chamado "glutão, bêbado, amigo dos publicanos e dos pecadores" (Mt. 11, 18-19).

19   Nietzsche, *Ainsi Parlait Zarathoustra*. Paris: Gallimard, 1971. p. 45.

Corpo

A tradição cristã o sabe bem, que atribui a maior importância aos movimentos interiores do coração, da carne e do espírito, *moções* que eletrizam o corpo, mas que também o ultrapassam completamente. Por causa dessa agitação interna e caótica, Inácio de Loyola prescrevia aos que praticavam *exercícios espirituais* uma acribia de cada instante. Em seu trabalho de "discernimento dos espíritos", o meditante não trata seu próprio corpo por omissão, como se este fosse a proibição suprema do discurso. A palavra interior permanece, ao contrário, atenta às reações físicas da pessoa, ora presa nas desolações, ora ninada de consolações. Os *Exercícios Espirituais* de Santo Inácio levam sempre o corpo a sério, sem desconfiança nem rancor, sem suspeita nem abandono, recusando adotar um ponto de vista *a priori* negativo sobre a gama muito extensa das manifestações somáticas.

As lágrimas, por exemplo, sinais físicos de compunção ou de transporte eufórico, sempre foram unanimemente valorizadas, em especial pelos padres népticos ou por Inácio de Loyola. Ora, de fato, a insensibilidade da pedra não conseguiria ser a do coração que medita ou que reza. Jesus, aliás, chorou sobre Lázaro e sobre Jerusalém (João 11, 35; Lc. 19, 41). A noção de *apatheia* significa algo de positivo se ela se refere a um sóbrio domínio das paixões, a uma "santa indiferença" transformada pelo amor de Deus; em compensação, ela será apenas uma armadilha perigosa se se pretende pura desencarnação. A Paixão de Jesus verifica justamente a passibilidade de sua carne; sem atingir sua incorruptibilidade, a morte não encontrou o Cristo impassível, Ele que, "nos dias de sua carne", tinha apresentado, "com um violento clamor e com lágrimas, implorações e súplicas àquele que podia salvá-lo da morte" (Heb. 5, 7). Mesmo no corpo glorioso do ressuscitado, os sofrimentos deixarão suas cicatrizes, sublimes ferimentos que Tomé ousará aflorar com um dedo inquisidor.

Sentidos espirituais

No horizonte do fim dos tempos, São Paulo coloca a transformação do corpo psíquico (ou animal) em corpo pneumático (ou espiritual) (1 Cor. 15, 44-49), mas ele o admira também, já operatório, na atualidade quotidiana. Por uma mudança progressiva e quase imperceptível, o corpo habitado de Espírito se encontra reinventado, restaurado, reconciliado. Nele, oração e meditação mantêm a serenidade e são efetivamente *pacíficas*, criadoras de paz, visto que elas repatriam para a uni-diversidade-Trindade divina todos os componentes humanos propensos à dispersão. O próprio Cristo tinha assumido a doação de seu próprio corpo, recebido e oferecido: "Tu me modelaste um corpo [...] então eu disse *Eis que venho para fazer tua vontade*" (Heb. 10, 5-7).[20] Assim como o primeiro ou o segundo Adão, o cristão se sente *golem* entre as mãos do Artista que o modela.[21] A epístola onde São João contempla o amor de Deus se abre pela encenação plástica do Verbo-surgido-num-corpo: "O que era desde o começo, o que ouvimos, o que vimos com nossos olhos, o que nossas mãos tocaram do Verbo de vida [...], isso vos anunciamos" (1 João 1-2). A cristofania programa uma dramaturgia carnal que solicita o contato íntimo. Esse testemunho do apóstolo bem-amado, alimentado por recordações pessoais, surpreendeu tanto Santo Agostinho, que ele lhe consagrou inúmeros sermões. Comentando em especial o início da epístola, ele considera no seio da Virgem a união de um esposo e de uma esposa, "o Verbo esposo e a carne esposa [*sponsus Verbum et sponsa caro*]".[22]

A carne do Verbo escusa, de alguma maneira, a experiência sensorial, enquanto modo de conhecimento místico, como se os sentidos exteriores – no entanto, suspeitos de ilusão – revelassem, por analogia ou contaminação, os esplendores escondidos de nosso interior. Aquele que medita em profundidade se aproxima sempre de uma "certa janela que dá para o jardim interior de uma casa [*ad quandam fenestram unde hortus intra domum*]", como tinham feito outrora Agostinho e Mônica de

---

20 O autor cita o Salmo 40, 7-9.
21 "Meu embrião [*golem*], teus olhos o viam" (Sl. 139, 16).
22 Agostinho de Hipona, *Commentaire de la Première Épître de Saint Jean*, op. cit., p. 117.

passagem na Ostia, num momento de grande tranquilidade que devia confundi-los.[23] Janela para o pátio, janela para o corpo. A partir desse Éden secreto, o meditante se eleva, de maneira paradoxal, para o Absoluto, mergulhando primeiramente nele mesmo; ele só sobe porque desceu, explorando as zonas ou as margens de toda sensibilidade. "Atravessam-se", escrevia Agostinho, "degrau por degrau, todos os seres corporais".[24] A experiência se aparenta a um sonho desperto onde, com o favor de encontros fortuitos, sensações se acumulam à medida que desfilam imagens.

A tradição dos sentidos espirituais percorre a história da mística, atestando o papel determinante destinado ao corpo. Um estranho isomorfismo liga o interior (domínio do pensamento) ao exterior (percepção sensorial). Todo um sistema complexo de equivalências se manifesta: serviços recíprocos, compensações parciais, transferências inconscientes. Tais trocas de proximidade concernem tanto à linguagem quanto à experiência, em especial a mais inefável de todas, a do amor de Deus. Enquanto a menor tentativa de formulação parece, com efeito, invalidada por antecipação, é ainda a linguagem do corpo que permanece a mais inadequada. A felicidade sensorial e sensual, que cada um experimenta, sugere, até inabilmente – não obstante Platão –, que um não-sei-quê de parecido, ainda que radicalmente diferente, se comunica, numa ordem sublime, com o reino dos espíritos. Só pela energia da graça, os sentidos vivem sua apoteose só na caridade. Agostinho transcrevia assim sua humilde experiência do amor de Deus:

> Amo alguma luz e alguma voz, algum perfume e algum alimento e algum abraço, quando amo meu Deus; luz, voz, perfume, alimento, abraço do homem interior que está em mim, onde brilha para minha alma o que o espaço não capta, onde ressoa o que o tempo ávido não apreende, onde se exala um perfume que o vento

---

23   *Idem, Confessions*, op. cit., livre X, p. 114.

24   *Ibidem*, p. 117.

não dispersa, onde se saboreia um prato que a voracidade não reduz, onde se aperta um abraço que a saciedade não afrouxa. É isso que eu amo quando amo meu Deus.[25]

A audácia provocadora da confissão postula uma osmose quase escandalosa entre o pensamento e a afeição, entra a razão e a sensibilidade. No amor divino, o corpo renovado saboreia a homogeneidade substancial de que ele goza, sem nenhum medo de descontinuidade. O "pensamento do Cristo" desposa também a carne do homem, enquanto os sentidos corporais repercutem o eco do Verbo. Os prolongamentos são, pois, mútuos. Em seus *Exercícios Espirituais*, Santo Inácio de Loyola recomendará, no quinto e último exercício quotidiano, a "aplicação dos sentidos" nas meditações feitas anteriormente durante o dia. Esse trabalho concreto de encarnação encerra assim uma série de exercícios "*espirituais*", esclarecendo justamente a natureza exata dessa espiritualidade: não uma simples vagabundagem mental, mas uma real ginástica de todo o corpo. Não basta, na oração, refletir sobre algum mistério, mas incorporá-lo em si e incorporar-se nele. Assim, por exemplo, na meditação sobre o pecado, deve-se olhar ou escutar "pela imaginação", exercer seu "olfato imaginário", "provar da mesma maneira as coisas muito amargas, como as lágrimas, o azedume e o verme da consciência" e, enfim, "tocar, de alguma maneira, essas chamas cujo contato queima até as almas".[26] As sequências narrativas do Evangelho (Inácio fala da "história") tornam-se cenas no interior das quais convém inscrever-se, visto que elas desenvolvem um roteiro em que se deve investir com sua própria presença física. O meditante penetra, então, no ateliê do Artista. Ator entre os atores, entrando no quadro, ele olha o Cristo que já o olhava desde o começo. Seu olho é escoltado, cooptado pelos que, no centro da história, participam de um drama nada intemporal.

---

25   *Ibidem*, p. 155.
26   Ignácio de Loyola (1491-1556), *Exercices Spirituels* (1548). Ed. Jean-Claude Guy. Paris: Seuil, 1982. p. 75.

Testemunha convidada, perdida de propósito, como nas *Meninas* de Velásquez, o meditante combina os pontos de vista mais diversos, em perspectiva infinita. "Eu imaginarei que estou presente entre eles", observa Inácio a propósito do relato da Natividade.[27] A "aplicação dos sentidos" não é uma concessão fácil, ou popular, à fraqueza de nossa natureza; ela exige, ao contrário, um investimento espiritual profundo, e traduz na atualidade ordinária das coisas o gesto desconcertante da Encarnação.

O uso dos sentidos se mostra, com certeza, delicado. É possível esforçar-se para colocá-los em quarentena ou até reduzi-los a nada, fazendo-os atravessar o que João da Cruz chamava a "noite dos sentidos"; pode-se também educá-los ou "aplicá-los", como o preconizavam os jesuítas. A Contrarreforma tridentina apostou em sua pedagogia e não recuou diante de um certo expressionismo. Os santos petrificados no êxtase barroco vibram com o estremecimento místico da carne. Riscos de deriva existem de um lado e de outro: um rigorismo inquieto se mostra endurecedor, enquanto uma exuberância laxista se volta facilmente para o sensualismo ou para o esteticismo gratuito. Sem dúvida, convém voltar incessantemente a uma teologia da Encarnação. Os argumentos desenvolvidos por Atanásio de Alexandria precisam notavelmente os dados do problema:

> Uma vez que o espírito dos homens tenha caído no sensível, o Verbo se abaixou até aparecer num corpo, a fim de centrar os homens sobre ele mesmo enquanto homem e de *desviar para ele seus sentidos*; doravante eles o veriam como um homem; por suas obras ele os persuadiria de que ele não é um homem somente, mas Deus, Verbo e Sabedoria do Deus verdadeiro.[28]

Atanásio considera o Homem-Deus como o ponto de convergência dos sentidos renovados; sua "aplicação" só pode ser uma conversão. Somente o Verbo orienta os sentidos para

---

27 *Ibidem*, p. 86.
28 Athanase d'Alexandrie, *Sur l'Incarnation du Verbe*. Paris: Cerf, "Sources Chrétiennes", n° 199, 1973. p. 321-323. O que o autor destaca.

Deus. Uma tensão subsiste, com efeito, entre o corpo criado (psíquico, corruptível) e o corpo recriado (pneumático, incorruptível), entre o corpo material ordinário e o "que não é feito pela mão humana". Em consequência, um mesmo equívoco impregna as relações que unem o amor carnal ao amor essencialmente espiritual (*ágape*). O Evangelho mantém, às vezes, aliás, – índice muito significativo – essa ambivalência. Jesus aprovou a unção tão sensual que lhe ofereceu em Betânia Maria Madalena, quando ela envolveu seus pés com seus cabelos desfeitos (João 12, 1-8); mas ele aceitou esse gesto como um prelúdio ao enterro. Ele deixou igualmente João, o bem-amado, repousar ternamente sobre seu peito (João 13, 23-25). Mudança de atmosfera, no entanto, no mesmo dia de Páscoa: ele recusa misteriosamente deixar-se tocar pela mesma Maria Madalena (João 20, 17), entretanto, gratificada por sua primeira aparição, enquanto ele convidará Tomé a ousar esse mesmo gesto (João 20, 27). Uma ruptura interveio, que não é outra senão a glorificação do corpo ressuscitado. Tomé deverá tocar por causa de sua incredulidade, enquanto Madalena queria tocar por amor. Ora, se um gesto tão humano lhe é, nesse instante, recusado, não é porque ela seria uma mulher – foi a ela, ao contrário, que foram reservadas a última unção e a teofania pascal –, mas porque, mais adiantada que Tomé, ela é iniciada num outro tipo de relação. Ela deverá "aplicar" ou converter seus sentidos de outra maneira, descobrir, de alguma maneira, a perturbadora realidade do que Santo Agostinho chamava um "tocar espiritual [*contactus spiritualis*]".[29] Assim, Madalena é introduzida numa maior intimidade, numa caridade que integra naturalmente, espontaneamente, o *eros*, sem jamais aboli-lo.

Eros místico

Não é fortuito que Maria Madalena, no Evangelho, *encarne* a conversão mística dos sentidos. Uma leitura estreitamente

---

29   Agostinho de Hipona, *Commentaire de la Première Épître de Saint Jean*, op. cit., p. 189.

espiritualista pretenderia que, doravante a mulher sensual, outrora grande pecadora, convencida de "não mais tocar", fosse igualmente convidada a negar seu próprio corpo. Toda a tradição mística cristã demonstra magnificamente o contrário. Teresa de Ávila é a esse respeito exemplar. Ela escreve que, mesmo na oração de quietude (estado já muito avançado na via iluminativa), "o corpo experimenta uma deleitação profunda, e a alma, uma felicidade igual".[30] O propósito se revela tão mais eloquente que Teresa se refere, às vezes, aos modelos clássicos do platonismo, evocando, por exemplo, a "prisão do corpo",[31] "muralha" do castelo interior.[32] Ela sabe, contudo, por experiência, que o corpo continua um parceiro privilegiado: "Quando a alma está na oração de recolhimento, ela deveria fazer um esforço mais considerável para manter abertos os olhos do corpo."[33] Aquele que progride na união contemplativa não se transforma nem em sonhador nem em sonâmbulo. Uma vigilância muito firme consegue uma maior clarividência sobre si, por uma consciência aumentada de seu próprio corpo: "Desde que a alma se ponha a rezar, ela verá seus sentidos se recolherem, como as abelhas que remexem em sua colmeia e aí entram para fazer o mel."[34] Como dizia Atanásio, trata-se mesmo de "desviar os sentidos" para o Verbo, sem desprezá-los ou dispensá-los, mas sem também deixá-los como estão, segundo o regime ordinário da carne. Quando Teresa quer prestar conta de seus êxtases, ela deve precisar que os "transportes" de que ela fala "são absolutamente diferentes desses elãs de devoção *sensível*".[35] Quanto

---

30 Teresa de Ávila, *Chemin de la Perfection*. In: *Œuvres Complètes*, op. cit., § XXXIII, p. 738.
31 *Ibidem*, § XXXIV, p. 752.
32 Teresa de Ávila, *Le Château de l'Âme, ou le Livre des Demeures*, op. cit., Premières Demeures, § I, p. 816.
33 Teresa de Ávila, *Chemin de la Perfection*, op. cit., § XXXIX, p. 724.
34 *Ibidem*.
35 Teresa de Ávila, Vie Écrite par Elle-Même. In: *Œuvres Complètes*, op. cit., § XXIX, p. 307. O autor destaca.

110   O Corpo Pensante   Christian Belin

à luz que ela entrevê, em seu corpo e em seu espírito, ela a descreve em termos que fazem irremediavelmente pensar na iluminação (*photismos*) experimentada pelos Padres népticos: "É uma luz que difere soberanamente desta aqui embaixo [...], é uma luz que não tem noite; ela é sempre resplandecente e não conhece eclipse."[36] Ora se vê através dos "olhos do corpo", ora somente através dos "olhos da alma."[37] O que acontece com o corpo durante esses momentos de exaltação? A carne parece totalmente assumida pelo espírito, absorvida, aniquilada, mas o espírito, por sua vez, pela assunção do corpo físico, se religa de alguma forma com um novo modo de comunicação carnal, como se os sentidos transfigurados reencontrassem um direito e um dever de expressão. Um dispositivo assim se encontra no episódio célebre da *transverberação*, imortalizado pela estátua de Bernini, que Teresa conta com uma franca ingenuidade não desprovida de sutileza. Várias vezes, conta ela, um anjo "extremamente belo" lhe tinha aparecido "do lado esquerdo", "sob uma forma corporal":

> Eu via, pois, o anjo que segurava na mão um longo dardo de ouro, cuja extremidade de ferro levava, eu penso, um pouco de fogo. Parecia-me que ele o mergulhava às vezes através de meu coração e o enfiava até as entranhas. Retirando-o, dir-se-ia que esse ferro as levava com ele e me deixava completamente abrasada por um imenso amor de Deus. A dor era tão forte que ela me fazia lançar esses gemidos de que falei. Mas a suavidade causada por esse tormento incomparável é tão excessiva que a alma não pode desejar seu fim, nem contentar-se com nada fora de Deus. Não é um sofrimento corporal; ele é espiritual. O corpo, no entanto, não deixa de participar disso um pouco, e até muito.[38]

Esse relato quase muito belo para ser verdadeiro, no limite da caricatura, em seus excessos voluntários ou involuntários, só

---

36   *Ibidem*, § XXVIII, p. 290.
37   *Ibidem*, § XXVIII, p. 289.
38   *Ibidem*, § XXIX, p. 298-309.

Corpo

conseguiria contentar uma psicanálise glutona. Mas é necessário brandir uma grade psicanalítica para interpretar a erotização manifesta e insistente das imagens? Cada místico se exprime evidentemente com sua personalidade e em função de seu ambiente sociocultural. Nada de surpreendente se Bernard de Clairvaux, monge do século XII ocidental, mantém uma linguagem que não seja a de um monge hesicasta do século XIV, como Gregório Palamas; e nada de surpreendente se uma jovem carmelita do século XVI espanhol, com temperamento tão ardente, recorre a códigos ou a modos de representação diferentes. No relato feito por Teresa, o mais importante não é, sem dúvida, o elemento anedótico, entretanto, altamente espetacular, mas a interpretação que ela tentou tirar desse evento. O episódio se inscreve para ela no âmbito das "visões imaginárias", que se pode sempre suspeitar de impostura. Ora, é justamente o sinal da paz e da alegria interiores, vividas conjuntamente pelo espírito e pelo corpo, apesar dos ferimentos ou dos tormentos, que tranquiliza Teresa sobre a veracidade de sua experiência. Qualquer que seja a natureza exata do fenômeno entrevisto, "o corpo, entretanto, não deixa de participar dele, e até muito". Ou seja, o corpo se beneficia, também ele, da visão e dos benefícios da meditação contemplativa. Sublimação do corpo ou simples processo de somatização? Questão talvez inútil, que faria nossa modernidade, ao mesmo tempo tão atraída e tão incomodada pelo relato teresiano que, por sua vez, coloca o problema segundo uma perspectiva muito diferente em termos de fusão ou de reunião. Teresa não relata esses fatos sem reticência; ela relativiza, aliás, ela própria, sem jamais calar as suspeitas de iluminismo que ela não deixa de despertar (nossa época veria aí vestígios de patologia clínica). Ela adivinha o olhar inquisidor que se projeta sobre ela (alguns queriam exorcizá-la), a incompreensão geral que ela suscita às suas custas através da quantidade de fantasmas assim colocados às claras, que todos parecem enraizar-se nas mais elevadas profundezas do inconsciente. O essencial, no entanto, fica *dito* e não *interdito*: o corpo, sujeito e complemento de agente, realiza também ele um exercício espiritual que o espírito justamente pretenderia, às vezes, confiscar-lhe para seu proveito egoísta.

A experiência dos santos oferece aqui sua ajuda na especulação dos teólogos. Bem antes de Teresa, durante toda a Idade Média, uma sequência de almas contemplativas tinha já corajosamente limpado o terreno lexicográfico da experiência mística. Algumas mulheres notáveis em particular contribuíram de maneira decisiva para fazer tomar consciência do papel maior mantido pelo corpo: Hildegarda de Bingen, Mathilde de Magdebourg, Gertrudes de Helfta, Julienne de Norwich, Brígida da Suécia, Catarina de Siena.[39] A partir dessas experiências, o jesuíta Maximilien Sandaeus elabora o primeiro dicionário da "ciência dos santos", que ele publica em 1640 sob o título de *Pro Theologia Mystica Clavis*. A obra enumera em especial todos os termos que evocam a participação do corpo nos exercícios espirituais. Aureoladas de poesia, essas palavras conservam sua parte de ambiguidade ou de equivocidade; elas traduzem, às vezes, um estado (*aridez, suspensão, febre, canícula, imersão...*), às vezes, uma ação ou um movimento (*aglutinação, transfusão, exalação...*). As conotações são múltiplas, mas indecisas: um sentimento se lê em tal ou tal estado do corpo, ou, antes, num corpo que é cartografado em todos os seus estados. O deciframento se efetua, com efeito, como dizia Rimbaud, "literalmente e em todos os sentidos", porque tudo acontece "furtivamente, dissimuladamente e às escondidas [*furtim, raptim et occulte*]", assim como observava muito sutilmente Gregório, o Grande.[40] Sandaeus precisa – e Fénelon também o fará – que as imagens

---

39   Hildegarda de Bingen (1098-1179) escreveu *Connais les Voies* (1151), Mathilde de Magdebourg (1207-1294), *La Lumière Ruisselante de la Divinité* (1270), Gertrudes de Helfta (1256-1302), os *Exercices Spirituels*, Julienne de Norwich (1343-1416), as *Révélations du Divin Amour*, Brígida da Suécia (1302-1373), *Révélations Célestes*, Catarina de Siena (1347-1380), um *Dialogue* (1377).

40   Gregório o Grande (540?-604), *Moralia*, 31.

🕭 Corpo 🕭 113

empregadas podem ser interpretadas de maneira positiva ou negativa, que elas funcionam constantemente com analogias deficientes (Denys falava de "semelhanças dessemelhantes"),[41] cuja verossimilhança permanece inverossímil. O que significa, por exemplo, uma *defluxão*, uma *deglutição*, uma *degustação*? Que candura ou que obscenidade se esconde por trás da expressão *luxúria mística*? Impressionistas e fugazes, todos esses termos esboçam uma aproximação duplamente fundada na metáfora: transferência de sentido, transporte do corpo. *Flechas, relâmpagos e faíscas* rasgam o céu contemplativo onde se propagam estranhos efeitos de *radiação* ou de *irradiação*.[42] Essa linguagem tão irrazoável exprime a sinergia do corpo e do espírito; ela se refere também constantemente ao dinamismo do *ágape*, pelo qual se consome a assunção do *eros*. Não é altamente significativo que mesmo a teologia razoável de Tomás de Aquino tenha registrado e canonizado algumas locuções inventadas pela "ciência experimental", a "ciência dos santos"? O doutor angélico não hesita em desfiar os efeitos do amor usando vocábulos tirados do registro erótico: *liquefação, gozo, langor* e *fervor*.[43] O "pensamento do Cristo", intensamente vivido na dileção, pode conduzir à saída de seu "estado habitual [*extra suam ordinationem*]",[44] a uma "espécie de alienação [*quamdam alienationem*]",[45] ao êxtase super ou supranoético que descrevia Gregório de Nissa em seus *Comentários sobre o Cântico dos Cânticos*.

Muito marcado pelas imagens corporais que percorrem as Escrituras, e grande leitor do *Cântico dos Cânticos*, Claudel evoca uma "sensação do divino" onde são como intervertidos os papéis habitualmente destinados ao corpo e à alma: "O corpo é a obra da alma; ele é seu instrumento prático, sua expressão e seu

---

41 Denys l'Aréopagite (fim do século V-início do século VI), *Hiérarchie Céleste*. Paris: Cerf, "Sources Chrétiennes", n° 58 *bis*, 1970, p. 83

42 Maximiliani Sandaei, *Pro Theologia Mystica Clavis*, op. cit.

43 Tomás de Aquino, *Suma Teológica*, op. cit., Ia IIae, Q. 28, art. 5.

44 *Ibidem*, IIa IIae, Q. 175, art. 2.

45 *Ibidem*, Ia IIae, Q. 28, art. 3.

114   ❧ O Corpo Pensante ❧ Christian Belin ❧

prolongamento no domínio da matéria."[46] A definição claudeliana se pretende ainda mais ousada que seu modelo aristotelo-escolástico que faz da alma a forma do corpo. Pelo corpo, a alma seria, portanto, materialmente informe. Donde essa afirmação absolutamente impensável para a tradição platônica: "Assim, um bom meio de conhecer a alma é olhar o corpo."[47] Toda a estética barroca da Contrarreforma passa por esses propósitos, a intuição de um verdadeiro expressionismo emocional, que Claudel tirava do realismo integral da Encarnação:

> Como não podíamos ir a Ele, foi Ele que veio até nós. Ele veio não para Se fazer compreender, mas para Se fazer constatar. Em Suas primeiras atitudes em relação à nossa alma, Ele não se dirige à nossa inteligência, Ele se dirige à nossa constatação. Ele se dirige aos nossos *sentidos*, isto é, às diferentes formas de nosso *sentido* íntimo, ao nosso sentido do sentido.[48]

O Cântico, poema erótico do Antigo Testamento, sempre forneceu, com efeito, o paradigma das núpcias místicas do corpo e do espírito. A paisagem interior que aí se percorre empresta suas cores do jardim fechado de Salomão, verde paraíso dos amores divinos. Às margens de um oásis se ergue a partir do deserto uma "coluna de fumaça" e se adianta em procissão um pálio nupcial, no meio dos "vapores de mirra e de incenso" (Cânt. 3, 6). Eis o Bem-amado. A Arcádia fantasmada oferece uma flora ornada com símbolos: a vinha e a mandrágora, o açafrão e o cinamomo, os caniços odoríferos, o narciso de Saron (Cânt. 2, 13; 7, 14; 4, 14; 2, 1). Os jovens prometidos um ao outro se buscam, se encontram e se perdem, ainda, para, enfim, se reencontrar e se unir: o Eterno com Israel, o Cristo com a Igreja, *animus* e *anima*, *sponsus* e *sponsa*. O corpo fala para a alma – substituição abençoada – em uníssono, em pura perda, como um dom

---

46   Paul Claudel, La Sensation du Divin. In: *Nos sens et Dieu*. Études Carmélitaines. Paris: Desclée de Brouwer, 1954. p. 11.

47   *Ibidem*.

48   *Ibidem*, p. 11-12.

Corpo   115

gratuito que busca um ganho sobrenatural, visto que "o amor é forte como a morte, e a paixão, inflexível como o Sheol"(Cânt. 8, 6). O diálogo imaginário recomeça incansavelmente: "O aroma de teus perfumes é requintado, teu nome é um óleo perfumado que se esparrama" (Cânt. 1, 3). Tal como um conviva precioso, o corpo entra na roda festiva; sobre ele se derrama uma chuva de consolações. Algo, dizia Teresa, "dessa caverna mística se espalha no corpo".[49] O Cântico, por sua vez, evoca um "vinho perfumado", um "licor de romãs" (Cânt. 8, 2). Em muitos claustros de cristandade, e até no exterior dos campos confessionais, os que fizeram a experiência de um amor sem limites se aproximaram assim com o corpo e com a alma da "fonte dos jardins"; eles perfuraram o "poço das águas vivas", a carne inundada pelo "jorro do Líbano" (Cânt. 4, 15). Jesus tinha dado a certeza disso: "A vida não é mais que a alimentação, e o corpo, mais que a roupagem?" (Mt. 6, 25).

"Pensem com suas entranhas de cristãos!"

O Corpo do Cristo, lugar onde se consome a união de suas duas naturezas, impõe sua norma e sua referência. O sentido do corpo se esclarece na Pessoa do Mediador, porque este possui um corpo, e ele nos incorpora nele; por sua vez, nosso próprio corpo se torna lugar de mediações e ocasião de descobertas. Não se pode escapar ao seu corpo nem se desprender dele, porque nele se registra o menor vestígio das moções espirituais. Corredator de nossa vida, co-herdeiro da vida eterna, ele é como o *corpus* textual onde se inscreveria nossa passagem sobre a Terra. Se os cristãos aspiram a tornar-se "participantes da natureza divina" (2 Pedro 1, 4), eles sabem que essa natureza não temeu desposar a carne na hipóstase do Filho. Ora, a carne glorificada do Mediador, sacerdote e vítima, está sentada para sempre à direita do pai. A carne cicatrizada do Servo sofredor

---

49   Teresa de Ávila, *Le Château de l'Âme*, op. cit., Septièmes Demeures, p. 1.056.

não entrou na glória senão ao termo da Paixão, que terminou a consumação do corpo no tempo. Nesse plano também – mistério de fé – a mediação crística guarda um valor exemplar. O que significa, pois, a Paixão? Desde as origens, a meditação cristã se choca nesse enigma supremo. Ainda que a Paixão seja única e não reiterável, e que, aliás, a restrita imitação do Cristo fique impossível, ela se apresenta, contudo, aos olhos dos crentes como um caminho de vida, um modelo espiritual, uma promessa escatológica. A compreensão do Verbo – o "pensamento do Cristo" – passa pela santa Humanidade de Jesus, de que não se pode jamais fazer a economia, visto que ela é justamente o pivô de toda a *economia* redentora. Os três primeiros séculos cristãos insistiam mais sobre a transcendência hierática do Salvador *Pantocrator*, que parecia não ter descido num corpo senão a título acidental. Desde o período patrístico, em compensação, a piedade cristã se deixou pouco a pouco convencer que convinha refletir em todas as consequências dessa incorporação, "porque nós nos tornamos a causa de sua entrada num corpo, e é para nossa salvação que ele foi tomado de amor até se tornar humano e aparecer num corpo".[50] Contra a tentação recorrente do docetismo, Atanásio vai mais longe que a abstração filosófica expressa pelos verbos "ser/ estar" ou "parecer": "Ele não quis simplesmente estar num corpo, e ele não quis somente parecer; se ele tivesse somente querido parecer, poderia ter operado sua teofania por um ser mais poderoso; mas ele toma nosso corpo [...]. Ele o apresentou ao Pai num gesto de pura filantropia."[51] Todos os corpos são doravante assumidos na santa Humanidade do Cristo.

No decorrer dos séculos, aprendeu-se a meditar sobre cada aspecto ou cada circunstância da existência de Jesus, tais como eles tinham sido escolhidos de propósito pelos evangelhistas. O desenvolvimento desses pensamentos foi progressivo, traindo uma evolução da sensibilidade religiosa. A pessoa do Cristo se

---

50   Athanase d'Alexandrie, *Sur l'Incarnation du Verbe*, op. cit., p. 277.
51   *Ibidem*, p. 291-293.

humanizou assim cada vez mais, se se pode dizer isso, principalmente a partir de São Bernardo. A devoção antecipava ou precipitava a especulação teológica, mas esse movimento geral atribuía uma consideração sempre mais viva ao corpo carnal de Jesus. Nos séculos XIV e XV, apogeu dessa corrente devocional (*devotio moderna*), escreveu-se com essa finalidade inúmeras *Vidas* de Jesus,[52] atentas em sondar a consciência humana do "Filho do Homem" (Mt. 8, 20), preocupadas em integrar na meditação o menor detalhe biográfico. Seria julgar erroneamente que se tratasse aí de um traço específico da piedade medieval (ingênua, popular, sentimental): desde a *Vida de Jesus* escrita por Renan (1863), livro que provocou algum escândalo, os ensaios biográficos se multiplicaram até nossos dias. Apostando, às vezes, não sem candura, somente no método histórico-crítico, eles se interessam frequentemente pela trajetória exclusivamente humana e historicizada do Rabbi de Nazareth. Não se arrisca, no entanto, hoje como ontem, em inclinar-se muito sobre a humanidade de Jesus, em supervalorizar os elementos anedóticos e enfraquecer, por um cuidado imoderado da "carne", o elã propriamente místico da contemplação espiritual? Teresa de Ávila, que sentiu por muito tempo semelhantes escrúpulos, trouxe nesse ponto uma série de justificações penetradas de limpidez.

Teresa chama a atenção, com efeito, dos "espirituais" que procurariam "evitar ter sempre presente a santa Humanidade" no centro de suas meditações. Ela insiste na necessidade de um esforço representativo: "Uma prática importante para nós, fracos mortais, é, com efeito, imaginar Nosso Senhor como Homem, enquanto estamos na Terra."[53] Mas a carmelita precisa que "a santa Humanidade toda" é o Cristo "tal como é pintado ressuscitado". Ou seja, trata-se de conceber um corpo glorioso,

---

52 As mais célebres foram a *Vie de Jésus-Christ* escrita pelo cartuxo Ludolphe de Saxe (1295-1378), por volta de 1348, e as *Méditations sur la Vie de Jésus-Christ*, falsamente atribuídas a São Boaventura, compostas por volta de 1300.

53 Teresa de Ávila, *Vie Écrite par Elle-Même*, op. cit., § XXII, p. 225.

banhado pela luz incriada. "Não teríamos outro espetáculo para encantar nossa vista no céu, senão o da grande beleza dos corpos glorificados, e, em particular, a santa Humanidade de Nosso Senhor Jesus Cristo, seria uma glória imensa."[54] A contemplação teresiana não oferece nada de dolorista; ela se refere, ao contrário, à incessante transfiguração dos corpos. Relatando com muita discrição sua própria experiência de visionária, Teresa evoca sempre um Cristo pascal:

> O Senhor se manifestava quase sempre a mim na glória de sua Ressurreição; é assim também que eu o via quando ele me aparecia na santa Hóstia. Às vezes, no entanto, querendo me apoiar na tribulação, ele me mostrava suas feridas. Eu o vi algumas vezes na cruz e no horto das Oliveiras, raramente com a coroa de espinhos, e, às vezes, levando sua cruz. Ele se conformava, então, eu o repito, com as necessidades de minha alma ou de algumas outras pessoas. Mas ele me aparecia sempre em sua carne glorificada.[55]

Desde a Ascensão, toda a humanidade já está sentada no Céu, visto que o Cristo não "subiu" sem sua carne. Os sofrimentos, o pecado, o mal devem, portanto, ser meditados e contemplados a partir da Ressurreição, e não apesar dela, ou, o que seria pior, fora dela.

Meditar sobre essa Humanidade singular significa prestar atenção ao que Bérulle chamava os "estados e as grandezas de Jesus".[56] Sua vida, com efeito, não pertence somente ao passado; ela continua na atualidade *corporal* do cristão que é conformado ao Corpo de glória. Jesus está eternamente vindo na carne, oculto no seio de Maria, nascendo, trabalhando, sofrendo, sacrificando, morrendo, ressuscitando. Os "estados" desse Corpo são também de seus "membros". Inúmeras devoções, acolhidas na liturgia, exprimem uma profunda sensibilidde em relação à Santa Humanidade do Salvador: invocação do Nome de Jesus,

---

54   *Ibidem*, § XXVIII, p. 288.
55   *Ibidem*, § XXIX, p. 301-302.
56   Pierre de Bérulle, *Discours de l'État et des Grandeurs de Jésus*, op. cit.

veneração do Menino e de sua vida oculta, contemplação dos mistérios da paixão, enigma do Coração transpassado etc. Uma tal piedade acaba necessariamente na Cruz, para a qual converge todo "pensamento do Cristo". Passível de Morte, o corpo do Cristo *passou* efetivamente pela morte. Seu cadáver exilado demonstra o absurdo aparente de uma economia salvadora, onde Deus se abandonou à morte, durante o espaço de um grande Sabá. O extremismo do amor crucificante e crucificado muda, portanto, doravante, o olhar dirigido aos sofrimentos humanos. Uma meditação que esquivasse a questão do sofrimento, que jamais se voltasse a ele, em nenhum caso poderia pretender-se cristã. A injunção de Santo Agostinho merece ser entendida em toda sua plenitude subversiva: "Pensem com suas entranhas de cristãos [*cogitate visceribus christianis*]!"[57] O "pensamento do Cristo" está ligado ao coração e às vísceras, e a meditação ressurge, com efeito, das entranhas ou das vísceras, quando ela se compadece com as dores da humanidade.

Atinge-se aí um dos mais severos agravos produzidos contra o cristianismo: a glorificação das dores, não somente as que parecem devidas a alguma falta ou a algum pecado, mas, ainda, os sofrimentos mais injustos ou mais gratuitos, em especial os que atingem os inocentes. A acusação de dolorismo fica um clichê tenaz, e muito compreensível, do discurso anticristão. De fato, o cristianismo se caracteriza por uma integração total e sem condições, no próprio interior de seu feliz-anúncio (evangelho), de qualquer gênero de sofrimento. O que opõe ele à evidência perniciosa do Mal, a essa negação do bom senso, a essa escandalosa inépcia? Nada. Sua resposta à insustentável gravidade do Mal consiste inicialmente em uma não resposta categórica que soa como um desafio. Abandonado pelo Pai, o Justo morre na indiferença. Um sentido oculto se mostra, contudo, em contra-

---

57   Agostinho de Hipona, *Commentaire de la Première Épître de Saint Jean*, op. cit., p. 434. O tradutor traduziu *visceribus* por "coração". Preferimos conservar o termo original, muito mais poderoso e saboroso.

luz, em negativo, no verso da História. No sofrimento do Justo, todos os sofrimentos são recapitulados e adquirem um sentido, encontrando-se ordenados na glória que vem e que já se comunica no dia de Páscoa, primeiro dia da semana, reiteração do primeiro dia da Criação, quando "a luz existiu". Pela mediação do Cristo, o corpo humano se torna assim um mistério no cromatismo cambiante, na alegria, na dor e na glória, como o sugere a oração lancinante do Rosário, que retraça passo a passo sua epopeia transfigurada.

Quando do batismo no Jordão, uma Voz celeste tinha teatralmente introduzido o Corpo do Cristo na cena do mundo: "Este é meu filho bem-amado, em quem coloquei minhas complacências" (Mt. 3, 17). Ao termo do processo intentado contra Jesus, as palavras de Pôncio Pilatos ressoarão como uma paródia obscena da divina declaração: "Eis o homem [*Idou o anthropos, Ecce homo*]!"(João 19, 5). O efeito do anúncio dá uma reviravolta: diante de uma multidão em tumulto, o procurador romano exibe um corpo desgastado, flagelado, humilhado. Trágica ostensão: eis o que é realmente o ser humano, um pobre personagem miserável; resumo vertiginoso de um verdadeiro desastre, mistério da condição humana. Outrora transfigurado no Monte Tabor, hoje desfigurado nas escadarias do pretório; lá, radiante de luz; aqui, vestido com um manto de púrpura digno das farsas. A marcha para a realização de si, a marcha da humanidde toma o caminho da cruz (*via crucis*) do Servo rebaixado. No rosto do "homem das dores" (Isaías 53, 3), quem reconhece os traços do Messias forçado ao desconhecido? A Cruz indica, então, o fim de uma aventura e inaugura tempos novos: o vertical da transcendência e o horizontal da imanência, braços abertos sobre a contradição se cruzam num Corpo oferecido em alimento, que adormece no lenho. Como escrevia João Damasceno, "o visível e o invisível da criação" pela cruz são "mantidos coerentes".[58]

---

58 Jean Damascène (650?-749?), *La Foi Orthodoxe*. Paris: Éditions Cahiers Saint-Irénée, 1966, livre IV, § XI, p. 168.

A morte no mais íntimo

No interior do sepulcro se desencadeia um processo embrionário de transformação. Contra toda expectativa, o Corpo mais forte que a carne conserva nele um germe de vida invulnerável. O mistério pascal desenvolve um tríptico onde a Paixão, a morte e a Ressurreição são correlativas uma à outra, solidárias e cúmplices. Esse esquema, esse paradigma estruturam toda existência cristã, assim como a própria natureza do exercício espiritual. No meio das trevas, numa aurora invisível, acontece a passagem do corpo psíquico ao corpo pneumático. A morte, desde a tragédia do Calvário, deveria ser extremamente familiar às consciências cristãs. Se outras sabedorias, também elas, familiarizaram-se com a morte – os estoicos meditavam sobre a morte quotidiana (*quotidie morior*) –, o cristianismo vê nisso o índice de uma beatitude prometida. Como o sugere com muita intensidade uma fórmula pertencente à liturgia dos defuntos, "a vida é mudada e não retirada [*vita mutatur, non tollitur*]".[59] Uma porta se abre sobre um aumento de plenitude, sobre uma renovação integral, sobre a restauração universal (*apocatastase*). Um primeiro corpo desaparece, um segundo lhe sucederá. A morte exprime, de uma certa maneira, um desapossamento provisório de seu próprio corpo. Cada moribundo poderia retomar por sua conta a perplexidade de São Paulo arrebatado ao terceiro céu: "Estava em seu corpo ou fora de seu corpo? Eu não sei, Deus o sabe" (2 Cor. 12, 2-3). Morre-se deixando a carne, sem, todavia, abandonar completamente o corpo, que não pertence somente ao mundo sensível, mas que é, antes, o índice de uma invisibilidade formal. O corpo excede as dimensões estreitas da carne passível, sugerindo outras formas de existência. A morte não seria o êxtase mais comum e o mais insigne de todos, o mais decisivo e o menos compreendido?

O mistério pascal chama a atenção para todas as experiências intimistas da morte. No decorrer dos anos, na verdade,

---

59   *Missale Romanum*, Prefácio dos defuntos.

no decorrer dos dias, acumulam-se, com ou sem nossa concordância, renúncias e abandonos em cascata, adeuses definitivos lançados aos seres e às coisas. A fé cristã inverte, no entanto, as perspectivas: a cerimônia do batismo (entrada oficial na Igreja) se desenvolve como uma morte sacramental (na morte do Cristo), enquanto o instante da morte física deve ser vivido como um segundo nascimento. A morte é, pois, incessantemente vivida em profundidade, visto que os fiéis são "enterrados durante o batismo" (Col. 2, 12; Rom. 6, 4) e já "mortos aos elementos do mundo" (Col. 2, 20). A morte se vive mais no presente que no futuro, como um companheirismo que chegaria ao fim justamente no ato do óbito. Quando se morre fisicamente, o dinamismo da morte se acaba e capitula diante do Vivo.[60] Durante toda a duração da vida, o corpo de carne enfraquece, mas ele se renova também para entrar "na nova infância [*in novam infantiam*]".[61] Depois de seu batismo, os cristãos rejuvenescem de alguma maneira e não envelhecem mais, visto que, mesmo se eles envelhecem fisicamente, rejuvenescem no Espírito. Prova de transparência suprema, a morte testa nossas disposições à transparência.

É nesse sentido que a tradição cristã pôde convidar os fiéis a familiarizarem-se com a morte, sem espanto, a fabricarem-se espécies de pequenas mortes diárias, que impõem toda uma série de rupturas ou de obrigações. Essa forma particular de ascese se chama a *mortificação*. Trata-se, primeiramente, de mortificar seus pensamentos e seus julgamentos, e, em seguida, eventualmente, seu corpo de carne. Muito amplamente incompreendida hoje, a ideia de mortificação se liga ao mistério pascal. Ela significou durante muito tempo, infelizmente, um excesso mórbido, uma histeria vingadora, até mesmo o ódio de seu próprio corpo (atitude aberrante, contrária ao Evangelho).

---

60 "É preciso, com efeito, que esse ser corruptível se vista com a incorruptibilidade, que esse ser mortal se revista com a imortalidade" (1 Cor. 15, 53).

61 *Missale Romanum*, Liturgia da vigília pascal (bênção da água batismal).

Um masoquismo desastroso, tristemente degradante, pode ter-se propagado com fervor e sido pregado com convicção. Ora, a obsessão da dor punitiva é tão nefasta e nula no plano espiritual quanto a obsessão do prazer: nos dois casos, o amor de si (*philautie*) se substitui perigosamente à caridade. Com certeza, o corpo está muito diretamente implicado na aquisição das virtudes (algumas dentre elas lhe são até mais especialmente consagradas, como a temperança ou a castidade), e o domínio de si supõe, com efeito, uma luta contra o desvio das paixões ou dos baixos instintos de todas as ordens que envilecem a pessoa humana, mas o essencial continua o amor de Deus.

Com essa função, e porque ela leva o corpo muito a sério, a ascese cristã aconselha algumas práticas salutares: a oração, primeiramente, e as vigílias prolongadas onde se reza, mas também a esmola e o jejum, as privações que a gente se impõe, ou ainda o trabalho manual ao qual se consagra um tempo livre. A utilidade dessas práticas permanece, todavia, relativa: "Quando eu distribuísse todos os meus bens como esmola, quando eu entregasse meu corpo às chamas, se eu não tivesse a caridade, isso de nada adiantaria" (1 Cor. 13, 3). A ascese deve ela própria aniquilar-se diante da santa dileção e reconhecer sua inutilidade, sem a graça que dá sentido: o domínio do corpo marca uma cooperação modesta que não conseguiria ser diferente de uma bricolagem industriosa.

Por outro lado, as fraquezas da carne se revelam frutuosas. Arrebatado ao terceiro céu, São Paulo teve que aprender a voltar à Terra: "Foi-me colocado um espinho [*skolops, stimulus*] na carne, um anjo de Satã encarregado de me esbofetear, para que eu não me orgulhasse" (2 Cor. 12, 7). Sempre se interrogou sobre a natureza desse estranho *stimulus*: fraqueza carnal, doença? O valor simbólico da imagem é tão mais forte que ele repousa numa realidade concreta, que ele se inscreve na carne. Sem dúvida, aliás, é preciso comparar essa confidência pessoal com uma outra confissão do apóstolo: "Carrego em meu corpo as marcas [*stigmata*] de Jesus" (Gál. 6, 17).[62] O sentido da mortificação se esclarece pela colocação em relação das duas imagens: cada um tem suas fraquezas, suas taras ou seus vícios ocultos. O que importa, visto que tudo concorre para o bem dos eleitos, mesmo os pecados, no interior de um processo de salvação que escapa ao querer humano. O essencial, na realidade, consiste em experimentar-se num corpo *estimulado* e *estigmatizado*, portador de um autêntico dinanismo de transformação. Um acréscimo de humanidade coroa a humilde aceitação de seus limites físicos ou espirituais. Todas as formas de ferimentos desencadeiam um processo de transfiguração. Os verdadeiros estigmas são os da glória.

Meditando sobre meu próprio corpo, aceito as insatisfações que ele me proporciona e, a partir de então, até os sofrimentos traçam um caminho de humildade. Sem dúvida, São Paulo pronunciou, sobre esse sofrimento corporal, uma de suas mais enigmáticas sentenças: "Eu completo em minha carne o que falta às provas do Cristo para seu corpo, que é a Igreja" (Col. 1, 24). Pela oferenda espiritual, o cristão pode participar da Paixão intemporal, ou, antes, universal, do filho do Homem: ele sofre em seu corpo, mas para um outro Corpo, de que ele adivinha apenas os contornos. Quando ele sofre com caridade, em nome de um outro Corpo mais importante que o seu, o corpo humano se transforma em hóstia salutar. Não se sofre jamais sozinho, mas sempre com o Servo rebaixado, mas ainda com todos os que estiveram, que estão ou que estarão na prova. E não se sofre somente em sua companhia, mas para a gestação de um Corpo de glória. O mistério do sofrimento, a despeito do escândalo metafísico que ele faz eclodir, continua profundamente ligado ao de uma realização. Uma obscura significação se destaca da insignificância mais extrema. Quando um ser humano sofre, sem sempre querê-lo nem mesmo sabê-lo, ele se eleva

---

62 Paulo tinha afirmado um pouco antes: "Eu sou crucificado com o Cristo" (Gál. 2, 19).

para o Deus que consentiu em morrer e, nesse movimento conjunto de aniquilamento e de elevação, ele ergue infalivelmente o mundo com ele. Seu próprio corpo se consome, mas um outro Corpo se constrói, de que ele só é sempre um dos membros: "Assim como, com efeito, o corpo é uno, tendo vários membros, e que todos os membros do corpo, a despeito de sua pluralidade, só formam um único corpo, assim é com o Cristo. [...] Da mesma forma o corpo não é um só membro, mas vários. [...] Ora, vocês são, vocês, o corpo do Cristo" (1 Cor. 12, 14 e 27). O corpo humano se constrói com e num outro Corpo, temporalmente inacabado: ele só é, definitivamente, um corpo participado, dividido, mutualizado. Consequentemente, o corpo de outrem é também meu próprio corpo; eu o ajudo e ele me ajuda numa obra imensa de edificação. Esse outro corpo, pretensamente estranho, mas, na realidade, fraterno, objeto de respeito e de benevolência, suscita um incansável questionamento: que lugar ocupa ele, pois, na arquitetura invisível do Corpo por vir? No fundo, quando penso em meu próprio corpo, toda forma de solidão ou de solipsismo é evacuada. A profunda solidariedade dos membros se chama justamente a comunhão dos santos.

A carne e o corpo são realidades místicas. O cristianismo proclama em alto e bom som a dimensão sacramental do corpo. Dever-se-ia até acrescentar que o "pensamento do Cristo" se desenvolve na medida desse corpo em devir. Glosando os propósitos de São Paulo sobre o corpo, Pascal convidava seus leitores à surpresa espiritual: "Imaginemos um corpo cheio de membros pensantes."[63] Existe, com certeza, sempre uma distância surpreendente entre a realidade presente (uma carne frágil) e a do mundo futuro (uma carne gloriosa), mas a primeira antecipa a segunda como uma profecia. Assim, eu não possuo verdadeiramente *um* corpo, visto que eu só sou, afinal das contas, um membro, mas eu me torno pouco a pouco. O ser e o ter permutam e se confundem na abordagem do corpo. Eu não *tenho*

---

63   Pascal, *Pensamentos*, op. cit., fr. 403.

um corpo e eu não *sou* um corpo senão parcialmente. O corpo é, talvez, antes de tudo uma realidade escatológica: eu serei um corpo, eu me torno um corpo. A fé cristã exprime essa convicção através do isomorfismo que associa a eucaristia ao Corpo místico. Esse sacramento significa, com efeito, a impermanência provisória do corpo: a carne e o sangue do Cristo se substituem ao pão e ao vinho. Algo se apaga, uma outra coisa aparece: transferência, mudança, metabolismo, transubstanciação. O cristão consome a carne do Cristo, mas uma carne glorificada, isto é, seu Corpo. Nesse caso, e nesse caso somente, as duas palavras se tornam equivalentes: "Porque minha *carne* é realmente um alimento, e meu sangue, realmente uma bebida [...]. Tomai, comei, isto é meu *corpo*" (João 6, 55; Mt. 26, 26). O pão ordinário chama o pão além-de-toda substância (*epiousion*), pão do dia que passa e do dia de depois, pão do dia seguinte, viático de glória que precipita o fim. Não acontece o mesmo com o corpo de carne?

Imagem

Ἔστιν εἰκὼν τοῦ θεοῦ τοῦ ἀοράτου.

Est imago Dei invisibilis.

Ele é a imagem do Deus invisível.

(Epístola aos Colossenses 1, 15)

❧ ❧ ❧

O espírito imprime um corpo que, por sua vez, orienta ou desvia para tal ou tal direção do espírito. Em sua incompletude, porque ele é atravessado pelo vazio e submetido a um regime de insatisfação, o corpo de carne exprime, no entanto, o transitório. Desfigurado pelo tempo, ainda que transfigurado na medida do eterno, ele é constituído figura em movimento. Ora, enquanto figura essencial, ele se refere, na Bíblia, à noção de imagem. O primeiro capítulo da Gênese plantou assim o cenário antropológico, precisando com solenidade que o homem tinha sido criado "à imagem e à semelhança" de Deus (Gên. 1, 26). Estranho versículo, incansavelmente comentado, que se poderia quase interpretar como uma blasfêmia. Segundo João, o Evangelista, "ninguém jamais viu Deus" (João 1, 18), que fica para sempre, em sua essência, não conceitualizável e não representável. É justamente esse Absoluto definitivo que, nas Escrituras, proíbe toda forma de idolatria. Como, pois, pensar uma criação "à imagem e à semelhança" de um Modelo que escapa e se envolve tenebrosamente em seu próprio retiro ontológico? Um Modelo fica, contudo, postulado, cujos contornos, os traços ou a estatura, se perdem no nada figurativo.

Se o homem é "à imagem de", essa imagem recebida só pode manter uma relação de analogia deficiente. A imagem em vão se confessa como tal, com efeito; sua referência imediata se perde no mais impenetrável segredo. A imagem bíblica é uma viva aporia. Como quer que seja, segundo as Escrituras, a humana criatura se define simultaneamente como um corpo modelado (um *golem*, um embrião) e como um corpo em imagem: ela é tanto um corpo na imagem como uma imagem corporal, um ser voltado para o Protótipo, situado *na* ou *para* a imagem e a semelhança. O versículo da Gênese denota uma aproximação, e não uma semelhança estrita. O regime existencial que é aqui descrito se confunde com a tensão icônica que o anima. No cristianismo, além disso, o Filho do Homem assume, transfigurando-a, a pessoa de Adão: no "livro da descendência de Adão" (Gên. 5, 1) sobreimprime-se "o livro da gênese de Jesus Cristo, filho de Adão" (Mt 1, 1).[1] Uma primeira gênese se ocultava sob a primeira, enquanto o segundo Adão passava triunfalmente sob o pórtico da segunda aliança, do Novo Testamento. Pensar o Cristo enquanto corpo tem por corolário um pensamento do Cristo enquanto imagem.

Direito à imagem

Embora Deus continue invisível, o Cristo é a "imagem do Deus invisível" (Col. 1, 15); ele não foi criado à imagem de Deus: ele é desde toda a eternidade gerado Imagem de Deus. São Paulo acrescenta que ele é o "Primogênito de toda criatura, porque é nele que foram criadas todas as coisas, nos céus e na Terra, as visíveis e as invisíveis" (Col. 1, 15-16). De alguma maneira, o próprio Deus transgrediu seu próprio interdito da não representação, fulminado pela Torá (Êx. 20, 4), e infringiu assim seu próprio código de invisibilidade. Transgressão e infração parciais, no entanto, visto que a Imagem, mesmo sendo a Encarnação divina,

---

1   O texto grego emprega, com efeito, a palavra *biblos*, que é assim a primeira palavra do Novo Testamento.

se inscreve num afastamento, numa distância, num recuo, num aniquilamento. A situação não deixa de ser menos contraditória: Cristo é a imagem visível do Deus invisível, ainda que essa concessão ao visível não ataque de maneira nenhuma a invisibilidade fundamental de Deus. "Ninguém jamais viu Deus", mas Jesus pode tranquilamente declarar a Felipe: "Quem me viu viu o Pai" (João 1, 18; 14, 9). De uma hipóstase a outra, Deus recusa ou aceita ser visto. Cada uma das duas afirmações deixa de ser a denegação da outra desde que são considerados os diferentes modos da teofania. A imagem corporal do Filho se dá, pois, também ela, como uma efusão, uma epifania, uma "resplandecência da glória" do Pai, uma "efígie [*character, figura*] de sua substância" (Heb. 1, 3). À figura corporal do Cristo se justapõe uma figura icônica, "a imagem [*eikon*] do Deus invisível". Entre a pura imaterialidade da essência e a materialidade assumida de um corpo de carne, a imagem crística se posiciona a meio caminho, participando de uma e de outra das duas naturezas, divina e humana. A imagem assim concebida revela e oculta simultaneamente. Se o desdobramento contemporâneo das imagens de todas as ordens induz a um voyeurismo doentio, o ícone crístico exige, ao contrário, um olhar no mais elevado grau paradoxal, um olhar indireto, de alguma maneira, enviesado ou desviado, um olhar consciente de sua própria cegueira espiritual. A alternância do visível e do invisível, que marca a diferença entre o Pai e o Filho, se prolonga, aliás, na Terceira Pessoa, visto que, segundo João Damasceno, "o Espírito é o ícone do Filho, semelhante a ele sem mudança, só diferindo no fato de ele proceder".[2] A noção de imagem tem plenamente direito de cidade no cristianismo, mas sua legitimidade se acompanha por uma rica complexidade.

Já o texto da Gênese destacava certa dificuldade na percepção analógica que ligava a Deus a criatura humana: "Deus

---

2   Jean Damascène, *Défense des Icônes*. Paris: Éditions Cahiers Saint-Irénée, 1966. p. 227.

criou o homem à sua imagem, à imagem de Deus ele o criou, homem e mulher ele os criou" (Gên. 1, 27). Só o casal humano indivisível em sua complementaridade sexual constitui a imagem do Criador. O cristianismo precisa, por sua vez, que esse Deus criador é Pai, Filho e Espírito. Ou seja, reflexos especulares infinitos se transmitem ou interferem entre os diferentes protagonistas envolvidos, e cada pessoa humana (homem ou mulher) carrega a imagem de uma trindade de Pessoas. Deus e o ser humano não são entidades solitárias, mas estreitamente solidárias, e plurais ou societais em suas *pessoas*. A noção de imagem se inscreve nessa pluralidade de *sentidos*, designando esse último termo uma direção ou uma significação.

O ser humano é uma imagem de excelência, uma imagem por excelência no seio de uma Criação que permanece ela própria figurada enquanto portadora da divina Sabedoria, que é "o reflexo da luz eterna, um espelho sem mancha da atividade de Deus, uma imagem de sua bondade" (Sab. 7, 26). A Imagem perfeita sendo o Filho primogênito (*monogênico*), o Cristo encarnado, Verbo e Sabedoria de Deus, o homem e a mulher só podem ser imagens dessa Imagem, imagens mais imperfeitas certamente, imagens de segunda posição, que refletem, contudo, a glória do Protótipo. A riqueza do dispositivo semiótico se desdobra do lado da antropologia (homem e mulher são pela mesma razão e juntos parceiros do Absoluto), mas ela comporta também uma incontestável dimensão estética: a imagem é destinada a sempre resplandecer mais. Meditar sobre a condição humana supõe que se pense num brilho primeiro, cuja irradiação não chegue jamais a esgotar-se. Máximo, o Confessor, confessava uma supresa encantada: "Quando ele pensa na infinidade absoluta de Deus, esse mar intransponível e tão desejado, o espírito primeiro admira. Depois a surpresa o prende, perguntando-se como, do nada, ela levou os seres à existência."[3]

---

3   Maxime de Chrysopolis (580-662), *Centuries sur la Charité*. Paris: Cerf, "Sources Chrétiennes", nº 9, 1943, Quatrième Centurie, 1, p. 151-152.

Corpo e imagem reabilitam a forma e a figura, o sentido e a sensação, o sentimento e a sensibilidade. Eles chamam uma abertura máxima, uma intensa receptividade. A imagem, no entanto, não é primeiramente uma realidade plástica, mas o próprio homem. O cristão deve sem cessar redescobrir o poder desse elo especular: "Todos nós que, com o rosto descoberto, refletimos como em um espelho a glória do Senhor, somos transformados nessa mesma imagem, indo de glória em glória, como junto com o Senhor, que é Espírito" (2 Cor. 3, 18). A imagem se constrói ao ritmo de um corpo em trânsito, a partir desse mesmo corpo, em razão de sua vocação pneumática. O "pensamento do Cristo" passa, pois, pela imagem, e ela não pode jamais fazer a economia dele. A perspectiva icônica obedece aos desígnios providenciais: "Os que antecipadamente ele discerniu, ele os predestinou também a reproduzir a imagem de seu Filho, a fim de que ele seja o mais velho de uma multidão de irmãos" (Rom. 8, 29). A economia da salvação integra em sua dinâmica o devir-imagem do homem na Imagem mediadora do Cristo. A iluminação, entretanto, se difunde no claro-escuro, no sentido de que ela emana de Jesus crucificado e glorificado. A luz do Tabor, Monte da Transfiguração, anuncia indistintamente o Calvário e as aparições pascais. A glória da Ressurreição confunde as regras da óptica ordinária: na manhã de Páscoa, perto do túmulo, Maria Madalena acreditou perceber o jardineiro e, nesse mesmo dia, os peregrinos de Emaús acreditavam estar falando com um desconhecido (João 20, 15; Lc. 24, 16). O evangelista Marcos precisa que o Ressuscitado se manifestou "com outros traços, sob uma outra forma [*en hetera morphe*]" (Mc. 16, 12). Se os "rostos descobertos", como escrevia São Paulo, são espelhos refletores, a reflexão de luz e a reprodução efetiva da imagem supõem o concurso da fé, da graça e da caridade, para dizer a verdade, misticamente confundidas. Tais seriam as premissas de toda contemplação. A metáfora óptica não é fortuita; ela traduz uma transparência do olhar no além dos fenômenos enganadores que confundem a visão. A fonte da luz divina e incriada, ainda que exterior, transforma a imagem em uma outra fonte luminosa. "Em ti está a fonte de vida, e em tua luz nós veremos a luz", canta o salmista (Sl. 36, 10). O próprio Jesus recorreu a esse dispositivo óptico pouco banal, onde o objeto iluminado se transforma em objeto iluminador: "A lâmpada do corpo é o olho. Se, pois, teu olho é sadio, teu corpo inteiro será luminoso [*soma photeinon, corpus lucidum*]" (Mt. 6, 22). Na Imagem nós nos tornamos realmente imagens, e a imagem é inconcebível sem o *corpus lucidum* sobre o qual ela se imprime. É a razão pela qual se trata menos de se construir por si mesmo imagem do que se reconstruir no Protótipo; a Encarnação legitima esse amplo movimento de restauração que descrevia Atanásio de Alexandria: "Assim, o Verbo de Deus veio ele mesmo a fim de estar em condição, ele que é a Imagem do Pai, de restaurar o ser-segundo-a-Imagem dos homens."[4] Gregório de Nissa chamará a ressurreição uma "restauração [*apocatastasis*] do estado primitivo".[5]

"Arte de pintura"

Contemplador do Cristo, único e verdadeiro, primeiro e último Ícone, o cristão se torna iconógrafo, esforçando-se para pintar nele a imagem do Salvador. No século XVII, Bérulle não hesitará em identificar o cristianismo com uma "arte de pintura":

> A profissão do cristianismo, propriamente falando, é uma arte de pintura que nos ensina a pintar, mas em nós mesmos e não em um fundo estranho, e a aí pintar um único objeto. Porque não temos que pintar, mas que apagar o mundo em nós, o mundo que é o único objeto da vista dos homens e da arte de pintar.[6]

---

4   Atanásio de Alexandria, *Sur l'Incarnation du Verbe*. Paris: Cerf, "Sources Chrétiennes", nº 199, 1973. p. 313.

5   Gregório de Nissa, *Homélies sur l'Ecclesiaste*. Paris: Cerf, "Sources Chrétiennes", nº 416, 1996, Homélie I, p. 145.

6   Pierre de Bérulle, *Discours de l'État et des Grandeurs de Jésus*. Paris: Cerf, 1966. VIII, p. 294.

Não se conseguiria melhor sugerir a natureza paradoxal, em contracorrente, desse empreendimento pictural que inventa suprimindo. O ícone não é, pois, inicialmente, um objeto cultual, mas a própria pessoa cristã, e todo exercício espiritual se confunde com o próprio gesto do iconógrafo:

> Temos que passar nossa vida nesse belo e nobre exercício, no qual nós exprimimos e formamos em nós mesmos aquele que o Pai eterno exprimiu em si e que ele exprimiu no mundo e no seio da Virgem pelo novo mistério da Encarnação. E nesse nobre e divino exercício, nossa alma é a operária, nosso coração é a prancha, nosso espírito é o pincel, e nossas afeições são as cores que devem ser empregadas nessa arte divina e nessa pintura excelente.[7]

Esse Ateliê do Pintor se refere à cena emblemática da Anunciação, onde o Espírito Santo gravou o Verbo em Maria. Bérulle evoca, em outra parte, "o pincel do Espírito Santo no quadro do Evangelho".[8] Sem o Sopro, o ícone não existe.

O esforço moral, assim como o elã contemplativo, atravessa essa obra pictural onde a imagem tende cada vez mais para a semelhança, de "glória em glória", como dizia São Paulo, sem jamais alcançá-la. O exercício espiritual desposa os contornos de um quadro em reelaboração permanente. Bossuet exprimia a mesma convicção, meditando sobre o gesto divino criador, numa elevação à Trindade:

> Eu sou um pintor, um escultor, um arquiteto; tenho minha arte, meu desígnio ou minha ideia; tenho a escolha e a preferência que dou a essa ideia por um amor particular. Tenho minha arte, minhas regras, meus princípios, que reduzo, tanto quanto posso, a um primeiro princípio que é uno, e é assim que sou fecundo. Com essa regra primitiva e esse princípio fecundo que faz minha arte, eu dou à luz dentro de mim um quadro, uma estátua, um edifício que em sua simplicidade é a forma, o original, o modelo imaterial

---

7   *Ibidem*, p. 395.
8   Pierre de Bérulle, Vie de Jésus. In: *Œuvres*. Paris: Cerf, 1996. t. II, p. 231.

134   O Corpo Pensante   Christian Belin

do que executarei na pedra, no mármore, na madeira, numa tela onde disporei todas as minhas cores.[9]

Toda criação artística se impõe inicialmente ao foro interior, e o imaterial abstrato precede o material concreto; toda criação, enfim, pálida *mimesis* da Palavra arquetipal da Gênese, é autorizada a exigir uma assistência do Espírito. O artista iconógrafo fica um miniaturista amador, mas essa mudança de escala não impede a referência analógica às três Pessoas trinitárias:

> A arte, que é como o Pai, não é mais bela que a ideia, que é o filho do Espírito, e o amor que nos faz amar essa bela produção é tão belo quanto ela: por sua relação mútua, cada uma tem a beleza das três. E quando for preciso produzir fora dessa pintura ou desse edifício, a arte, a ideia e o amor concorrerão também igualmente para isso, e em unidade perfeita.

Bossuet constrói, não sem uma certa inabilidade consciente, um dispositivo icônico relativo, mas ele se ergue assim, por uma imagem mental, ao único Deus criador:

> Tudo isso, embora imaterial, é muito imperfeito e muito grosseiro para Deus. Eu não ouso lhe fazer disso a aplicação: mas daí, ajudado pela fé, eu me elevo e alço meu voo; e essa contemplação do que Deus pôs em minha alma quando ele a criou à sua semelhança, me ajuda a fazer meu primeiro esforço.[10]

O artista espiritual é um temerário incorrigível, um eterno aprendiz, mas também um poeta seguro de seu texto.

Essa *opus imperfectum* – uma imagem alterada que se deixa restaurar – se condenaria à vã glória se ele não fosse apoiado pelo dinamismo poderoso da graça, que sozinha revela as devastações estéticas do pecado e sozinha permite entrever o puro nada que representa a idolatria de si. Para tornar-se imagem da Imagem, cristóforo, é preciso renunciar à imagem de si, tal

---

9   Bossuet, Élévations sur les Mystères. In: Œuvres. Paris: Méquigonon, 1845. t. II, IIe semaine, VIIe élévation, p. 232.

10   *Ibidem.*

☙ Imagem ☙   **135**

como ela é fantasmada ou tal como se pretende oferecê-la aos outros. Toda imagem, mesmo sendo o ícone pintado do Cristo, não conseguiria, por outro lado, ser estritamente mimética: ela é relação, correspondência, comunhão, para homens "tornados partícipes da natureza divina" (2 Fil. 1, 4). Num sentido, se o Cristo constitui o tipo e o protótipo, o batizado espectador da imagem pintada se torna seu correspondente, seu *antítipo*, oferecido conforme ele por simetria e superabundância de graça. Em suas *Catéchèses Mystagogiques*, Cirilo de Jerusalém descrevia justamente o batismo como a "réplica [*antitypos*] da Paixão do Cristo", pela qual era obtida a dupla semelhança com o Salvador, em sua morte e sua Ressurreição.[11] Através do sacramento batismal, a regeneração atinge o próprio conteúdo da imagem do homem: "Vocês se tornaram cristos recebendo a impressão do Espírito Santo, e tudo se realizou em vocês em imagem [*eikonikôs*], porque vocês são imagens do Cristo."[12] A réplica do Modelo equivale à representação ao mesmo tempo mística e real de um gesto redentor. A recriação da imagem coincide com sua própria liberação. O Ícone do Cristo vivo em seu corpo de glória, origem dos ícones pintados, preserva assim a imagem de toda idolatria. Num mundo saturado de imagens, excessivamente, sem dúvida convém encontrar a virtude catártica do ícone crístico, e, em particular, a eficiência de seu dinamismo no uso dos exercícios espirituais. A vida segundo o espírito reconciliado com o corpo se assemelha à busca de um desejo que remonta à fonte do Protótipo:

> Somos chamados, dizia Santo Agostinho, a ver uma visão que o olho não viu [...], uma visão que ultrapassa todas as belezas da terra [...], uma beleza que ultrapassa tudo porque é dela que todas as coisas tiram sua beleza. [...] E já que vocês não podem ver imediatamente, que seus esforços se solucionem em desejo

---

11   Cirilo de Jérusalem (315-387), *Catéchèses Mystagogiques* (vers 350). Paris: Cerf, "Sources Chrétiennes", n° 126, 1966, Deuxième catéchèse, p. 115.

12   *Ibidem*, Troisième catéchèse, p. 121.

[*officium vestrum in desiderio sit*]. Toda a vida do verdadeiro cristão é um santo desejo [*sanctum desiderium*].[13]

A beleza indica sempre uma linguagem divina.

Texto ilustrado

Na tradição cristã, um ícone se escreve tanto quanto ele se pinta; o ícone pintado carrega, aliás, sempre o nome da pessoa viva representada. O Verbo, com efeito, se inscreveu na carne de Maria, no corpo de Jesus e na madeira da cruz. O Não Limitado aceitou um limite, o Indescritível se fez descritível e o Inefável se deu a ler. Essa escrita, consequentemente, tranquiliza toda a humanidade sobre sua própria legibilidade; ela se imprime no homem integral em termos indeléveis, o que lhe confere um caráter sacramental, diferentemente da escrita evanescente dos prazeres mundanos efêmeros que Gregório de Nissa comparava com muita poesia a sinais traçados na superfície da água:

> Os que escrevem na água produzem a escrita com sua mão traçando os traços dos caracteres na superfície da água, mas não sobra nenhum vestígio dos traços impressos, e era apenas o ato de escrever que fazia seu zelo em escrever – porque incessantemente a superfície da água segue a mão e apaga o que foi traçado; da mesma maneira todo zelo e toda atividade na busca do gozo desaparecem com ela. Com efeito, desde que a atividade cessou, o gozo também esmorece, e nada foi colocado em reserva para depois, nenhum vestígio nem resto de alegria foi deixado para aqueles que se contentam, uma vez a atividade gasta nesse prazer tenha acabado.[14]

O propósito se aplica admiravelmente, em negativo, aos desígnios da iconografia, cuja técnica consiste em manter de forma durável, pela projeção do ícone, um contato físico com a coisa representada. Seria absolutamente errôneo, com efeito, acreditar

---

13 Agostinho de Hipona, *Commentaire de la Première Épître de Saint Jean*. Paris: Cerf, "Sources Chrétiennes", n° 75, 1961. p. 231.
14 Gregório de Nissa, *Homélies sur l'Ecclésiaste*, op. cit., Homélie IV, p. 239.

a arte cristã doentiamente animada pela obsessão do imaterial, de alguma forma obsecada pelo grafismo do incorporal. De maneira nenhuma a arte espiritual, que traduz uma forte emoção religiosa, uma comoção de todo o ser, se pensa como o contrário de uma arte carnal. As Escrituras procedem de outra maneira? A Bíblia fustiga os ídolos, mas ela desenvolve, de livro em livro, sistemas de imagens que se aglutinam uns aos outros. Frequentemente glosou-se, às vezes com condescendência, sobre as imagens cristãs medievais, geralmente luxuriantes e ostensivamente ingênuas, mas a abundância das imagens no próprio corpo das Escrituras sempre provocou igualmente o incômodo dos "letrados", talvez porque essas mesmas Escrituras sabiam remeter os "doutos" a seu próprio iletrismo fundamental, transformando seus leitores em verdadeiros analfabetos espirituais. Os jogos de equivalência entre texto e imagem, que nossa "modernidade" gosta de repetir com um certo entusiasmo compulsivo, eram já claramente analisados pelo papa Gregório, o Grande, em sua famosa carta ao bispo Serenus, em 600, para dissuadi-lo a entregar-se a uma purgação iconoclasta nas igrejas marselhesas. "As pinturas", escrevia Gregório, "são a leitura dos que não sabem as letras, de maneira que elas substituem a leitura".[15] Bem antes do segundo concílio de Niceia (ocorrido em 787), que condenará o iconoclasmo com argumentos teológicos, o magistério romano toma a defesa das Imagens, segundo um ponto de vista didático ou pedagógico: elas ensinam tanto quanto os livros. Agindo assim, Gregório define uma espécie de hermenêutica da imagem, colocando, para além da percepção visual, o princípio de sua leitura: uma imagem se *lê* tanto quanto ela se vê. Ora, a Bíblia, precisamente, mas em sentido inverso, se dá também a ver. Poder-se-ia assim inverter os propósitos de Gregório, sustentando que as Escrituras favorecem a contemplação dos que não sabem ver, de maneira que elas acabam por se

---

15 Gregório, O Grande, *Epistola XIII*. Ed. Migne, "Patrologie latine", 77, col. 1.128-1.130.

substituir a esse gênero de visão. Como quer que seja, pelo texto ou pela imagem, só se vê sempre "num espelho" e como "em enigma" (1 Cor. 13, 12). João Damasceno se apoia precisamente nesse versículo pauliniano para afirmar que "o ícone é bem isso: um reflexo, uma alusão que convém bem à densidade de nosso corpo."[16] O texto das Escrituras se adapta à nossa fraqueza, como o ícone se adapta ao nosso corpo, e como Deus adotou nossa carne: "Ao mesmo tempo que o Deus-Rei, eu adoro a púrpura de seu corpo, não enquanto vestimenta ou quarta pessoa, mas enquanto tornada semelhante a Deus."[17] As imagens às quais a Bíblia recorre tão consentidamente oferecem isso de comum com os ícones pintados, que sua linguagem corresponde ao estado concreto, e não sublimado, da condição humana.

A maior parte das imagens emblematizadas pelas Escrituras parecem enigmas insolúveis: assim, no Antigo Testamento, a coluna de fumaça, a nuvem fosforescente (Êx. 13, 21), a sarça ardente (Êx. 3, 2), a escada de Jacob (Gên. 28, 12), a carruagem de Elias (2 Reis 2, 11), a baleia de Jonas (Jon. 2, 1) etc. Nos Evangelhos, as parábolas de Jesus se inscrevem na tradição judia do *mâchâl*, propondo relatos simbólicos, fortemente carregados de imagens, cujo sentido se esconde parcialmente. Muitas dessas parábolas cultivam, aliás, uma inverossimilhança provocadora. Que pastor profissional abandonaria sem reticência seu rebanho todo para ir encontrar uma ovelha recalcitrante (Lc. 15, 4-7)? Que camponês ficaria tão atordoado por semear suas sementes num caminho (Mt. 13, 3-6)? Que patrão responsável concederia sem resmungar o mesmo salário aos seus operários, qualquer que seja o número das horas de trabalho (Mt. 20, 1-16)? O relato em imagens ou a imagem no relato não são destinados, propriamente falando, a explicar um conteúdo doutrinal; elas requerem, ao contrário, uma incansável explicação, na qual consiste a elaboração doutrinal. A imagem bíblica forma um símbolo em

---

16   Jean Damascène, op. cit., p. 219.
17   *Ibidem.*

constituição; ela fica para ser trabalhada. Num primeiro tempo – o da audição ou o da leitura –, imagens ou parábolas não explicam nada, mas complicam tudo, desfazendo as regras da lógica ou da evidência (o que se oferece muito ostensivamente à vista). Elas propõem um tipo de conhecimento que envolve o coração e as entranhas, porque a intuição perspicaz supera a fria racionalidade. A partir de então, elas operam uma triagem inevitável entre os que creem ver ou compreender e os que aceitam não entender muito depressa. Aos seus discípulos que lhe perguntavam por que ele se exprimia em parábolas, Jesus respondeu: "A vocês, foi dado conhecer os mistérios do Reino dos Céus, enquanto àquelas pessoas isso não aconteceu" (Mt. 13, 11). O Rabbi esboça então um discurso do método que critica o regime ordinário da leitura, da visibilidade e da compreensão: "É por isso que eu lhes falo em parábolas, porque eles olham sem ver e ouvem sem escutar nem compreender" (Mt. 13, 13).

Ver sem ver

Essa aporia do "ver sem ver" caracteriza o dispositivo icônico cristão, nesse sentido de que uma falsa clarividência do olhar, triste cegamente involuntária, só pode ser uma causa de profunda cegueira, enquanto um humilde cegamente voluntário se torna fonte de clarividência espiritual. O processo heurístico assim estabelecido corresponde à maneira como se pode considerar, no cristianismo, a imagem em geral, e a imagem pintada em particular. O "ver sem ver" se encontra em outras passagens dos Evangelhos. No momento da Crucificação, por exemplo, quando um dos soldados perfura o lado de Jesus, São João relata esse versículo do profeta Zacarias: "Eles olharão para aquele que eles transpassaram" (João 19, 37; Zac. 12, 10). Ora, se toda a multidão pode ver o crucificado transpassado, ninguém compreende a significação do acontecimento. Inversamente, na manhã de Páscoa, João chega ao túmulo vazio, e o texto comenta assim: "Ele viu e ele acreditou" (João 20, 8). Ora, não há justamente nada a ver, mas algo a adivinhar ou a extrapolar, isto é, um sentido a construir. Esse processo da reconquista óptica fornece a chave de interpretação do episódio onde Jesus cura o cego de Betsaida. O milagre ocorre em dois tempos: "Tomando o cego pela mão, ele o fez sair do vilarejo. Depois de lhe ter colocado saliva nos olhos e lhe ter imposto as mãos, ele lhe perguntava: *Você percebe alguma coisa?*" (Mc. 8, 23). O Verbo comunica sua energia ao enfermo, testando também suas novas capacidades sensoriais (e, sem dúvida, esse relato se refere ao ritual da iniciação dos catecúmenos). Uma primeira iluminação acontece, bem desconcertante, por sinal, já que o cego confessa ingenuamente sua surpresa: "Eu vejo as pessoas como árvores que andam" (Mc. 8, 24). Uma segunda intervenção do Cristo-médico se mostra então necessária: "Ele pôs de novo suas mãos sobre os olhos do cego, e este viu claramente e foi restabelecido, e ele via muito nitidamente, de longe" (Mc. 8, 25). Durante a primeira fase, a vista é restituída por uma invenção do olhar que revela a natureza eminentemente poética do real ou da Criação: o cego convalescente se engana em seus julgamentos, mas, no fundo, é mesmo assim ele quem tem razão, visto que ele descobre o esplendor secreto do mundo em sua luminosa treva, e naturalmente com sua experiência de cego. Tocado em sua carne pela própria carne do Cristo, e vivificado pela graça desse contato, ele afina, no entanto, seu olhar e chega a uma maior clarividência: ele aprendeu doravante a discernir toda coisa, mesmo de bem longe, mesmo aquelas que ultrapassam sua pobre experiência. Para ele, o Reino dos Céus chegou, e lhe foi permitido "ver sem enxergar".

Parábolas e imagens, mas também qualquer forma plástica ou arquitetural, preenchem no seio da comunidade cristã, um papel verdadeiramente profético, na medida em que elas precipitam e já significam uma certa epifania do Reino. Se o Espírito desceu como uma pomba" (João 1, 32), e se o Logos desceu na carne para atravessar a história dos homens, seu ensinamento comum se derrama sob uma chuva de imagens que chamam à conversão do olhar. O livro do Apocalipse consagra, aliás, a apoteose icônica que encerra o Novo Testamento, como uma escapada para o Fim. Um conjunto compósito de imagens, bem heteróclito, varre aí o espaço cósmico e o dos impérios terrestres, aquele também da jovem Igreja perseguida. Quadros reagrupados segundo sequências numéricas tentam impor uma ordem improvável a um caos de imagens não menos improvável: sete igrejas, sete candelabros e sete espíritos, sete selos e sete trombetas (Apoc. 1, 4; 1, 12; 5, 1; 8, 2). Encaixados uns nos outros, como imagens encaixadas, os símbolos dirigem a céu aberto um vasto oratório escatológico. A visão se desdobra na abertura do signo, porque "uma porta estava aberta no céu" (Apoc. 4, 1). No meio de uma corte real onde se sentam 24 velhos vestidos de branco, no centro de uma *orchestra* litúrgica, Alguém aparece. Ora, trata-se aí – passa-se muito depressa sobre esse detalhe – do primeiro ícone autenticamente pictural do Cristo, ou mais exatamente, já que João descreve o objeto de sua visão, da primeira *ekphrasis* do Senhor glorificado, tal como ele se deixou contemplar:

> Eu vi sete candelabros de ouro, e, no meio dos candelabros, como um Filho de homem vestido com uma longa túnica apertada na cintura por um cinto de ouro. Sua cabeça, com seus cabelos brancos, é como a lã branca, como a neve; seus olhos, como uma chama ardente, seus pés, parecidos com o bronze precioso que se teria purificado no cadinho, sua voz, como a voz das grandes águas. Em sua mão ele tem sete estrelas, e de sua boca sai uma espada afiada, com duplo corte; e seu rosto é como o sol que brilha em todo seu esplendor (Apoc. 1, 22-26).

Uma vez mais, João, o Teólogo, vê sem ver, visto que um brilho sobrenatural ofusca seu olhar. Ele contempla uma irradiação cegante, de que ele transcreve os efeitos de modo aproximativo, como se tateasse. Uma luz ofuscante, a mesma que tinha inundado o Monte Tabor, se difunde e se cirstaliza na gama rutilante dos ouros de que se lembrará a iconografia bizantina.

O Apocalipse, no entanto, não se demora nessa parada sobre a Imagem. Ele coloca, antes, em cena uma verdadeira *iconomaquia*, um combate das imagens, um combate pela imagem.

Mais tarde, com efeito, o Céu desaparece "como um livro que se enrola" (Apoc. 6, 14). Em favor dessa antiepifania, um bestiário sonambulesco invade o texto, sob o comando de uma quadrilha vibrante com matizes cromáticos: cavalo branco, cavalo vermelho, cavalo negro, cavalo verde (Apoc. 6, 2-8). Em seguida, pululam gafanhotos ou rãs (Apoc. 9, 3; 16, 13), enquanto, desde a origem reina, em sobreimpressão no texto, um Cordeiro triunfante que parece "como degolado" (Apoc. 5, 6). Que imagem é melhor que a outra? Quem procederá ao discernimento, não dos espíritos, mas das imagens? Ao ícone do Cristo, entrevisto no primeiro capítulo, corresponde o anti-ícone da Besta que emerge no capítulo 13. Essa contraimagem negativa se opõe também ao Signo da Mulher envolvida de sol (imagem da Igreja e de Maria), que põe no mundo seu Filho primogênito e que deve fugir para o deserto, socorrida, no entanto, pelo arcanjo Miguel, porta-estandarte do Eterno (Apoc. 12). O texto insiste nessa dramática concorrência icônica que pode conduzir os homens a confundirem entre elas imagens antagonistas: não correm o risco de "erigir uma imagem em honra da Besta" ou de "animar a imagem da Besta para fazê-la falar" (Apoc. 13, 14-15)? A sugestão diabólica perverteria aqui todo simbolismo cristão. Mas a visão de São João continua, e ela mostra a partir daí a queda dos ídolos ou a derrota dos *anticristos* diante da "Imagem do Deus invisível" (Col. 1, 15). Assim caem os ídolos, como cai a grande Babilônia dos poderes corrompidos (Apoc. 18). No horizonte do Julgamento final se perfila a permanência do mistério pascal: as núpcias do Cordeiro são consumadas; pela primeira e última vez no Novo Testamento (hápax notável), um quádruplo *Aleluia* retine (Apoc. 19); uma cidade desce do Céu (protótipo de Jerusalém), e um rio de vida escoa perpetuamente (Apoc. 21, 2; 22, 1).

Com ou sem a mão do homem

A *iconomaquia* do Apocalipse chamava a atenção contra a idolatria pagã: a imagem da Besta podia ainda seduzir os cristãos. Nos três primeiros séculos do cristianismo, constata-se,

✣ Imagem ✣   **143**

aliás, um uso muito moderado das imagens, e uma propensão muito afirmada para o puro simbolismo. O "pensamento do Cristo" se exprime, então, através de sinais de reconhecimento que unem e consolam uma comunidade perseguida. Historicamente, a imagem pictural cristã atravessou inicialmente esse deserto figurativo. Nas paredes das catacumbas, o primeiro simbolismo cristão se reduz a um abecedário modesto: o *alfa* e o *ômega* do Apocalipse, o *tau* da Cruz (que se aproxima do tav hebraico, última letra com valor escatológico), o Crisma mais ou menos ornado. A epigrafia funerária tem predileção por esses comoventes grafites, que enquadram a tradicional inscrição *in pace*. As letras soletram o Verbo infinito. Pouco a pouco, no entanto, no curso das gerações, aparecem elementos iconográficos emprestados da cultura ambiente, "despojos do Egito"[18] que a fé nova se contenta em batizar: uma fênix imortal,[19] o pastor encarregado de uma ovelha,[20] às vezes também um novo Orfeu[21] ou um novo Hércules,[22] apóstolos associados aos signos do zodíaco, pavões e pombas, vinhas arborescentes...[23] As imagens bíblicas completam naturalmente o álbum: os animais tetramorfos acompanhando os evangelistas, Daniel em

---

18 Agostinho de Hipona, *La Doctrine Chrétienne*, II, LX. Os Israelitas tinham saído do Egito, levando com eles "despojos". Agostinho quer dizer que os cristãos devem tirar proveito do patrimônio cultural dos pagãos.

19 Clemente de Roma (Ier siècle), *Épître aux Corinthiens*. In: *Les Pères Apostoliques*. Paris: Cerf, 1991. XXV, p. 89-90.

20 Uma das primeiras representações de Jesus como Bom Pastor se encontra, em Roma, na abóbada da cripta de Lucina, nas catacumbas de São Calixto (por volta de 220). É encontrada ainda no forro do *cubiculum*, nas catacumbas de Santa Domitila (início do século III).

21 O hino de abertura do *Protréptico* de Clemente de Alexandria (150-220) canta o Cristo novo Orfeu. Um afresco das catacumbas de Santa Domitila já a representava, com os mesmos traços, cercada por um cortejo de animais.

22 Catacumbas da Via Latina (século IV).

23 Esses símbolos de animais e vegetais se encontram em profusão nos mosaicos de São Vital de Ravena (século VI).

seu fosso com leões, o cordeiro pascal imolado etc. O simbolismo das letras e a ambivalência figurativa (que se refere tanto à cultura profana quanto às Escrituras) se juntam no famoso acróstico do *Ichtus* (peixe) que significa "Jesus-Cristo-Filho-de--Deus-Salvador".[24] A primeira profissão de fé, o primeiro *Credo* foi assim contido numa sigla, uma espécie de rébus místico, um autêntico símbolo plenário, primeira metade de um enigma que somente a fé do leitor podia resolver. O Nome e a Pessoa do Cristo se dissimulavam sob a forma simbólica do peixe, animal particularmente louvado nos Evangelhos, o prato favorito do Ressuscitado (Lc. 24, 42-43; João 21, 9-13).

Representações figuradas do Cristo (como jovem) ou da Virgem aparecem, contudo, desde o século II, em Roma, nos muros das catacumbas de Santa Domitila. Em seguida, com a era constantiniana, assiste-se à multiplicação das cenas narrativas tiradas dos Evangelhos, em especial dos episódios ligados à infância de Jesus. No fim do século IV, com o triunfo da fé de Niceia, o Cristo é representado sentado num trono; muito depressa, ele ocupa um espaço central, nas absides ou na cúpula das igrejas, sentando majestosamente como *Basileus* celeste ou como *Pantocrator*. A evolução é característica: passa-se do Nome sugerido ao Rosto claramente identificável, mas também do enigma simbólico ao ícone da Pessoa. Essa evolução acompanha os esforços da especulação teológica. Os primeiros ícones, com efeito, não oferecem somente o espetáculo de um Cristo cósmico, real ou hierático, mas a "imagem do Deus invisível", um Rosto "que não foi feito pela mão do homem [*acheiropoietos*]".[25] Essa expressão faz alusão à lenda que conta a impressão milagrosa da Santa Face do Cristo num pedaço de pano (*mandylion*),

---

24 Lê-se, por exemplo, o acrônimo *Ichtus* entre os grafites que ornam as catacumbas de São Sebastião, na Via Appia (século II).

25 São Paulo evoca uma "casa eterna que não é feita pela mão do homem [*acheiropoieton*]" (2 Cor. 5, 1).

por muito tempo conservado em Bizâncio.[26] Esse relato tão ingênuo à primeira vista coloca muito sutilmente, com muita intuição estética, o problema ao mesmo tempo material e espiritual de uma representação icônica do Cristo. Como conciliar o realismo da história com a profundidade do mistério? Como confundir, na pintura, o rosto de Jesus de Nazaré com o do Filho coeterno do Pai?

A lenda sugere tanto uma impossibilidade fundadora quanto uma legitimidade perfeita: ninguém conseguiria pintar o Filho de Deus, mas o Cristo garante, ele mesmo, de alguma maneira, de um ponto de vista técnico, a representação de seu próprio rosto, e ele autoriza, pois, a difusão de seu próprio ícone. De uma certa maneira, todos os ícones "feitos pela mão do homem"[27](qualquer que seja, aliás, o assunto) ficando parcialmente, na ordem da graça, "não feitos por sua mão", no sentido de exprimir um além indescritível. Em todo ícone, o essencial fica para sempre invisível, embora sensivelmente comunicado, como o mistério da Trindade no ícone dos três anjos hospitaleiros pintado por André Roublev.[28] Qualquer que seja o talento do artista, o domínio da obra, isto é, sua eficiência mística, vê-se confiada ao Espírito criador, iconógrafo divino. De fato, o pintor não improvisa jamais, mas se inscreve numa tradição iconográfica que é a da Igreja. O rosto muito codificado do Cristo, da Virgem ou dos Santos, se ele não contradiz um certo realismo histórico, inspira-se principalmente numa tradição não escrita transmitida pelas testemunhas da fé. Toda imagem cristã, enfim, aceita renunciar a ela mesma (porque ela não é justamente um ídolo) para se recolocar entre as "mãos" de um Outro; ela se pretende, com efeito, inseparável de uma expressão mistagógica da fé, a serviço da oração e da liturgia.

---

26   A lenda do mandylion, ou Imagem de Edessa é relatada pela primeira vez por Eusébio de Cesareia (265-340), *História Eclesiástica*, livro I.

27   "Eu destruirei esse santuário feito pela mão do homem..." (Mc. 14, 58).

28   André Roublev (1360-1428) pintou o ícone da Trindade em 1410 (atualmente na galeria Tretiakov de Moscou).

A imagem do Cristo pode também ter nutrido um imaginário representativo. Entremos, por exemplo, na basílica romana de São Clemente, cujo edifício atual data do século XII, e que combina, em sua cúpula, um simbolismo paleocristão com motivos iconográficos bizantinos. Se o livro do Apocalipse se oferece à contemplação visual, os mosaicos da cúpula requerem uma leitura atenta. Como na visão de São João, o cosmos e a história se juntam para celebrar o triunfo do Cristo, no tempo e para a eternidade. A revelação pela imagem desenvolve aqui o tema da vinha mística, cuja arborescência atravessa as idades, desde o começo (a árvore da vida no paraíso) até a Parusia (exaltação da Cruz vivificante). Ao ritmo das folhagens que desafiam todo peso e toda cronologia, a história se transfigura em eterno presente recapitulando as diferentes épocas da humanidade. Em cada gavinha da videira se aninham cenas emprestadas da vida quotidiana, como nas miniaturas manuscritas ou na escultura das catedrais. Uma atmosfera bucólica e pastoral impõe sua nota dominante, a despeito da Cruz que governa o conjunto da composição. Cervos sedentos se embebedam, tão diligentemente quanto catecúmenos no batistério, e ovelhas se divertem em pradarias consagradas pelas Escrituras: "Em prados de erva fresca ele me faz repousar [*in pascuis virentibus me collocavit*]" (Sl. 23, 2). Já era a mesma alegria sobre os mosaicos de Ravena. Os apóstolos ou os mártires (Pedro, Clemente...) se tornam contemporâneos dos quatro doutores da Igreja latina sabiamente dispostos em fileira: Ambrósio, Agostinho, Jerônimo, Gregório. Lendas são inscritas em faixas para nomear as personagens, favorecer a leitura, manter a meditação. Textos e imagens se identificam reciprocamente: as letras, as palavras, as frases – tiradas da Bíblia ou da Tradição não escrita – servem elas mesmas como ícones tangíveis (conversíveis em imagens) ao Logos invisível. Uma mão figurada no alto da Cruz parece esboçar um gesto. Qual? Empunhar, apreender, brandir a cruz? Plantá-la na terra, colocá-la ou retirá-la? Mostrá-la, talvez, simplesmente? Pensa-se também no versículo sálmico cantado no Introito da missa de Páscoa: "Colocaste tua mão sobre mim [*posuisti super me manum tuam*]" (Sl. 139, 5): a mão do Pai pesou momentaneamente sobre o Filho na hora do Calvário. Sobre a cruz, com efeito, sob a Mão, o Salvador parece adormecido na morte.

Um elemento insólito atrai, no entanto, o olhar que percorre o afresco: 12 pombas se empoleiraram nos quatro galhos da árvore da cruz, como inclinadas num bebedouro. O olhar meditante se interroga e se deixa seduzir pela desenvoltura alegre, quase iconoclasta, desse motivo simbólico. Essas pombas trazem uma contradição ao trágico da Crucificação; elas indicam, também, uma apropriação pessoal (a alma dos batizados) e eclesial (os 12 apóstolos) da Cruz. A audácia figurativa, tão infantil, que introduz o símbolo em pleno centro de uma cena histórica (a mais séria de todas, o drama do Gólgota) aparenta-se a uma atitude surrealista que anteciparia, sem reprová-lo, um tratamento iconográfico mais sensível à fantasmagoria onírica do Signo (pensa-se, por exemplo, no crucifixo de Dali).[29] A cúpula de São Clemente mergulha num realismo irreal que entende sugerir a própria essência do mistério cristão nesse sinal da Cruz repentinamente tomado por aves do paraíso. O fiel em contemplação compartilharia facilmente a surpresa emocionada do cego de Betsaida: a Cruz não pareceria com "uma árvore que anda"? E toda forma de vida entraria, então, na divina liturgia.

Oriente e Ocidente

A intrusão de um simbolismo bastante livre no interior da imagem se opõe à estrita codificação rigorista da iconografia bizantina. O concílio Quinissexto de 692, não reconhecido pela Igreja romana,[30] proíbe a representação do Cristo sob forma simbólica, por exemplo, através da imagem, entretanto, evangélica

---

29 *O Cristo de São João da Cruz* (1951), no museu de Glasgow.

30 Chamam-no também concílio *in Trullo*. Ele foi convocado por Justiniano II, em prolongação dos V e VI concílios ecumênicos ocorridos em Constantinopla, em 553 e 680. Ele só reuniu bispos orientais.

148   O Corpo Pensante   Christian Belin

do cordeiro, invocando a substituição da realidade à ordem do simples figurativo. A partir do sétimo concílio ecumênico (Niceia II, 787), que quis pôr um termo à querela das Imagens, o ícone doravante canonizado se vê impor um caderno de encargos extremamente exigente, o que explica sua muito grande fixidade formal, quase não mudada na hora atual desde o século XIV. Banhado de uma luz que não pertence a este mundo, o ícone exprime, com efeito, um contato com o além escatológico. Num espaço limitado em duas dimensões, o rosto pintado testemunha a vida eterna já começada: a pessoa que habita o ícone participa da glória reservada aos eleitos. Desde o século XIV, como se sabe, a imagem cristã ocidental se liberou desses cânones. É verdade que, se o Ocidente foi poupado pela interminável crise iconoclástica que sacudiu o Oriente bizantino,[31] ele não elaborou também uma verdadeira teologia do ícone: em sua área geográfica, não houve, propriamente falando, uma querela, mas uma dispersão das Imagens. Sob o impulso da Renascença italiana, os modelos e as maneiras profanas contaminaram pouco a pouco a arte cristã. O Ocidente percebe na imagem um suporte para a oração (o quadro de devoção), um ornamento cultual, um cerimonial litúrgico; no Oriente, em compensação, o ícone faz parte integrante do serviço litúrgico; ele exprime e comunica o mistério da vida sobrenatural. A arte cristã ficou sagrada no Oriente, enquanto, no Ocidente, ela se tornou simplesmente religiosa ou de inspiração religiosa.

Uma tal clivagem é dificilmente contestável, mesmo se a orientação tomada pela arte cristã ocidental pode reivindicar-se,

---

31   O iconoclasmo constitui, sem dúvida, um fenômeno recorrente e esporádico na história da Cristandade. Duas grandes crises iconoclastas dilaceraram o Oriente, a primeira entre 730 e 787, a segunda entre 813 e 843. O Ocidente conhecerá a violência iconoclasta no momento da Reforma protestante: muitos edifícios religiosos e muitas obras de arte foram então destruídas (por exemplo, em Zurique, em 1523, em Genebra, em 1535; na França, depois de 1562, os calvinistas saquearam Saint-Martin de Tours, a catedral de Orléans etc.).

em sua abertura sobre o profano, uma autêntica teologia da Encarnação (fundamento teórico de qualquer defesa dos ícones): nada do que é humano, nada do que é terrestre conseguiria escapar à obra santificadora do Verbo que desceu num mundo decaído. Tudo é, pois, chamado à transfiguração, mesmo as realidades mais ínfimas ou as mais carnais. A tradição ortodoxa repete, com justa razão, que o ícone mais sublime não comunica igualmente a todos, como por automatismo, a energia incriada que ele contém: a graça opera através do ícone, e não o inverso. Eu contemplaria em vão o mais belo dos ícones, se não tivesse a caridade, como diza São Paulo, "isso de nada adianta" (1 Cor. 13, 3). A graça estaria, aliás, submetida a uma forma especial de desenho, a tal ou qual disposição dos coloridos, a tal tipo invariável de figuração? O Espírito sopra onde ele quer, e o Cristo ressuscitado passava através de portas e paredes, ficando livre para sempre manifestar-se "sob uma outra forma" (Mc. 16, 12). O ícone exerce, às vezes, o papel de um sacramental, mas ele não é um sacramento. A iconodulia (ou defesa dos ícones), perfeitamente legitimada, deve preservar-se das derivas sempre possíveis da iconolatria, assim como o sagrado não deve transformar-se em fetichismo ou em superstição. Enfim, nenhuma forma estética conseguiria deter o monopólio da emoção interior: a escultura, a arquitetura ou o canto despertam, também eles, o sentimento de uma presença inefável.

Com imagens mais livres ou menos ambiciosas, a pintura cristã ocidental não foi necessariamente impermeável à expressão mística: comprovam isso a cenografia do *Retábulo d'Issenheim* de Grünewald,[32] o hieratismo de *Saint Hugues no refeitório dos cartuxos* de Zurbaran,[33] a indizível suavidade que

---

32 Matthias Grünewald (1475-1520), *Retable d'Issenheim* (1512), Musée d'Unterlinden de Colmar.

33 Francisco de Zurbaran (1598-1664), *Saint Hugues au Réfectoire des Chartreux* (1630), no museu de Belas Artes de Sevilha. Ver também o *Cristo em Cruz* (1627), Art Institute de Chicago.

impregna o *Relicário de Santa Úrsula* de Memling.[34] Os quadros sérios e austeros de Georges de La Tour, com luzes vacilantes, exploram os abismos da interioridade: que segredo habita o retrato de *Saint Jude*, que apaziguamento nos vem da *Madeleine à la Veilleuse* ou do *Saint Sébastien Soigné par Sainte Irène*?[35] Em certos artistas, até a fantasia do tratamento pictural pode alimentar a vagabundagem meditativa: a *Conversão de São Paulo* ou o *Martírio de São Mateus* do Caravaggio confundem as linhas ou a geometria ordinárias impostas pela rotina das convenções e se dão a ler como devaneios exegéticos abertos sobre o sentido a aprofundar desses episódios.[36] O mesmo Caravaggio pintou o repouso da Santa Família no Egito de maneira absolutamente atípica, com um José que segura a partitura para um anjo violinista, enquanto o Menino faz a sesta nos braços de sua mãe.[37] Uma composição assim não oferece nada de comum com um ícone; é, por isso, desprovida de todo último plano contemplativo? O humor jamais foi um pecado contra o Espírito, e jamais foi dito que os "corações puros" segundo o Evangelho devessem ser corações puritanos. O essencial resta um contato com o que São Paulo chamava as "coisas do alto", que convém saber "saborear [*quae sursum sunt sapite*]" (Col. 3, 1-2). Como quer que seja, toda imagem cristã fica ordenada à oração: o motivo da *Deesis* não ocupa significativamente, na tradição oriental, o centro da iconostase? Ora, tratando-se de oração, a experiência torna prudente ou modesto, porque ela escapa a toda codificação. Uma banal estátua em estilo sulpiciano pode gerar em um o fervor,

---

34   Hans Memling (1435-1494), *Relicário de Santa Úrsula* (1489), Museu Memling de Bruges.

35   Georges de La Tour (1593-1652), *Saint Jude* (1624), Musée Toulouse-Lautrec d'Albi; *Madeleine à la Veilleuse* (1642), Musée du Louvre; *Saint Sébastien Soigné par Sainte Irène* (1649), Gemäldegalerie de Berlim.

36   Caravaggio (1571-1610), *A Conversão de São Paulo* (1601), Igreja Santa Maria del Popolo, Roma; *O Martírio de São Mateus* (1599), Igreja Saint-Louis-des-Français, Roma.

37   Caravaggio, *O Repouso durante a Fuga no Egito* (1596), Galeria Doria Pamphili, Roma.

enquanto o mais belo dos ícones deixará o outro de mármore. A *Madona com os Cravos* ou *A Virgem com o Pintassilgo*, de Rafael,[38] tão delicadamente sensuais, cantam à sua maneira o mistério da "Mulher vestida de sol" (Apoc. 12, 1), ainda que elas não tenham nenhum parentesco com a Virgem de ternura pintada no ícone russo de Vladimir.[39]

A imagem alimenta um desejo, uma "tensão para o que está antes" (*epectase*); comentando longamente essa expressão pauliniana,[40] Gregório de Nissa via aí, na *Vida de Moisés*, o próprio princípio da ascensão mística. Mas o desejo de ver sucumbe, às vezes, à bulimia, e São João, o Vidente por excelência, estigmatizava a "cobiça dos olhos" (1 João 2, 16).[41] Corre-se também, às vezes, o risco de confundir o visível e o palpável, roçando o ícone com a ponta dos dedos, a exemplo de Tomé, que quis tocar as cicatrizes gloriosas do Salvador. Foi precisamente por ocasião desse gesto que Jesus chamou a atenção contra a tentação excessiva do visível: "Felizes os que não viram e acreditaram" (João 20, 29). A imagem cristã fica inconcebível, até inoperante, sem a consideração desse "não ver" erigido pelo próprio Cristo como norma ideal de toda vida de fé. Meditando sobre o encontro de Moisés com o Absoluto, no cume do Sinai, Gregório de Nissa evoca uma alternância contínua e progressiva de clarezas e obscuridades:

> O conhecimento religioso [*gnosis tes eusebeias*, conhecimento pela piedade] é inicialmente luz para os que a recebem; com efeito, o que é contrário à piedade é a obscuridade, e a obs-

---

38 Rafael (1483-1529), *Madona com os Cravos* (1506), National Gallery, Londres; *A Virgem com o Pintassilgo* (1507), Museu dos Ofícios, Florença.

39 Pintado no século XII, esse ícone da *Theotokos* (Mãe de Deus) insiste no elo afetivo (rosto contra rosto) que une a Criança à sua Mãe. Muito venerado na Rússia, o ícone é conservado na Galeria Tretiakov de Moscou.

40 "Eu vou direto à frente, estendendo todo meu ser [*epektelnomenos, extendens meipsum*]" (Fil. 3, 13).

41 A Vulgata emprega o termo *concupiscentia*, que terá uma tão ampla repercussão em toda a tradição agostiniana.

curidade se dissipa pelo gozo da luz. Mas, mais o espírito, em sua marcha para a frente, chega, por uma aplicação sempre maior e mais perfeita, a compreender o que é o conhecimento das realidades e se aproxima mais da contemplação, mas a natureza divina é invisível.[42]

Uma primeira iluminação expulsa as trevas da indiferença, mas uma outra obscuridade mais misteriosa eclipsa, por sua vez, essa expansão provisória de luz. Inicialmente negativo, o termo "trevas" volta a ser positivo, em favor do que Pascal chamará uma "reviravolta do para ao contra".[43] Gregório de Nissa transforma a mediação icônica, como, aliás, toda barreira fenomenal, em trampolim para o invisível, e é aí que ele encontra a intuição bíblica e crística do "não ver":

> Tendo deixado todas as aparências, não somente o que percebem os sentidos, mas o que a inteligência acredita ver, ele [o espírito, *nous*] tende sempre mais para o interior até penetrar, pelo esforço do pensamento [*dianoia*] até o invisível e ao desconhecível, e que aí ele veja Deus. É nisso que consiste, com efeito, o verdadeiro conhecimento daquele que ele procura, e sua verdadeira visão no fato de não ver [*to idein em tô me idein*], porque aquele que ele busca transcende todo conhecimento, separado em toda parte por sua incompreensibilidade como por uma treva.[44]

A visão faz caminho de volta e reflui para o coração. Um tal protocolo descritivo não concerne somente à essência divina; ele se aplica a toda experiência mística, a tudo o que tem a ver com a "ciência dos santos", de um conhecimento (*gnosis*) mudado pela piedade (*eusebeia*). Aqui, a piedade não designa um simples movimento de fervor, mas um dos sete dons do Espírito Santo. Um ícone não é realmente *visível* senão com a piedade do Espírito Santo. Em outra parte, Gregório menciona explicitamente o mecanismo da percepção segundo a imagem:

---

42 Gregório de Nissa, *Vie de Moïse*. Paris: Cerf, "Sources Chrétiennes", n° 1 *bis*, 2000. p. 211.
43 Pascal, op. cit., fr. 124 e 127.
44 Gregório de Nissa, op. cit., p. 211-213.

Imagem   153

> Ardente amante da Beleza, recebendo o que lhe aparece continuamente como uma imagem [aei phainomenon ôs eikona] do que ele deseja, aspira a se saciar com a própria figura do Arquétipo; e demanda audaciosa e que ultrapassa os limites do desejo é não gozar da Beleza por espelhos e reflexos, mas face a face.45

Nesse dispositivo óptico, a imagem é apenas pura mediação, uma passagem do "que é feito pela mão do homem" para a Face "não feita pela mão do homem". Entrevista através do prisma incerto das refrações especulares, a imagem não dá realmente a ver, mas ela nutre o desejo de ver.

Se Gregório interpreta assim a experiência emblemática de Moisés quando da teofania solene do Êxodo – verdadeira passagem no limite e contato absoluto –, *a fortiori*, é preciso mostrar-se lúcido a propósito de uma elevação para a figura (*charakter*) do Arquétipo. A diferença entre a imagem e o Arquétipo lembra a célebre fórmula de São Basílio canonizada pelo Concílio de Niceia II e retomada, mais tarde, pelo Concílio de Trento: "A honra prestada à imagem parte para o modelo original [*epi to prototupon*]."[46] Mas o processo analisado por Gregório destaca a necessidade para todos de um restabelecimento progressivo da vista (no sentido físico e espiritual), exatamente como para o cego de Betsaida. O escritor emprega, aliás, o mesmo verbo que o evangelista Marcos para sugerir essa metamorfose do olhar: *anablepein*, levantar e reerguer os olhos, melhor dirigir seu olhar para começar a ver melhor: "Porque é nisso que consiste a verdadeira visão de Deus, no fato de que aquele que *ergue os olhos para* ele não cessa jamais de desejá-lo. É por essa razão que ele diz: *Tu poderás ver meu rosto. Com efeito, nenhum homem verá meu rosto sem morrer.*"[47] Pensar-se-ia, geralmente, no que a tradição ascética oriental chama metaforicamente o

---

45   *Ibidem*, p. 265-267.
46   Basílio de Cesaréia, *Sur le Saint-Esprit*. Paris: Cerf, "Sources Chrétiennes", nº 17 *bis*, 2002. p. 194.
47   Gregório de Nissa, op. cit., p. 267. Citação de Êx. 33, 20.

"jejum dos olhos". Todas essas restrições ópticas, paradoxo da visão contemplativa, longe de enfraquecer o poder da projeção do ícone, reforçam, ao contrário, o brilho incomparável. Para dizer a verdade, em razão mesmo dos escrúpulos teológicos que a regem, nenhuma outra imagem cristã conseguiria rivalizar com o infinito de expressão que ela demonstra.

Escrita de luz

Prova tangível de uma invisibilidade fundadora e arquetipal, o ícone se coloca sob o duplo signo, teológico e estético, da apófase.[48] Assim, ela figura o inverso de um ídolo que subjuga por seus poderes totalitários. Não se conseguiria, aliás, artificalmente, "animar a imagem", como dizia o Apocalipse, visto que o princípio de "animação" do ícone, seu princípio óptico, é postulado, desde o início, exterior a ele. Uma silhueta corporal aparece, mas o artista procura, sobretudo, pintar o incorporal pela semelhança do invisível. João Damasceno apoia sua defesa dos ícones na surpreendente consequência estética do mistério da Encarnação:

> Como pintar o incorporal? Como figurar o sem-figura? O que nos é assim lembrado misticamente? É isto: enquanto Deus é invisível, não faça o ícone, mas, desde que você veja o incorporal tornado homem, faça a imagem da forma humana; quando o invisível se torna visível na carne, pinte a semelhança do invisível.[49]

O gesto iconógrafo retraça a metamorfose do Logos: "Desenha, então, em teu painel e propõe à contemplação o que aceitou ser visto, exprime sua indizível condescendência".[50] A figura colorida repete o Verbo revelado: "Ilustra tudo isso com palavras e pela pintura, nos livros e no painel de madeira".[51] A expressão estética se funda, com efeito, numa convicção teoló-

---

48 Ver nota 49, p. 17.
49 Jean Damascène, op. cit., p. 222-223.
50 *Ibidem.*
51 *Ibidem.*

gica: conferem-se ao invisível cores, como se sugere o inefável por palavras. As obrigações exercidas pelos cânones tradicionais (superfície plana e sem volume, hieratismo das atitudes, gravidade do olhar, geometria sutil, desproporção do rosto e dos olhos etc.) promulgam o código semiótico da invisibilidade primeira e primordial do Mistério. A semelhança oferece alguns sinais de identificação, mas na manutenção permanente de uma diferença radical: trata-se de sugerir uma semelhança não de tipo mimético, mas *metamimético*, se assim se pode dizer, como se o Protótipo – incircunscrito e indescritível – impusesse uma *mimesis* que excede a ordem do real. Ou seja, a pessoa não é vista ou representada através de seu *retrato*, mas através de sua *retração*. A arte do ícone inventa, de alguma maneira, uma pintura da retração e do abstrato. É a razão pela qual, apesar do ilogismo aparente, a iconografia se pretende uma pintura figurativa abstrata, que parece mostrar o que, na realidade, ela não mostra, ou que, antes, não mostra absolutamente o que, no entanto, ela se esforça em mostrar.

Embora pessoal ou personalizada, a figura icônica permanece mais enigmática que o simples retrato. Assim, aliás, acontece com todo estilo figurativo. "Figura, escrevia Pascal, carrega ausência e presença, prazer e desprazer";[52] ela ocupa, dizendo a verdade, um entre-dois equidistante da transparência e da opacidade. O ícone funciona maravilhosamente com esse claro-obscuro que cria uma tensão para o não representado, emoção indecisa que se disputam jubilação e frustração. Todavia, esse desejo frustrado aumenta uma certa alegria interior, na medida em que ele concede já o que ele promete. Poder-se-ia acrescentar que qualquer exercício espiritual mantém a mesma impressão. A pessoa representada no ícone (o Cristo, a Virgem, os santos...) se adivinha através de um rosto, como a meditação se constrói a partir do quadro. Sua misteriosa presença existe na semelhança e não na materialidade dos traços ou das cores co-

---

52   Pascal, *Pensamentos,* op. cit., fr. 296.

locadas na prancha de madeira, e, que, no entanto, servem de suporte. Encontramos aí o princípio da santificação cristã do corpo, que reivindicava, com justa razão, João Damasceno: "Nossa alma não está desnuda, mas envolvida como por um manto; é impossível para nós ir ao espiritual sem o corporal. Ouvindo as palavras sensíveis, escutemos com nossos ouvidos corporais, e captemos as coisas espirituais; assim também chegamos pela contemplação corporal à contemplação espiritual."[53] O segundo Concílio de Niceia insiste, também, fortemente sobre a função mediadora do ícone, que alimenta a memória crente em sua projeção sensível e instaura uma espécie de familiaridade com os santos que entraram na glória:

> Mais os vemos, graças à sua representação pela imagem, mais contemplando suas imagens somos levados a nos lembrar e a amar os modelos originais e a lhes oferecer saudações e respeitosa veneração; não a adoração verdadeira própria à nossa fé, que convém somente à natureza divina, mas como fazemos pela representação da gloriosa e vivificante cruz, pelos santos evangelhos e todos os outros objetos sagrados.[54]

No ícone, a presença imaterial de uma pessoa não é nem um clichê nem um avatar; fora do espaço e do tempo, a imagem não conseguiria exibir-se como uma fotocópia genialmente hiper-realista. Ela favorece somente uma transição, garante uma substituição, deixa um vestígio, deposita uma impressão. Em sua totalidade significante, o ícone se oferece ao espírito e aos sentidos como uma metonímia da vida que fica "oculta no Cristo" (Col. 3, 3). Uma mística da presença supera o conceito plástico de reprodução. Assim, o ícone é mais uma *apresentação* do que uma representação. Como toda imagem, o ícone certamente assinou o pacto tácito da ilusão referencial, mas trata-se, contudo, de uma falsa impressão de ilusão, visto que

---

53   Jean Damascène, op. cit., p. 226.
54   Decretos do Concílio de Nicea II (787). In: *Les Conciles Œcuméniques*. Paris: Cerf, 1994. t. II 1, p. 305.

o ícone assume sua própria catástrofe semiótica, defendendo deliberadamente o invisível. Nenhum efeito artificial de real é procurado, na medida em que a imagem se compreende aqui como simples manifestação (epifania) e índice de revelação (apocalipse). Importa, pois, somente o efeito de irreal. O ícone mostra dissimulando, e essas duas operações ficam sincrônicas, sendo relativas uma à outra. Combinando o sensível e o inteligível, num claro-obscuro de emoção, ela abre a via ao tateamento místico. A contemplação das santas imagens leva os fiéis, dizia o Concílio de Niceia II, "a lembrar e a amar os modelos originais [protótipos]".[55] A lembrança de uma Presença alimenta o desejo. Ora, é esse modo de presença que recusavam admitir os iconoclastas do século VIII, em Bizâncio, ou os protestantes iconófobos no tempo das Reformas.[56]

Remetendo, como um desafio lançado à ordem material das coisas, ao Protótipo, a imagem pintada se apaga e se autodestrói. Pensa-se em João Batista, o Precursor, que só "mostrava" o Cristo repetindo: "É preciso que ele cresça e que eu decresça" (João 3, 30). Os iconoclastas acreditam ou fingem acreditar que os iconófilos veneram a imagem santa como uma fotografia do real, ainda que estes tenham sempre rejeitado tal assimilação. Jamais a teologia do ícone invocou não se sabe muito que pseudorréplica ao idêntico, o que seria não somente inconcebível ou pueril, mas sem nenhum interesse espiritual. O aviso do Cristo conforta, aliás, essa reserva, visto que crer "sem ter visto" se torna fonte de bem-aventurança. O ícone só é uma fotografia segundo a estrita etimologia, e num sentido profundamente místico: uma *escrita de luz*, com efeito.

---

55 *Les Conciles Œcuméniques*, cit., p. 305. O Concílio de Trento retoma a mesma fórmula em seu decreto sobre as santas imagens (1563), texto em *Les Conciles Œcuméniques*, cit., t. II-2, p. 1.575.

56 João Calvino (1509-1564), por exemplo, na *Institution de la Religion Chretienne* (1535). Ed. J. D. Benoît. Paris: Vrin, 1957, livre I, 11, não reconhece como imagens do Cristo senão os sacramentos (batismo e ceia).

Anastasis *de Santo Salvador*

Como a visão e a leitura do ícone podem constituir um exercício espiritual? Os defensores da imagem destacavam incansavelmente, desde São Basílio, que a imagem repete em silêncio, sob uma outra modalidade, o que proclama o Logos. Seu poder de anamnese (lembrança da pessoa representada) o ordena nas três virtudes teologais: ela permite o exercício da memória crente, favorece a confissão de fé e apresenta um ato de esperança. Esta última virtude em particular, "âncora de nossa alma, que penetra através do véu" (Heb. 6, 19), que se volta para a escalotologia, coloca-se justamente, segundo São Paulo, sob o signo do não ver: "Nossa salvação é objeto de esperança, e ver o que se espera não é mais esperá-lo; o que se vê, como se poderia esperá-lo ainda?" (Rom. 8, 24). Envolvido numa tenebrosa luz, transformado em vidente cego, o espectador do ícone é repatriado para a Cidade do Deus vivo, Jerusalém que desce do Céu, encastrada em pedras preciosas. Poder-se-ia aplicar a todos os ícones o qualificativo que a tradição ortodoxa reserva a algumas imagens da Virgem, a saber, que elas se pretendem todas "condutoras [*hodigitria*]" e ricas de intercessão. Em termos emprestados da hermenêutica das Escrituras, essa lembrança antecipada do mundo por vir marca a finalidade anagógica do ícone. O episódio exemplar da iconografia bizantina, seu emblema maior, continua sendo muito significativamente a Transfiguração, que cada iconógrafo debutante tinha obrigação de executar no começo de sua carreira, a título de tentativa. A cena sugere um contato fugidio com a alteridade divina, um instantâneo absoluto no interior, todavia, de uma diferença irredutível (Deus continua irreconhecível em sua essência) que não dissipa a metamorfose do Cristo diante dos seus discípulos: os apóstolos-espectadores percebem, no entanto, essa mudança da Figura,[57] essa mutação formal que é como tornada contagiosa na comunhão da graça.

---

57 No relato da Transfiguração, o termo "metamorfose" é empregado pelos evangelistas: "Ele foi transfigurado [*metemorphôtè*] diante deles: seu

O filósofo Michel Henry opõe, assim, um corpo pura e tristemente material, um "corpo coisal", uma "coisa opaca, cega", "susceptível de ser iluminada de fora pela luz, jamais acolhê--la e recebê-la nela", a um corpo que se sabe habitado por uma "sensualidade primordial", por uma "carne originária", isto é, pela vida manifestada no Cristo. Esses propósitos permitem melhor compreender por que o ícone cristão está indissoluvelmente ligado a uma teologia do corpo, ela mesma inimaginável sem uma mística da carne transfigurada. O ícone significa em todo momento, com efeito, a graça da Encarnação, pela qual nossa realidade corporal é chamada a "ser iluminada interiormente", a "tornar-se ela mesma luz, foco de inteligibilidade, puro cristal aparecendo".[58] Em termos fenomenológicos, o filósofo medita sobre o "conceito inaudito da carne desvelada no cristianismo",[59] e ele encontra instintivamente a doutrina mística da iluminação (*photismos*), tal como a compreendia um Gregório de Nissa. A carne é algo mais do que simples matéria; nela se manifesta um irresistível apelo do absoluto, porque, no Verbo que desceu para sempre num corpo de carne, um contato divino foi atado para sempre. Michel Henry vê na carne uma "substância de sofrimento e de alegria" que "só é dada a si dessa maneira na Arquipassibilidade da Vida absoluta".[60] Não estaria aí uma das intuições mais convincentes de uma teologia do ícone? A imagem condescende ao carnal, ou, mais exatamente, faz com que a carne e o corpo, transfiguráveis e transfigurados, por uma vez se confundam, se desposem, coincidam na "manifestação da Vida" (1 João 1, 2). Poder-se-ia contemplar de outro modo o invisível?

---

rosto resplandeceu [*elampsen*] como o sol, e suas roupas tornaram-se brancas como a luz [*phos*]" (Mt. 17, 2).

58 Michel Henry, *Incarnation. Une Philosophie de la Chair*. Paris: Seuil, 2000. p. 286-287.
59 *Ibidem*, p. 367.
60 *Ibidem*.

O exercício contemplativo favorece a paz sobrenatural, a *hesychia*; ele restaura a harmonia comprometida pelo tumulto desordenado dos pensamentos ou das paixões. O olhar se confunde com a oração, e a maneira de ver corresponde a uma arte de rezar: *lex orandi, lex videndi*.[61] Ora, a oração supõe uma conversão do espírito (*metanoia*). Diante do ícone, produz-se essa mutação do olhar, no sentido óptico do termo, inicialmente, visto que sua técnica pictural repousa no princípio da perspectiva inversa. A direção do olhar se inverte, com efeito, e o espectador se encontra colocado em perspectiva: o fiel é doravante *visto* pela imagem, situado, de alguma maneira, no olho do ícone; ele se torna o ponto perspectivo do olhar que dirige para ele a pessoa figurada no quadro. Restituído assim "à imagem e à semelhança" de Deus, ele é convidado a "partilhar a herança dos santos, na luz" (Col. 1, 12).

Assim, é possível deixar-se ir meditar diante do afresco da *Anastasis* (Ressurreição), na Igreja de Santo Salvador em Cora (perto de Istambul), um dos mais perturbadores ícones, pintado por volta de 1320. Ele não representa nem o túmulo vazio, nem as mulheres mirróforas, nem uma das aparições do Cristo, mas uma cena propriamente irreal, não relatada pelos Evangelhos, que esboça levemente uma das epístolas de Pedro (1 Pedro 3, 19-20):[62] a descida do Cristo aos infernos e sua ascensão triunfante. A escolha desse episódio enigmático é já significante: a Ressurreição permanece um evento invisível. E, de fato, os Evangelhos renunciam a contá-la: o relato impossível atesta uma invisibilidade fundamental. O afresco do Santo Salvador em Cora se instala, pois, nos bastidores do Novo Testamento, nesse recuo supremo do Cristo na morte, de onde ele ressurge como Liberador. A pintura imobiliza um movimento, instantâneo eter-

---

61   Parodiamos aqui a célebre fórmula *lex orandi, lex credendi* (a norma da oração vai ao lado ou determina a norma da fé) que é atribuída a Celestino I (papa do século V).

62   Pedro afirma que, depois de sua morte, o Cristo foi "pregar aos espíritos aprisionados".

no que se inscreve nas abóbadas da cúpula à maneira de um arco-íris policromático. "Como o clarão, com efeito, brotando de um ponto do Céu, resplandece até o outro, assim será com o Filho do homem em seu Dia" (Lc. 17, 24); o espetáculo evoca uma fulgurância cósmica. No centro da composição, com um gesto enérgico e viril, o Cristo empunha com duas mãos Adão e Eva, os primeiros pais do gênero humano, os "primeiros formados [protoplasmati]", tirando-os do fosso sepulcral como se extrai a fórceps, do ventre materno, um recém-nascido recalcitrante que demora para sair. O que brotou da morte pare a humanidade para lhe dar seu elã vital. Acima da necrópole universal, cemitério a céu aberto, produz-se assim um encontro no pico dos dois Adão, o antigo e o novo. As leis de além-túmulo são abrogadas: o Cristo representa o verdadeiro maestro da Criação, o protocorifeu de uma humanidade chamada a ultrapassar seus próprios infernos. A Cabeça do Corpo, enfim, reunido conduz a dança, comunicando a todos o impulso decisivo.

No seio de uma mandorla descentrada, inclinada para o lado, semiflutuante, o Ressuscitado aparece todo vestido de branco, tal como é descrito no primeiro capítulo do Apocalipse. Sua fisionomia, seu olhar permanecem indefiníveis, ao mesmo tempo serenos e imperiosos, testemunhas de uma outra ordem de realidade. Uma auréola brilhante destaca o efeito de sua metamorfose: doravante ele irradia em seu "corpo luminoso [soma photeinon, corpus lucidum]"[63] e ele comunica seu dinamismo à multidão dos falecidos. O iconógrafo oferece assim uma verdadeira meditação sobre o próprio termo anastasis: o Cristo se reergueu dentre os mortos, ele encontrou a estação vertical e tornou a ensinar aos homens a reconquistar sua dignidade, a se colocarem efetivamente de pé. Desse ponto de vista, o afresco sugere, de alguma maneira, a parábola de toda evolução antrópica, mas a imagem se articula ainda de outra maneira, desdo-

---

63   "A lâmpada do corpo é o olho. Se, portanto, teu olho é sadio, teu corpo todo será luminoso" (Mt. 6, 22).

brando um sentido que lhe confia a teologia: o acontecimento representa, em seu gesto atemporal e desrealizado, exprime um puro recomeço, um renascimento, uma palingenesia. Os braços separados e estendidos – como na cruz, doravante subsumida –, o Cristo dá o toque de combate para a restauração da vida. As estrelas incrustadas na mandorla conferem uma dimensão cósmica a essa tarefa, e os grupos de testemunhas, à sua esquerda e à sua direita, representam a Igreja indivisível, os membros do corpo místico, todas as gerações misturadas, que agora o acompanham. Algo se mexeu nas bases do mundo, nas próprias fundações do universo. A *anastasis* forma o epicentro de um tremor místico cujos efeitos se propagam ao infinito. "A terra tremeu e depois reencontrou sua calma"[64] (Sl. 76, 9).

Sob a cúpula, só se pode erguer ou *reerguer* os olhos (*anablepein*) para o ícone daquele que se *reergueu* dentre os mortos (*anastasis*). Da parte do iconógrafo ou do espectador, um investimento espiritual é exigido; um e outro, para dizer a verdade, entraram no "pensamento do Cristo" pelo esforço da meditação. E a imagem os remete, todavia, ao invisível, fazendo-os se voltarem para sua própria interioridade. O Ressuscitado lhes escapa das mãos e dos olhos, porque a oval de branca luz que o envolve fica muito cegante. Aliás, tudo aconteceu na noite, como canta o hino da vigília pascal, uma noite "hoje por todo o universo restitui a graça e abre a comunhão dos santos".[65] O ícone retraça esse dispositivo, ele traduz "em termos espirituais realidades espirituais" (1 Cor. 2, 13). Os pontos de identificação se deslocaram, as linhas se alteraram, os sinais permutaram, a fim de que àqueles de baixo chegasse a graça do alto. A Vida se manifestou através do ícone, e o "pensamento do Cristo", sem dúvida, se confunde com a confusão interior.

---

64 Tradução a partir da Vulgata: *"terra tremuit et quievit"*, versículo cantado no Ofertório da missa de Páscoa.

65 *"Hæc nox est, quae hodie per universum mundum [...] reddit gratiæ, sociat sanctitati"*, *Missale romanum*, ofício da vigília pascal, hino *Exultet*.

Palavra

Ζῶν [...] καὶ ἐνεργής, καὶ τομώτερος ὑπὲρ πᾶσαν μάχαιραν δίστομον.

Vivus [...] et efficax, et penetrabilior omni gladio ancipiti.

Viva [...] e eficaz, e mais incisiva que uma espada com dois cortes.

(Epístola aos Hebreus 4, 12)

✤ ✤ ✤

A imagem conduz à palavra, e uma e outra alimentam a inteligência do Cristo. "Imagem do Deus invisível", o Cristo permanece o Verbo por quem tudo foi feito: o cristianismo concede a antecedência absoluta, a preexcelência suprema a uma Palavra coeterna, "verdadeiro Deus nascido do verdadeiro Deus".[1] O prólogo do Evangelho segundo São João, que copia e traduz o primeiro capítulo da Gênese, consagra, amplificando-o, esse privilégio incontestável do Logos.

Corpo e imagem assemelham-se a telas translúcidas que carregam uma palavra de começo, porque eles não cessam de contar uma gênese. Todas as criaturas, e, em particular, todos os corpos humanos são permeados por uma palavra criadora proferida desde o começo do mundo. "A voz divina", escrevia Gregório de Nissa, "oferece em poucas palavras um abismo imenso de pensamento".[2] O "pensamento do Cristo" se introduz preci-

---

1   "*Deum verum de Deo vero*", Credo de Niceia-Constantinopla.
2   Gregório de Nissa, *Vie de Moïse*, op. cit., p. 267.

164   O Corpo Pensante   Christian Belin

samente na vertigem ontológica do *Logos*, palavra habitada de razão, palavra de inteligência. Uma outra constatação se mostra decisiva: corpo e imagem, como se sabe, se articulam juntos e reciprocamente numa estrutura trinitária onde o Espírito insufla seu dinamismo. Se, portanto, o corpo e a imagem ficam para sempre incompreensíveis sem a palavra e o espírito, um discurso de natureza teológica perderia grandemente sua eficacidade persuasiva, escamoteando as referências ao corpo e à imagem. A Palavra de começo introduz, com efeito, o corpo e a imagem numa lógica de *revelação*; toda palavra "saída da boca de Deus" (Mt. 4, 4) se torna um *apocalipse* para a carne e para o corpo.

Divina logística

Historicamente, a Igreja se organizou inicialmente em torno do serviço ou da pregação da palavra. O primeiro léxico cristão se refere ostensivamente a esse ato de enunciação, que se poderia até qualificar de ato de pronunciação: convocação da assembleia (*ecclesia*, igreja), feliz anúncio (evangelho), testemunho (martírio), profissão e confissão de fé, proclamação e pregação (*kerygma*) etc. Essa palavra se pretendia literariamente eufórica, portadora de alegria, porque portadora do Cristo (critofórica), para os humildes de coração, como para os corações endurecidos. A Epístola aos Hebreus retraça, de alguma maneira, o histórico bíblico da linguagem divina: "Depois de ter, várias vezes e de várias maneiras, falado outrora aos Padres pelos profetas, Deus, nesses dias que são os últimos, nos falou pelo Filho, que ele estabeleceu como herdeiro de todas as coisas, por quem, também, ele fez os séculos" (Heb. 1, 1-2).

Na pessoa do Filho confundem-se a palavra e o porta-voz. Depois da polifonia dos profetas, o Filho primogênito, único gerado, pôde executar seu grande solo na cena do mundo. A Epístola aos Hebreus insiste na singularidade propriamente *desconcertante* – ruptura provisória de harmonia – desse acontecimento único e não reiterável: o Cristo cumpriu sua missão uma vez por todas (*ephapax*) (Heb. 9, 12), penetrando, por sua paixão,

Palavra

165

sua morte e sua ressurreição, no verdadeiro Santuário do Céu. Só o Filho, porque ele é a Palavra, detinha esse poder, e é na escuta dessa palavra, pela "obediência da fé" (Rom. 1, 5), que os cristãos se esforçam para entrar no grande *shabbat* definitivo, o repouso do sétimo dia, os grandes espaços do eterno. O autor anônimo da epístola esboça nessa ocasião um descritivo surpreendente do dinamismo próprio à palavra divina:

> Viva, com efeito, é a palavra de Deus, eficaz e mais incisiva que nenhuma espada com dois cortes; ela penetra até o ponto de divisão da alma e do espírito, articulações e medulas, ela pode julgar os sentimentos e os pensamentos do coração. Assim, não há criatura que fique invisível diante dela, mas tudo está nu e descoberto aos olhos d'Aquele a quem devemos prestar conta (Heb. 4, 12-13).

Num sentido, essa página oferece uma versão comentada do relato da Anunciação. O anjo Gabriel tinha prevenido Maria que, para conceber Jesus em seu seio, o "poder do Altíssimo" devia "tomá-la em sua sombra" (Lc. 1, 35) e penetrá-la de um lado a outro, até as menores "divisões" de sua carne, até os mais ínfimos recônditos de suas "entranhas". Na cena da Anunciação, Maria faz a experiência concreta de uma Palavra que a atravessa e que confunde a ordem habitual de seus pensamentos ou de seus sentimentos. De fato, acrescenta o evangelhista Lucas, "Maria conservava com cuidado todas essas coisas, meditando-as em seu coração" (Lc. 2, 19). Oferecendo o cofre de seu corpo ao Verbo divino, ela se torna sua primeira depositária, a primeira criatura que pôde experimentar o que a Epístola aos Hebreus chamará uma eficacidade plenária, um caráter terrivelmente "incisivo". A Palavra divina, com efeito, opera uma verdadeira ação cirúrgica, cortando ao vivo, até a pré-história desses corpos de carne de que ela possui a secreta predestinação. Para esse fim, a palavra se revela discriminante, judicatória: ela passa pelo crivo da natureza humana como se submete um corpo aos raios X. Magistral e imperiosa, à maneira do *Pantocrator* das absides bizantinas, ela garante a coesão do mundo por sua veracidade: esse dever de verdade habita a estrutura dos seres, a Criação completa. Enfim, ela mergulha nas profundezas abissais do homem, no coração de sua consciência ou de seu inconsciente, em qualquer "ponto de divisão"; ela oferece à alma uma *solução* sempre possível, não sem gerar efeitos de *dissolução*. Pela palavra divina, a alma se encontra, com efeito, desligada dela mesma; *stricto sensu*, em favor de uma endoscopia mística, o Logos opera uma verdadeira *psicanálise*.

Se Deus falou somente em sonho a José, para lhe anunciar o nascimento de Jesus, ele quis, ao contrário, verbalizar exteriormente sua intervenção junto à Virgem disponível. As primeiras palavras da saudação angélica exprimem a vinda do Logos sob a forma de uma bênção (dizer o bem e o belo): "Alegra-te, cheia de graça, o Senhor está contigo" (Lc. 1, 28). Assim funciona a logística (economia do Logos) da Revelação, segundo um esquema eminentemente linguístico: um único destinatário (Deus Todo-Poderoso, mas aqui invisível e mudo) se dirige por um intermediário porta-voz (o anjo Gabriel, embaixador plenipotenciário, mas aqui sem nenhum poder pessoal) que só pode receber e validar a mensagem. Assim que manifesta, a Palavra é logo introduzida no vazio do corpo santificado. A semente – o apologista São Justino evocará frequentemente o *Logos spermatikos* derramado no mundo –[3] cai na verdadeira terra prometida, o seio virginal. Um grito tinha rasgado a noite, em Belém, e os anjos tinham tocado a sinfonia (o canto do *Glória*) no céu da Judeia: a entronização do Verbo real, embora discreta, não tinha podido, senão momentaneamente, não ser sonora e sonorizada. Imediatamente, entretanto, tinha prevalecido um retorno ao silêncio e ao anonimato. A teofania verbal se retrai num silêncio significante, recusando a logorreia babeliana. Vinda a este mundo, a Palavra feita carne se autoprescreve uma longa cura de

---

3 Justin le Martyr (morto em 165), *Apologie pour les Chrétiens*. Paris : Cerf, "Sources Chrétiennes", nº 507, 2006.

discrição: a vida oculta de Jesus durante 30 anos, reveladora de um Deus oculto amigo do silêncio.

Entre a cena da Anunciação e o relato do Nascimento, São Lucas interpõe justamente o episódio da Visitação, que corresponde à presença oculta de Jesus no corpo de Maria. A chegada da Palavra aí é o objeto de uma nova meditação. Aí se precisam, com efeito, de outra maneira sua receptividade e sua eficiência. Toda a cena se desenrola em contraponto musical: a voz profética, representada pela presença de João Batista no seio de Isabel, exulta com a aproximação do Verbo divino carregado por Maria. Isabel saúda sua prima, traduzindo em palavras a comoção física e espiritual sentida pela criança-profeta em gestação em seu ventre. Então, por um efeito de repercussão, Maria entoa uma resposta antifônica, que é seu *Magnificat*. O Verbo oculto, mas regente, faz assim Maria pronunciar sua ação de graças, coroamento de todas as meditações que ela "conservava em seu coração". Para uma e outra mulheres, perceber uma palavra invisível se torna fonte de alegria. Algo se construiu, em torno de um diálogo a quatro vozes, entre as duas mães e seus filhos, desde o instante em que a Voz encontrou a Palavra. Tal é o mistério do Verbo, que coloca sua tenda entre os homens. Uma arquitetura espiritual se constrói na medida de um templo interior. O nascimento da Palavra pode, assim, ser colocado em relação figurativa com a festa judia dos Tabernáculos, a cenopegia. Gregório de Nissa via, com efeito, nesse verdadeiro Tabernáculo "não feito pela mão do homem", o próprio Cristo: "O mesmo tabernáculo é, de alguma maneira, criado e incriado: incriado em sua preexistência, criado quando ele recebe uma existência material."[4] Nesse sentido, também, Maria representa a nova Arca da Aliança. Entre a multidão que seguia Jesus, uma mulher, um dia, exclamou: "Felizes as entranhas que te carregaram e os seios em que te amamentaste"; o Mestre lhe respondeu: "Mais felizes os que ouvem a palavra de Deus e a observam" (Lc. 11, 27-29).

---

4   Gregório de Nissa, *Vie de Moïse*, op. cit., p. 221.

A primeira bem-aventurança não é de forma alguma enfraquecida pela segunda; esta, ao contrário, recebe daquela uma luminosa confirmação: a palavra acolhida no mais profundo de si garante a bem-aventurança da carne. O Verbo divino efetua uma verdadeira reescrita do corpo. Desde a Origem e, de maneira mais espetacularmente fenomenal, desde a Encarnação se propaga a Palavra, como se transmite, dizem os físicos, uma radiação fóssil do universo, com essa diferença, todavia, que a irradiação do Logos não está condenada a esgotar-se sob o efeito de uma força entrópica: "O Céu e a Terra passarão, mas minhas palavras não passarão" (Mt. 24, 35).

Como uma natividade

Para o cristianismo, o fenômeno da palavra se apresenta em termos de *natividade*, e seu uso se refere a uma abertura decisiva para a vida e o ser vivo. É essa mesma palavra que para a inteligência. Enquanto dom do Espírito Santo, a inteligência fica ordenada à Palavra. "Ora, a inteligência humana", observava Santo Tomás de Aquino, "recebe sua luz da luz do Verbo divino; é a razão pela qual a presença do Verbo não faz desaparecer, mas, antes, aperfeiçoa a inteligência humana".[5] Os textos que, no Novo Testamento, relatam o mistério da Encarnação, descrevem o procedimento de toda palavra cristã, e, em particular, o itinerário meditativo dessa palavra. Seu ponto de ancoragem se situa no "abismo imenso do pensamento", que Santo Agostinho chamava o "abismo da consciência humana".[6] A palavra caracteriza primeiramente, com efeito, um evento interior. Insonora e impalpável, ela não deixa, por isso, de ser a marca de uma linguagem. Seu lugar original ocupa a intimidade incomensurável do ser, que designa a palavra "coração". O livro do Deuteronônio insiste tanto sobre essa realidade que suas recomendações for-

---

5   Tomas de Aquino, *Somme Théologique*, op. cit., IIIª Pars, Q. 5, art. 4, sol. 2.
6   Agostinho de Hipona, *Confessions*. Paris: Desclée de Brouwer, "Bibliothèque Augustinienne", nº 14, 1962. livre X, p. 142.

mam a grande oração quotidiana do judaísmo, o *Shema Israel*: "Que essas palavras que eu te dito hoje fiquem em teu coração! [...] Tu as amarrarás em tua mão como um sinal" (Deut. 6, 6 e 8). A veneração dos Hebreus pela palavra trasmitida não caiu, com certeza, em deserdação na tradição cristã. Sabe-se que o *coração* bíblico designa um lugar de enunciação que escapa à esfera da troca linguística usual. Não é que o pensamento aí preceda a palavra, mas que uma outra palavra, certamente informal, precede esse mesmo pensamento ou coexiste com ele. Santo Agostinho explicava o mecanismo da cogitação como um processo essencialmente verbal:

> Todo aquele que pode compreender o que é o Verbo, não somente antes que ele ressoe exteriormente, mas antes mesmo que o pensamento não envolva nele mesmo a imagem desses sons [*sonorum ejus imagines cogitatione volvantur*], todo aquele que, digo, pode compreender o que é o Verbo, já pode ver, através desse espelho e nesse enigma, alguma semelhança desse Verbo do qual é dito: *No começo era o Verbo, e o Verbo estava junto de Deus, e o Verbo era Deus.*[7]

Toda obra espiritual se elabora num recinto fechado insonorizado: pensa-se sem ruído, e, no entanto, chegam a fazer-se ouvir "alguns pensamentos" que são apenas a "linguagem do coração [*locutiones cordis*]".[8]

Um esquema assim permite entrever o que a tradição cristã ocidental chamará de "oração mental", expressão que, tomada ao pé da letra, se prestaria a aborrecidos contrassensos se se esquecesse que ela se confunde com a oração do coração. No coração, justamente, nenhuma operação intelectual ainda conseguiu sua autonomia; reina apenas uma espécie de sinestesia fecunda onde se misturam as impressões mais diversas. Para Santo Agostinho, palavra e visão coincidem numa forma

---

7   *Idem*, La Trinité. In: *Œuvres de Saint Augustin*, op. cit., v. 16, livre XV, 10, p. 468.

8   *Ibidem*, p. 466.

informe de pensamento: "Quando elas acontecem fora pela mediação do corpo, palavra e visão são coisas diferentes, mas dentro, quando pensamos, palavra e visão são uma só coisa. Assim também, a visão e a audição, enquanto sentidos corporais, são dois sentidos distintos, mas na alma, ver e ouvir são coisas idênticas."[9] A meditação se enraíza ou toma corpo nessa indistinção que carrega virtualmente toda a vida espiritual vindoura. Aí se origina não a história, mas a pré-história do "pensamento do Cristo", que não encontrará, talvez, uma formulação (oral ou escrita) senão bem mais tarde. Numa notável síntese, Agostinho explicita a relação estreita que mantêm o processo mental do pensamento e o exercício ordinário da linguagem, desde que sejam referidos à encarnação do Verbo. No início se desencadeia, de alguma maneira, uma intuição fundadora do coração a partir da qual se construirá o menor exercício espiritual. O mental e o cordial não funcionam como irmãos inimigos: a realidade entrevista não é puramente intelectual nem exclusivamente sentimental. Da preexistência do Logos conclui-se simplesmente em uma primeira compreensão extralinguística da palavra. Só o Verbo pode gerar nosso verbo, como ele só, em um movimento intuitivo, faz simultaneamente ver e falar. Ora, em favor dessa experiência intuitiva e ainda informal, irredutível a algum protocolo metódico ou a alguma bricolagem industriosa, efetua-se o primeiro contato com o Logos.

A palavra humana é *convocada* (por uma voz exterior a ela) a repercutir a Palavra divina. Os homens assumem tanto a palavra, neles mesmos ou frente aos outros, que a própria Palavra tomou corpo. E, no entanto, as duas palavras não conseguiriam ser equivalentes, visto que o signo não se confunde jamais com a realidade. Um texto de Agostinho recoloca a palavra humana em seu justo lugar:

> O verbo que soa fora é, portanto, o signo do verbo que ilumina dentro, e que, antes de qualquer outro, merece esse nome de

---

9   *Ibidem*, p. 468.

verbo. O que nós proferimos pela boca é apenas a expressão vocal do verbo: e se esta expressão, nós a chamamos verbo, é que o verbo a assume para traduzi-la fora. Nosso verbo se torna, de alguma maneira, voz material, assumindo essa voz para se manifestar aos homens de maneira sensível: como o Verbo de Deus se fez carne, assumindo essa carne para se manifestar ele também aos homens de maneira sensível. E assim como nosso verbo se torna voz sem se transformar em voz, assim o Verbo de Deus se fez carne, mas não vamos crer que ele se tenha transformado em carne. É assumindo o sensível, não se absorvendo nele, que nosso verbo se faz voz, que o Verbo se fez carne.[10]

No coração do homem, essa palavra é uma incandescência, e o salmista não dissimula um certo espanto quando ele canta essa experiência: "Meu coração queimava em mim; de tanto pensar nisso, o fogo acendeu, e minha língua veio a falar" (Sl. 39, 4). A Vulgata traduz assim a primeira parte do enunciado: "Em minha meditação queima um fogo [*in meditatione mea exardescit ignis*]"; sob sua forma latina, esse versículo foi incessantemente retomado e comentado pelos teóricos da oração mental, porque ele sugere, de alguma maneira, tudo o que pode prometer-se à retórica meditativa.[11] A comunicação do Verbo se produz de uma maneira ao mesmo tempo ostensível e infinitamente discreta, aureolada de um brilho sagrado. Moisés fez essa experiência no Monte Horeb, que ele lembra ao povo de Israel: "Yahwé lhes falou do meio do fogo; vocês ouviam o som das palavras, mas vocês não percebiam nenhuma forma, nada mais que uma voz" (Deut. 4, 12). Em um paradoxo eloquente, a Palavra de origem, que "ilumina" antes de ressoar, pretende-se primeiro silêncio integral, no sentido em que ela transcende a norma habitual das percepções sensoriais. Além disso, ela conserva sua diferença fundadora, ficando sempre parcialmente inaudível. Como na ordem musical, onde os silêncios se dão a

---

10 *Ibidem*, 11, p. 470.
11 Santo Agostinho cita esse versículo no livro XV de *La Trinité*, op. cit., p. 456.

entender, o silêncio divino habita a Revelação. Desde os tempos apostólicos, Santo Inácio de Antioquia enfatizava a natureza mística do silêncio, absolutamente compatível com a chegada do Logos na carne: "Melhor vale calar-se e ser do que falar sem ser. [...] Aquele que possui em verdade a palavra de Jesus pode ouvir até seu silêncio, a fim de ser perfeito, a fim de agir por sua palavra e fazer-se conhecer por seu silêncio."[12] Em outra parte, Inácio chama o Cristo de "Verbo saído do silêncio".[13]

Em polifonia

Uma espécie de hierarquia se precisa: a Palavra engloba o silêncio, enquanto o oral ganha em preexcelência sobre o escrito. Compreende-se assim a importância maior atribuída ao silêncio na tradição monástica e contemplativa: quanto à oralidade, ela significa a liberdade total da Revelação, destacando, ao mesmo tempo, o caráter carnal da Palavra que desceu e seu aspecto aéreo ou pneumático. A Bíblia declina as modalidades expressivas da voz, nos profetas, através dos sonhos inspirados, pelo caminho dos oráculos ou das teofanias: ora ressoa uma voz *off*, que domina a assembleia dos crentes, ora, ao contrário, o Senhor confia a seus anjos ou a seus enviados o cuidado de transmitir uma mensagem. A voz se modula ao infinito, sem que jamais "nenhuma forma", como dizia Moisés a seu povo, a retenha prisioneira: é uma voz que, para o salmista, plana "sobre as inúmeras águas", que "despedaça os cedros do Líbano, talha relâmpagos de fogo, sacode o deserto, despoja as florestas" (Sl. 29, 3-9). Uma outra característica das palavras divinas consiste em seu aspecto frequentemente aforístico. Se a Epístola aos Hebreus evocava uma Palavra "cortante", constata-se que a Bíblia está cheia de palavras "cortadas" (sentenças, máximas, provérbios, laconismos etc.) que se fixam imediatamente na memória.

---

12   Ignace d'Antioche (35-107), Lettre aux Éphésiens. In: *Les Pères Apostoliques*. Paris: Cerf, 1991. p. 164.

13   Ignace d'Antioche, Lettre aux Magnésiens. In: op. cit., p. 173.

Palavra 173

Algumas dentre elas se destacam por sua densidade enigmática ou seu valor altamente simbólico: assim, por exemplo, nos Evangelhos, as oito bem-aventuranças ou os enunciados do Sermão da Montanha, as sete últimas palavras do Cristo, ou, ainda, as confidências misteriosas pronunciadas durante o discurso de adeus de Jesus depois da Ceia. A literatura meditativa se inspirará muito frequentemente nesse florilégio de palavras.

Os Evangelhos reúnem as palavras (*logia*) de Jesus como tantas vozes esparsas, e esse quádruplo anúncio antecipa a "trombeta sonora" que ressoará "para reunir os eleitos dos quatro ventos, das extremidades dos céus às suas extremidades" (Mt. 24, 31). Esse "evangelho tetramorfo que mantém, no entanto, um só Espírito",[14] como dizia Irineu de Lyon, sugere um poder de difusão que inicialmente se acorda com a humana medida, depois a excede e a ultrapassa. O simbolismo ligado a cada um dos quatro evangelhistas destaca essa diversidade e esse movimento: um homem (Mateus), um leão (Marcos), um boi (Lucas), uma águia (João). Apesar da encarnação, o Logos permanece transcendente, e ele só pode ser traduzido num texto plural que abraça o conjunto da Criação. O Evangelho, aliás, foi, no início, pregado oralmente, e as Igrejas cristãs sempre conservaram piedosamente, a despeito dos progressos da alfabetização, o hábito litúrgico de uma proclamação oral. O oral fica, com efeito, mais próximo da forma original, *Urform*, no entanto, inacessível. Os Evangelhos só nos mostram uma só vez Jesus escrevendo, com seu dedo, na terra que o vento dispersa (João 8, 6). O cristianismo não conseguiria reduzir-se a um testemunho exclusivamente escrito, a uma espécie de *escriptocentrismo* medroso. Em suas diversas correntes, a importância da pregação viva jamais foi denegada. Se o protestantismo, por exemplo, pode ter fortemente incentivado a leitura da Bíblia, nem por isso jamais desvalorizou a leitura pública das escrituras e ainda menos a pronunciação

---

14   Irineu de Lyon, *Contre les Hérésies*. Paris: Cerf, "Sources Chrétiennes", nº 211, 1974. livre III, p. 195.

oficial do sermão dominical. Grandes pregadores, durante séculos, testemunham a vitalidade oral do Logos: João Crisóstomo, Agostinho, Bernard de Clairvaux, Mestre Eckhart, Martinho Lutero, Bossuet, Lacordaire, Henry Newman... A maior parte dos sermões tradicionais se apoiam justamente numa expressão, numa palavra, numa frase, num versículo das Escrituras. A homilia não é inicialmente um ensinamento, mas uma vagabundagem de palavras, uma espécie de meditação compartilhada com o auditório. O "pensamento do Cristo" se dobra a um dever de encarnação; é também uma das vocações da inteligência racional. O pensamento não conseguiria ingenuamente situar-se no exterior do mundo: ele não se torna ele mesmo senão aceitando a carga de uma incorporação permanente.

O oral salvaguarda parcialmente uma versão bruta da palavra. Quando Inácio de Loyola elogia os méritos, no exercício espiritual, do "colóquio" pessoal, ele aposta no aporte positivo de uma palavra liberada e improvisada. Para designar a economia de uma palavra que eclode inicialmente no foro interno, o século XVII utilizava geralmente o termo de "oração". Francisco de Sales a definia nesses termos: "um colóquio, um detalhamento ou uma conversa da alma com Deus"; "falamos com Deus e Deus reciprocamente fala conosco, aspiramos a ele e respiramos nele, e, mutuamente, ele inspira em nós e respira em nós".[15] O termo recobre uma infinidade de tomadas de palavra caracterizadas por sua espontaneidade. Essa livre troca escapa, às vezes, ao controle da razão, "porque o homem faz ele só", escrevia Pascal, "uma conversação interior, que importa bem regrar".[16] A palavra sobe à superfície ou surge do coração à maneira de uma erupção vulcânica: "Meu coração estremeceu [*eructavit cor meum*] de palavras belas"[17] (Sl. 45, 1); ela atravessa espaços psíquicos – os "poderes da alma" –, mas carreia também sedimentos de todas

---

15   Francisco de Sales (1567-1622), Traité de l'Amour de Dieu. In: Œuvres. Paris: Gallimard, "Bibliothèque de la Pléiade", 1969. livre VI, p. 609.

16   Pascal, *Pensamentos*. Ed. P. Sellier. Paris: Garnier, 1991, fr. 132.

17   A Vulgata traduz pelo verbo "arrotar".

as ordens entrepostos no curso da existência. Para o cristianismo, a emergência de toda palavra fica um aparecer. Saint Léon oferece a esse respeito uma notável fórmula sintética: "Aquele que é invisível em sua essência se tornou visível na nossa [*invisibilis in suis visibilis factus est in nostris*]."[18] Desde a Natividade, toda palavra humana se concebe em termos de nascimento: exposta à luz, acesso à luz, chegada da razão. Pela palavra se aprofunda, segundo a intuição claudeliana, o conascimento do mundo, enquanto se precisa a autorrevelação divina que a institui, a restitui e a constitui. O grande salmo litânico do Salmista, o salmo 119, declina ao ritmo do alfabeto hebraico os louvores da Palavra enquanto dom feito à humanidade. Mas a embriaguez das palavras requer seu domínio, e a "conversação interior" deve evitar a deriva da tagarelice.

Uma outra ordem se impõe, uma outra maneira de considerar a linguagem espiritual. Francisco de Sales sustenta que "a oração e a teologia mística são apenas uma mesma coisa,"[19] porque "a conversação aí é inteiramente secreta"; aí se efetua um "coração a coração", "por uma comunicação incomunicável a qualquer outro além dos que a fazem".[20] Esse discurso, mantido "na solidão mental"[21] se nutre do amor do mistério. A razão se expande, de alguma maneira, na caridade. Para a fé cristã, um mundo novo aparece no coração do homem, o Reino dos Céus,

---

18   Leão, o Grande (390-440), Deuxième Sermon pour Noël. In: *Sermons*. Paris: Cerf, "Sources Chrétiennes", nº 22 *bis*, 1964. p. 78. Tradução modificada. A liturgia de Natal destaca essa automanifestação do Verbo na visibilidade da carne: "A revelação de tua glória se esclareceu para nós com uma luz nova no mistério do Verbo encarnado: agora conhecemos nele Deus que se tornou visível a nossos olhos, e somos levados por ela a amar o que fica invisível", *Missale Romanum*, Prefácio de Natal, *Missel Grégorien*, Solesmes, 1985. p. 50.

19   Francisco de Sales, op. cit., livre VI, p. 609.

20   *Ibidem*.

21   *Ibidem*, p. 610.

que eclode "no interior"[22]. *In meditatione mea exardescit ignis*: o centro da pessoa parece um núcleo incandescente, e os que são chamados "místicos" garantem essa atividade vulcânica. Aqui, a linguagem transpõe o limiar dos extremos, cede à pressão e se distende infinitamente.

"Murmúrio com o bico fechado"

A experiência intimista de um pensamento em busca dele mesmo não é necessariamente traduzível ou conversível em uma série de enunciados claros e distintos. Num primeiro tempo, a meditação permanece anterior ou exterior à linguagem, enquanto as palavras habitam com sua impotência um espaço completamente relativo. O discurso mais original, senão o mais autêntico, escapa aos desejos hegemônicos da fraseologia. Informe como um magma em fusão, sem dúvida uma voz brota de forma imprevisível, pura voz que não deixa de buscar uma forma e talvez também, mais secretamente, a unção do Verbo. Como quer que seja, todo discurso premeditado conserva por muito tempo uma selvageria atávica que o torna parcialmente ininteligível tanto a quem é seu autor quanto aos seus destinatários eventuais. Bem ou mal, a conversação interior sofre as restrições de seu próprio idioleto. Francisco de Sales via nisso uma semelhança com a experiência amorosa, profana ou sagrada: "A linguagem do amor é comum quanto às palavras, mas quanto à maneira e à pronúncia, ele é tão particular que ninguém o ouve, senão os amantes".[23] Que significa, então, no exercício da oração, o fato de "falar com Deus"?[24] Não seria uma terrível ilusão, um piedoso fantasma? A palavra humana é compatível com a Palavra divina?

---

22   "O Reino de Deus está no meio de vocês [*entos, intra*]"; pode-se também traduzir "no interior de vocês" (Lc. 17, 21).
23   Francisco de Sales, op. cit., livre VI, 1, p. 610.
24   *Ibidem*, p. 611.

A aporia impõe o recurso aos oximoros; assim, Francisco de Sales evoca um "colóquio de silêncio".[25] Tal é, com efeito, o paradoxo da linguagem mística que defende e celebra o silêncio, não cessando de sucumbir à vertigem da logorreia. Todos os grandes místicos não são eles tagarelas impenitentes? Para explicitar esse *status* ambíguo da palavra, Francisco de Sales se refere a uma célebre oração do rei Ezequias (Is. 38, 9-20), da qual ele propõe uma exegese alegórica. Em seu cântico, com efeito, Ezequias declara: "Eu gritarei como um filhote de andorinha e meditarei como uma pomba"[26] (Is. 38, 14). O grito representa assim a oração vocal, enquanto o arrulho representa a oração mental, isto é, a meditação. Francisco de Sales comenta:

> Os filhotes de andorinhas abrem bem seu bico quando eles piam; e, ao contrário das pombas, entre todas as aves, fazem seu resmungo com o bico fechado, enrolando sua voz em sua garganta e peito, sem que nada saia senão por meio de retumbância e ressoando: esse pequeno resmungo lhes serve também para exprimir suas dores assim como para declarar seu amor.[27]

Se a oração vocal literalmente oraliza, a oração mental se contenta em sussurrar. A meditação parece, então, com um grito abafado, filtrado, feltrado, mergulhando num semimutismo. Porque ela não seria "outra coisa senão um pensamento atento, reiterado ou mantido voluntariamente no espírito, a fim de excitar a vontade a santas e salutares afeições e resoluções",[28] a meditação excede seu próprio âmbito mental e não pode reduzir-se a um fenômeno puramente cerebral. Esse "murmúrio com bico fechado" se confunde, por outro lado, com um "gemido"; este termo, que se refere à "pomba", não é aqui fortuito: as duas palavras se referem, com efeito, às imagens do Espírito Santo,

---

25   *Ibidem.*
26   Francisco de Sales traduz conforme a Vulgata. A Bíblia de Jerusalém traduz assim: "Como a andorinha, eu pio, eu gemo como a pomba."
27   Francisco de Sales, op. cit., livre VI, p. 613.
28   *Ibidem.*

178 ❧ O Corpo Pensante ❧ Christian Belin ❧

que desceu sobre o Cristo sob a forma de uma pomba e que intercede por nós com "gemidos inefáveis" (Rom. 8, 26). Nenhuma forma retórica é *a priori* atribuída à meditação, mas seu "grito" irresistível se profere a portas fechadas, com palavras encobertas, no modo aproximativo da ruminação. A palavra se oferece à manducação, à mastigação. A imagem bucólica ou naturalista do "murmúrio com bico fechado" sugere, por outro lado, uma outra característica maior da palavra mística, a equivocidade (pluralidade das vozes) de seus enunciados.

A melodia do Verbo

A palavra meditada se coroa frequentemente em poema. Quando o pensamento teológico racional, imbuído de doutrina, se encontra ameaçado de asfixia, ele faz quase sempre apelo, nos Padres, ao transbordamento lírico. No capítulo do inefável, mística e poesia se auxiliam, como o sugere essa elevação devida a Gregório de Nazianzo:

> Oh, Tu, no além de tudo, como te chamar por um outro nome? Que hino pode te cantar? Nenhuma palavra te exprime. Que espírito te apreender? Nenhuma inteligência te concebe. Só, tu és inefável; tudo o que se diz saiu de ti. Só, tu és irreconhecível; tudo o que se pensa saiu de ti. Todos os seres te celebram, os que falam e os que são mudos. [...] tudo o que existe te implora, e para ti, todo se que sabe ler teu universo faz subir um hino de silêncio.[29]

Durante os cinco primeiros séculos do cristianismo, todos os grandes teólogos foram também poetas. Testemunha dessa rica convergência, o monge Isaac de Antioquia assume plenamente sua dupla vocação:

> Eu sou a cítara dotada de palavra e de razão, para cantar o louvor e o reconhecimento do universo criado por tua bondade. Grandes são tuas obras, maior aquele que as descobre. E eu, eu as

---

29 Grégoire de Nazianze, *Poèmes Dogmatiques*. Ed. Migne, "Patrologie Grecque", 37, col. 1.279-1.280. Tradução em *Prières des Premiers Chrétiens*. Paris: Fayard, 1953. p. 241.

Palavra 179

descubro: eu sou maior que tua criação. Infinitamente profundos são teus pensamentos, eu procurei sondá-los, tu és Insondável! Teu espírito habita abismos inabordáveis, e teu pensamento, um mistério jamais explorado.[30]

Fragmentos de hinos são, aliás, inseridos no Novo Testamento, em especial nas cartas de Paulo (Rom. 10, 5-8; Ef. 4, 7-10; Fil. 2, 6-11; Col. 1, 5-20). Muito cedo, a expressão da fé comum se fixou em estrofes que se repetia a memória fiel. Muitas assembleias das catacumbas, fracamente iluminadas pela lâmpada a óleo, proclamaram assim o impossível crepúsculo da fé, cantando o hino *Phos hilaron* (luz alegre), um dos mais antigos hinos cristãos que nos foi conservado e que é sempre cantado na hora das vésperas pela Igreja grega:

> Luz radiosa da glória, do imortal e bem-aventurado Pai celeste, ó, Jesus Cristo. Chegados ao pôr do sol, olhamos a claridade da noite: Nós cantamos o pai e o Filho e o Espírito Santo de Deus. Tu és digno, para sempre, de ser cantado por vozes puras, ó, Filho de Deus que dás a vida. Assim o universo proclama tua glória.[31]

A palavra cantada ou salmodiada mantinha a comunhão dos corações; ela confortava também a coragem no tempo da perseguições. Para ocupar as longas vigílias de oração em sua catedral de Milão, Santo Ambrósio compôs hinos populares, canonizando assim, no Ocidente, a prática eclesial do canto litúrgico. Ouvinte maravilhado desses hinos ambrosianos, Santo Agostinho analisou de forma notável a natureza espiritual de uma palavra levada pela música:

> As palavras santas em si, eu o sinto, comovem nossos espíritos e os inflamam de piedade com mais ardor religioso, quando elas são assim cantadas, do que se elas não fossem cantadas;

---

30 Isaac d'Antioche (século V), texto em G. Bickell, *Ausgewählte Gedichte der Syrischen Kirchenväter*. Kempten, 1872. p. 164. tradução em *Prières des Premiers Chrétiens*, cit., p. 277.

31 *Anthologia Græca Carminum Christianorum*. Ed. W. Christ e M. Paranikas, Leipzig, 1871. p. 40.

e todos os sentimentos de nossa alma, segundo sua diversidade, encontram na voz e no canto os modos que lhes convêm e eu não sei que afinidade secreta [*occulta familiaritate*] os excita.[32]

O ouvinte deslumbrado poderia, com certeza, sucumbir só ao encanto enfeitiçador do prazer musical, mas esse risco não basta para desqualificar o canto religioso. Graças a Ambrósio e a Agostinho encontrou-se assim consagrada no Ocidente a dimensão musical da meditação cristã, até Johann Sebastian Bach ou Olivier Messiaen:

> Quando me recordo de minhas lágrimas, que derramei nos cantos da igreja nos primeiros tempos de minha fé recuperada, quando, hoje ainda, eu me sinto comovido, não pelo canto, mas pelas coisas que se cantam, se é com uma voz límpida [*liquida voce*] e num ritmo bem apropriado [*convenientissima modulatione*] que são cantadas, então a grande utilidade dessa instituição se impõe de novo ao meu espírito.[33]

O canto gregoriano como o coral luterano se lembrarão por muito tempo desses propósitos inflamados. Inúmeros artistas talentosos souberam assim interpretar a fé no modo lírico, considerando restrições métricas, prosódicas e rítmicas: o diácono Ephrem o Sírio,[34] a "harpa do Espírito Santo", Venance Fortunat,[35] o irlandês Sedulius,[36] Simeão o Novo Teólogo...[37] O hinógrafo bizantino Romanos o Melodista exprimia sua fascinação pelos arcanos de uma Palavra terrível: "Indizível, terrível é

---

32 Agostinho de Hipona, *Confessions*, cit., livre X, p. 229.
33 *Ibidem.*, p. 231.
34 Éphrem (306-373), diácono da Igreja siríaca.
35 Venance Fortunat (530-609) compôs entre outros hinos em homenagem à Cruz (*Vexila Regis, Pange lingua* etc.).
36 Sedulius (metade do século V) é o autor de um *Paschale Carmen* e de numerosos hinos litúrgicos (*A Solis Ortu*, para a Natividade, *Hostis Herodes*, para a Epifania etc.).
37 Simeão, o Novo Teólogo (942-1022), monge do Stoudion de Constantinopla, compôs hinos sobre a maior parte das festas litúrgicas.

Palavra 181

o mistério do Verbo, para todos, povos da Terra, e até para os exércitos de fogo."[38]

Bem cedo a Igreja confiou aos poetas o cuidado de exprimir o sentido de tal ou tal festa, talvez até simplesmente o sentido da festa em geral. O sério Tomás de Aquino chamava ele próprio a um transbordamento festivo por ocasião da festa do Santo Sacramento (*Corpus Christi*): "Que o louvor seja pleno e sonoro, e que seja alegre, explodindo a alegria dos corações."[39] Os hinos litúrgicos representam, aliás, um patrimônio poético muito pouco conhecido, cuja história é, no entanto, indispensável para compreender a gênese da poesia ocidental.[40] Alguns desses poemas estão relacionados à doxologia encomiástica (celebração hiperbólica da Glória divina), enquanto outros, ao contrário, desenvolvem longamente uma imagem recorrente, como, por exemplo, o *Dies iræ*, inserido na liturgia dos defuntos, que reitera de maneira obsessiva a obstinação dos últimos momentos passados na Terra.[41] A cena do lava-pés, tão teatralmente desempenhada durante a liturgia da Quinta-Feira Santa, se prolonga no eco meditativo do hino *Ubi Caritas*, que acompanha sua representação.[42] Desse ponto de vista, o canto empresta sua voz ao "murmúrio" dos fiéis, e a palavra poética desempenha o baixo contínuo, palavra de uma Igreja militante e *meditante*.

Uma continuidade atravessa, aliás, os séculos: se o poeta Prudêncio compôs no século IV um *Liber cathemerinon* ("Livro

---

38   Romanos le mélode (490-560), *Hymnes*. Paris: Cerf, "Sources Chrétiennes", nº 110, 1965, IVe Hymne pour la Nativité, p. 155.

39   Hino *Lauda Sion*, cantado durante a missa de *Corpus Christi*, composto pelo próprio Tomás de Aquino.

40   Pode-se consultar a excelente antologia que representa *L'Hymnaire Latin-Français* editado pela abadia de Solesmes, 1988.

41   Esse hino é, às vezes, atribuído a Thomas de Celano (século XIII), texto no *L'Hymnaire Latin-Français*, cit., p. 97-101.

42   Esse hino foi composto por Paolino d'Aquileia (756-802).

de horas", "Livro no curso dos dias"),[43] ao ritmo do ano litúrgico, Claudel, por sua vez, trançou, em 1915, em nome da mesma inspiração, uma *Corona Benignitatis Anni Dei* ("Coroa de bondade para o ano de Deus"). A liturgia oficial sempre recebeu os enxertos de uma liturgia mais pessoal, de inspiração mais livre. Na época barroca, muitos poetas emprestaram sua pena aos sentimentos de uma Cristandade ao mesmo tempo entusiasta e inquieta, exaltada e trágica. A forma de soneto sagrado em especial conheceu uma grande repercussão. John Donne confiou a ele suas meditações sobre a explosão do mundo;[44] Jean-Baptiste Chassignet construiu toda uma coletânea poética sobre o tema do *memento mori*;[45] La Ceppède examinou minuciosamente em seus *Teoremas Espirituais* as mil e uma circunstâncias da Paixão.[46] Mas a "ciência dos santos" emprestou suas vozes de outras formas retóricas: os dísticos de Angelus Silesius tentaram rasgar o véu da superessência,[47] enquanto Claude Hopil contemplou o mistério da Trindade, em seus "êxtases" ou seus "ímpetos", através de um caleidoscópio cintilante, onde o sem-ver esgotava sua própria ilegibilidade.[48] Um ilustre modelo tinha vindo antes deles: João da Cruz não pôde encontrar outro modo de expressão senão o poema para cantar os meandros da união mística. O "pensamento do Cristo" faz implodir o discurso teológico, que se evade, então, em poema. Essa abertura poética permite melhor compreender o que pode ser a oração cristã.

---

43 Prudêncio (morto por volta de 405) também escreveu um poema intitulado *Hamartigenia* (sobre o pecado original) e um *Peristephanon* (celebração dos mártires).

44 John Donne (1572-1631), *Anatomia do Mundo* (1611); *Sonetos Sagrados* (1633).

45 Jean-Baptiste Chassignet (1571-1635), *O Desprezo da Vida e Consolação contra a Morte* (1594).

46 Jean de La Ceppède (1548-1623), *Os Teoremas sobre o Sagrado Mistério de nossa Redenção* (1613-1621).

47 Angelus Silesius (1624-1677), *O Peregrino Querubínico* (1657).

48 Claude Hopil (1585-1633), *Os Suaves Êxtases da Alma Espiritual* (1627); *Os Divinos Ímpetos de Amor* (1629).

De profundis

De uma certa maneira, a única "resposta" adequada do homem à Palavra divina fica sendo a oração. Da Terra sobe irresistivelmente o que Apollinaire chamava "a árvore sempre frondosa de todas as orações".[49] Não seria a forma mais rudimentar da palavra "religiosa" por excelência? Para muitos, a oração se confunde mesmo com uma espécie de sentimento religioso muito primitivo, com o ato religioso mais universal que existe. Nessa perspectiva, compreende-se que ela faça zombar ou sorrir os "espíritos fortes"; os fracos se condenariam covardemente à dependência espiritual, drogando-se com orações miserabilistas a fim de exorcizar as obstinações da existência. Uma série de mal-entendidos persiste, que aceita tais apreciações, sem dúvida porque a oração é muito mais depressa confundida com a simples demanda: insatisfeitos por tudo o que torna sua condição infeliz, os homens não teriam encontrado outro escritório de reclamações senão o Céu. Assim, fazem eles subir sem trégua seus sofrimentos para a Divindade, abrindo sua boca ou seu coração para preencher suas pequenas frustrações. Reduzida a uma simples emissão de votos, a oração poderia parecer uma palavra desesperadamente digna de piedade e, frequentemente, com efeito, ou, então, ela mascara um medo profundo, ou, ainda, ela resulta de um cálculo mesquinho onde a troca se transforma em tráfico ou em negócio. Será preciso resolver-se a só ver na oração a roupagem de uma consciência pesada, uma pequenez raquítica, uma timidez sem nobreza?

Na realidade, a oração recobre uma grande diversidade de atitudes, e ela envolve todas as palavras humanamente possíveis, todas as vozes interiores acumuladas, das quais ela modaliza ao infinito os conteúdos expressivos. A oração é, inicialmente, esse envolvimento radical da palavra bruta. A Bíblia exemplifica, aliás, a extrema diversidade psicológica e retórica da oração. Abrão intercedia pelos justos no momento da des-

---

49   Guillaume Apollinaire, Zone (1912). In: *Alcools* (1913).

truição de Sodoma (Gên. 18, 23-33), David confessou seu pecado com Betsabé (Sl. 51),[50] Salomão aspirava à sabedoria (1 Reis 8, 12-53), Ezequias fez penitência durante sua doença (2 Reis 20), Daniel invocava a misericórdia sobre Jerusalém desolada (Dan. 9, 4-19). Rezar consiste em prioridade em "bem dizer", em dizer o bem, a dizer bem; eis por que razão a oração se define nas Escrituras, como uma "bênção" (*berakhah*, em hebraico),[51] que sobe até Deus e desce sobre os homens. Numa tal perspectiva, a oração é realmente uma palavra de elevação, mas a relação que ela estabelece não é jamais em sentido único, visto que ela instaura, ao contrário, um regime de reciprocidade, de baixo para o alto, e do alto para baixo, do homem para Deus, e de Deus para o homem. Se a oração é um engajamento da palavra humana, ela supõe em retorno a responsabilidade de Deus, que "se engaja" também ele em "manter a palavra". A oração age, pois, sobre o homem e o obriga a reagir: ela é um *ato* de palavra. Talvez manifeste também um *estado* da palavra interior, o que a aparenta a uma espécie de reflexo meditativo. *Diz*-se uma oração, mas principalmente *está*-se em oração.

Aquele que reza deve exorcizar a tentação do egocentrismo temeroso, isto é, no caso do umbiguismo espiritual. "Quantos reinos nos ignoram!",[52] ironizava Pascal, e, no entanto, no cristianismo, o "Reino de Deus está no meio de vós" (Lc. 17, 21), ao alcance da mão, ao alcance do espírito. A menor oração abre o acesso a esse mundo interior. Tal é o desafio real, e não o pequeno proveito pessoal que se poderia confortavelmente tirar disso. O debate sobre o puro amor, nos místicos renanos ou na *devotio moderna*, e, principalmente, no fim do século XVII, em torno de Madame Guyon, sempre se enfatizou o necessário desinteresse que deve guiar qualquer exercício contemplativo.

---

50   O célebre *Miserere*.

51   A grande oração judia do *Shemoneh 'Esreh* compreende, por exemplo, 19 bênçãos, para celebrar o louvor, exprimir as necessidades da comunidade e dar graças.

52   Pascal, op. cit., fr. 76.

Está-se aqui no sentido contrário da ideia convencional da oração assimilada a um simples pedido interessado, não que esse seja ilegítimo, mas porque o dinamismo da elevação conduz sempre mais alto. Ora, mesmo através de seu mutismo exterior, a palavra interior se extenua até aí, até o sacrifício de suas palavras, de suas frases ou de seus discursos. Ela ganha aí no encantamento uma liberdade soberana.

No decorrer dos séculos, o clero ou as instituições eclesiais tiveram frequentemente uma deplorável tendência a orientar excessivamente a oração dos fiéis, segurando assim o elã pessoal, condenado, de alguma maneira, a se autocensurar. Temendo as derivas ou os desvirtuamentos "espirituais", as Igrejas tiveram o cuidado de enquadrar, de controlar, de formatar uma oração que elas pretendiam inicialmente formal e oficial. E, no entanto, a oração cristã autêntica nada tem a ver com um formulário intangível, o que não significa que ela se reduza a uma simples expressão individualista. Na realidade, esse perigo, com certeza real, não existe realmente, porque uma oração puramente individualista não conseguiria verdadeiramente se conceber no cristianismo: um fiel reza sempre na comunhão dos santos, para além das fronteiras do espaço e do tempo: ele não está, aliás, jamais só. No horto das Oliveiras, na hora da agonia, um anjo, conta o Evangelho, reconfortou Cristo em oração e em lágrimas (Lc. 22, 43). Mesmo proferida *incognito*, uma oração implica toda a humanidade. O estado de oração corresponde ao de uma total disponibilidade, por uma abertura incondicional a tudo o que não é o *eu* voltado para si mesmo. Semelhante disposição permanece uma prévia à receptividade: calar-se, esvaziar-se, colocar-se na escuta. A experiência interior não é uma ocasião de glória vã; ela é, ao contrário, criadora de humildade, de uma humildade fundamental e essencial (cuja humildade moral não é, com certeza, a expressão mais elevada) que revela aos que aceitam seu risco a evidência de seu próprio nada. O rebaixamento de si, vivido em profundidade, e não por masoquismo, traz, contra toda expectativa, uma poderosa liberdade de

186   ✵ O Corpo Pensante ✵ Christian Belin ✵

aquiescência ao mistério da vida. A paz se expande, em si, como um consentimento ao ser e à vida. Essa obra de pacificação se chama quietude: "Venham a mim, todos vocês que sofrem [...], carreguem meu jugo e coloquem-se em minha escola, porque eu sou suave e humilde de coração, e vocês encontrarão o repouso para suas almas" (Mt. 11, 28-29).

A forma ou o gênero adotados pela oração ficam absolutamente secundários, estranhos a toda axiologia. Um dos grandes mestres da oração, João Cassiano, insistia energicamente nesse ponto: "Considero impossível distinguir todas as formas de orações, salvo uma pureza de coração inteiramente singular e luzes extraordinárias do Espírito Santo. Seu número é tão grande que é possível encontrar-se numa alma, ou, antes, em todas as almas, estados ou disposições diferentes".[53] Penetra-se aí no Santo dos Santos do espírito, em sua intimidade insólita, visto que aí se desaprende a ser muito de si. Cassiano acrescenta: "Reza-se diferentemente conforme se tem o coração leve, ou pesado de tristeza e de desesperança, na embriaguez da vida sobrenatural e da depressão das tentações violentas [*impugnationum mole deprimitur*]."[54] Em qualquer que seja o estado que se encontre o que reza, um movimento interior se esboça que não fica jamais estranho às circunstâncias concretas da existência. Cassiano evoca alguns momentos de opressão, até de depressão, onde o trágico é levado em conta, onde a intuição de uma fragilidade universal parece banalizar o sentimento confuso de nossa própria miséria. A partir de então, ninguém, com efeito, conseguiria rezar da mesma maneira, mas compreende-se também que a oração não seja necessariamente o apanágio dos mais fervorosos: ela brota das profundezas (*de profundis*),[55] nutre-se de todos os eventos, adapta-se a todas as condições. Ela afeiçoa as noites da alma ou do espírito. Ninguém conseguiria adotar

---

53   João Cassiano (360-432?), *Conférences*. Paris: Cerf, "Sources Chrétiennes", nº 54, 1958, IX, p. 48.
54   *Ibidem*.
55   É o famoso Salmo 130, utilizado na liturgia dos defuntos.

uma atitude frente ao seu próprio nada como frente ao Absoluto, e, no entanto, alguém fica "na porta" e "bate" (Apoc. 3, 20); "o Mestre está aí, dizia Marta a Maria Madalena, e ele te chama" (João 11, 28). A confiança favorece a confidência, mesmo se o pudor retém ainda as palavras. Com a experiência, aliás, as próprias palavras se escasseiam, visto que a oração se enraíza num grito: um chamado lançado Àquele que assume sua criação até comunicar-lhe sua transcendência.

Uma das formas mais antigas da oração cristã consiste em duas palavras incansavelmente repetidas como um apelo lancinante: *Kyrie eleison*, Senhor, tende piedade! Essas palavras gregas atravessaram os séculos sem que tenha sido necessário traduzi-las; elas envolvem com seu ritmo encantatório toda entrada em oração. Um versículo do Salmo 70 exerce a mesma função: "Deus vem ao meu socorro, Senhor, apressa-te em socorrer-me [*Deus in adjutorium meum intende, Domine, ad adjuvandum me festina*]" (Sl. 70, 2). Cassiano recomendava aos monges o uso frequente desse versículo para facilitar a concentração espiritual e "manter-se sempre no pensamento de Deus".[56] É lembrado que os defensores do hesicasmo se reivindicavam os mesmos princípios. No âmbito de uma ascese de controle (conter seus pensamentos, desconfiar das distrações), as palavras correspondem a uma pura aspiração, tanto que a oração, como reiterará Pierre Nicole, não é "outra coisa além de um santo desejo".[57] Sob a dependência de um Criador que assume sua *responsabilidade*, aquele que reza possui senão a quase-certeza de uma resposta, pelo menos a segurança de um eco favorável. Ato e estado da palavra humana, a oração se constitui em dever de palavra, para si, para os outros, para o próprio Deus. Seja ela interior ou exteriormente oralizada, ela representa uma oferenda gratuita. Sua dimensão oblativa a preserva, aliás, de toda inutilidade: uma

---

56　João Cassiano, *Conférences*. Paris: Cerf, "Sources Chrétiennes", nº 54, 1958. IX, p. 85.

57　Pierre Nicole, *Traité de la Prière*. Paris: Desprez, 1768. t. I, Préface, p. XIX.

oração não é jamais perdida nem sem efeito. Se tudo é graça, tudo pode também tornar-se oração: "Fazer as pequenas coisas como as grandes", dizia Pascal, "por causa da majestade de Deus que as faz em nós".[58] Nessa perspectiva, em que se reza como se vive ou como se respira, nenhum saber-fazer especial é particularmente exigido; Cassiano precisa que "a ignorância das Letras não proíbe a ninguém o acesso à perfeição" e que "a falta de cultura não é um impedimento para conseguir a pureza do coração e da alma".[59] A espontaneidade exige, no entanto, ser educada.

"Frases sem palavras"

Alguém pediu, um dia, a Jesus que lhe "ensinasse a rezar" (Lc. 11, 1), e a tradição cristã sempre insistiu na aprendizagem perpétua da oração. Um certo paradoxo salta aos olhos: cada um pode rezar, mas ninguém sabe realmente rezar. Donde essa outra contradição: é preciso "rezar incessantemente" (Lc. 18, 1; 1 Tes. 5, 17), mas não cair numa tagarelice exagerada e estéril: "Em suas orações, dizia o Cristo, não repisem como os pagãos; eles imaginam que falando muito eles se farão melhor ouvir" (Mt. 6, 7). Os mestres da oração tentaram conciliar essas exigências aparentemente opostas. Cassiano aconselha orações "frequentes, mas curtas", medida de sabedoria que defenderá, por sua vez, São Bento, em sua *Regra dos Monges*: "Saibamos que não é a abundância das palavras que nos dará o direito de sermos atendidos, mas a pureza do coração e as lágrimas da compunção. Assim, a oração deve ser breve e pura, a menos que seja prolongada em razão de um atrativo que inspire a graça divina."[60] Ou seja, as palavras não são de modo algum desqualificadas só para o proveito da interioridade, mas não se deve, contudo, se deixar enganar sobre uma eficácia que repousaria só na virtude material das palavras ou no mecanismo mágico

---

58   Pascal, op. cit., fr. 752.
59   João Cassiano, op. cit., X, p. 96.
60   Bento de Núrsia, *Regra dos Monges*, XX, "A reverência na oração".

de sua repetição. As palavras não são empregadas para mobiliar a meditação. A oração, aliás, não tem horror do vazio; ela se habitua a isso até com muita satisfação.

Duas formas tradicionais da oração correspondem a esse duplo aspecto paradoxal: a invocação beve (oração jaculatória) e a ladainha. A primeira, breve e intempestiva, reúne todos os matizes da aspiração ou do elã espiritual; a segunda desenvolve pacientemente uma longa súplica lancinante e sustentada. Ora, de uma certa maneira, a "forma" se mostra aqui muito mais carregada que o conteúdo, porque ela corresponde ao ritmo ou à pulsação do coração em oração. Talvez, então, as palavras, recebam a missão de "mostrar a frase interior, a frase sem palavras",[61] como o sugere o poeta Henri Michaux, frase cuja substância se confunde misteriosamente com o "verbo abreviado [*verbum breviatum*]"[62] que só revela o que João Calvino chamava o "testemunho interior do Espírito Santo".[63] Nenhum formulário, com efeito, nesse caso, conseguiria impor-se; no limite, a oração tem a ver com categorias do profetismo. "Profetizar", escrevia Pascal, "é falar de Deus não por provas de fora mas por sentimento interior e imediato".[64] Mas, então, como conceber o papel eminente confiado ao formulário de oração mais sagrado dos cristãos, o *Pai-nosso*?

Quando Cristo educa seus discípulos na oração, Ele lhes confia a fórmula intangível do Pai-nosso (Mt. 6, 9-13; Lc. 11, 2-4),

---

61   Henri Michaux, Dessiner l'Écoulement du Temps (1957). In: *Passages*. Paris: Gallimard, 1963. p. 197.

62   A expressão se encontra na tradução latina da Vulgata, Rom. 9, 28: "O Senhor cumprirá Sua palavra abreviadamente [*verbum breviatum faciet Dominus*]." É encontrada em São Cipriano (200-258), em seu livro *Sur la Prière du Seigneur*. Ed. Migne, "Patrologie Latine", 4, § XXVIII, col. 538. Essa expressão misteriosa é retomada por toda a Idade Média latina. Ela se refere à economia salvífica e eficaz do Verbo; ela designa também a forma canônica da oração, por exemplo, o *Pater*.

63   Sem a assistência do Espírito, a letra fica morta. Ver, por exemplo, João Calvino, *Institution de la Religion Chrétienne*. Paris: Vrin, 1957. livre I, § 7, p. 92-99.

64   Pascal, op. cit., fr. 360.

texto matricial tornado a lei de toda oração. O *Pater* instaura, para dizer a verdade, uma ordem nova, onde o tempo se une à eternidade. Ele proclama a santificação universal, por toda parte e em tudo, na glória do Nome acima dos nomes ("Santificado seja o vosso Nome, venha a nós o vosso reino"). A concordância se estabelece entre o Céu metafórico do Absoluto e a Terra dos homens, entre o visível e o invisível, harmonia baseada na filiação e na comunhão do Cristo ("Seja feita a vossa vontade assim na Terra como no Céu"). O *Pater* se lê como o *compendium* do Evangelho anunciado. Aos homens salvos incumbe o dever, com a graça de Deus, de inventar entre eles relações inauditas, para não dizer subversivas, que fazem prevalecer o perdão e a não violência ("Perdoai-nos as nossas ofensas assim como nós perdoamos aos que nos têm ofendido"). Doravante, os fiéis aspiram a uma total liberdade, a um aumento de plenitude, até se lhes for preciso sempre resistir a tudo o que continua miserável, degradante, indigno de sua vocação ("Não nos deixeis cair em tentação"). Um enigma metafísico subsiste, no entanto, que a oração assume e rumina até o fim: a inclinação secreta ao não ser, a recusa da vida, a fascinação pelo inverso ou o inferno ("Livrai-nos do Mal"). Ao lado desse sombrio enigma fica, no entanto, a permanência de um mistério de subsidiariedade, a outorga de um estranho viático: o pão de cada dia a buscar, pão de hoje e de amanhã, para o tempo presente e para os últimos dias, pão essencial e superessencial, eucaristia triunfal ("Dai-nos hoje nosso pão deste dia"). O *Pater*, enfim, reflete o ícone da Trindade: a oração é dirigida ao Pai, com e pelo Filho que a formula ele próprio, e no Espírito que a torna possível e eficaz. Sem o Espírito, com efeito, ninguém poderia dizer "*Abba*, Pai" (Rom. 8, 15).

Nenhum cristão conseguiria dispensar a récita do *Pater*, mesmo nos mais elevados picos da união mística. Desse ponto de vista, essa oração vocal confirma o valor espiritual da palavra, em nome mesmo da Palavra, e ela serve de salvaguarda contra os excessos "espiritualistas" de uma piedade muito abstrata. Um piedoso costume quis por muito tempo que se recitasse essa oração três vezes por dia, em uma espécie de consagração do tempo que passa. O *Pater* se situa, aliás, na própria origem de toda meditação cristã, visto que ele leva em germe todos os seus desenvolvimentos virtuais. Enquanto texto fundador, ele foi incansavelmente comentado pelos maiores doutores da oração, entre os quais se contam Cipriano de Cartago, São Basílio, Santo Agostinho ou Teresa de Ávila. Todos experimentavam aí a medula da oração cristã, que não cessava de alimentar os fiéis no caminho da perfeição. Cassiano não hesita em fazer o elogio do *Pater* no tom da exaltação, para colocar em evidência o papel eminente que ele desempenha no processo da iniciação mística. Sem dúvida, em alguns estados, as palavras são supérfluas, mas só se chega justamente aí com a ajuda das palavras inspiradas oferecidas pela oração do Senhor:

> Ela eleva mais alto ainda os que a tornaram mais familiar para si, até esse estado supereminente [...], a essa oração de fogo que bem poucos conhecem por experiência, e, melhor dizendo, inefável. Nem sons da voz, nem movimentos da língua, nem palavra articulada. A alma, toda banhada com a luz do alto, não se serve mais da linguagem humana, sempre enfraquecida. Mas há nela como uma onda ascendente de todas as afeições santas ao mesmo tempo: fonte superabundante de onde sua oração brota com bordas cheias e se lança de uma maneira inefável até Deus. Ela diz tantas coisas nesse curto instante, que não poderia facilmente nem exprimi-las nem mesmo repassá-las em sua lembrança, quando ela volta a si.[65]

A tradição cristã sempre associou, em especial sob o impulso decisivo dos monges, a oração ao trabalho. A célebre divisa beneditina, *ora et labora* (reza e trabalha) não se reduz a um elegante trocadilho; ela constitui uma verdadeira definição de toda vida espiritual. A fórmula chama a atenção sobre a realidade concreta do combate espiritual, na sinergia da graça. De fato, o universo da oração não forma um oásis intemporal

---

65   João Cassiano, *Conférences*. Paris: Cerf, "Sources Chrétiennes", nº 54, 1958, IX, p. 61-62.

onde o pobre *eu* calafetado encontraria um asilo confortável, refugiando-se febrilmente numa escapatória. Alguns demônios obsessivos, dizia Jesus, só podem ser expulsos pela oração (Mc. 9, 29). É bastante sugerir quanto a oração liberadora participa da recriação, ou, antes, da restituição do mundo novo. Com o jejum e a esmola, ela constitui um dos três pilares ordinários da penitência cristã, principalmente quando ocupa o espaço noturno da vigília. Nesse sentido, aquele que reza é um atleta de Deus, à maneira dos Padres do deserto. Mas esse combate espiritual não se realiza somente contra as forças destruidoras que cada um leva nele mesmo; mais estranhamente, e num outro plano, ele se engaja também contra Deus. O modelo desse conflito se encontra no episódio bíblico que relata a luta de Jacob com uma Pessoa anônima, "alguém que lutou com ele até o amanhecer" (Gên. 32, 23). Esse mesmo Jacob tinha visto em sonho uma escada imaginária que devia conduzi-lo até Deus (Gên. 28, 10-19). Durante seu combate noturno, com um Parceiro da sombra, sua carne foi ferida, mas ele foi abençoado por ter suportado um tão longo corpo a corpo (Gên. 32, 26-30). Jacob doravante se chamou Israel, cujo nome significa "que luta com Deus". A cena emblematiza maravilhosamente o mistério da oração, que permanece uma prova e um face a face terrível com o Altíssimo, situações das quais não se sai jamais indene, sem ferimento ou sem cicatriz, mas também não sem bênção.

Se, de certa maneira, se entra sempre em oração de repente e sem preparação, uma progressão, no entanto, se desenha. Patamares ou soleiras, como na escada de Jacob, podem ser transpostos, que correspondem a etapas da maturidade espiritual, física ou psíquica dos indivíduos. Sobe-se, aliás, tanto quanto se desce, ao ritmo flutuante dos progressos ou das regressões. A tradição mística distingue as vias purgativa, iluminativa e unitiva, e desde o fim da Idade Média, os teóricos da oração mental se satisfizeram em isolar, em compartimentar ou em hierarquizar esses diferentes momentos da ascensão espiritual. O Novo Testamento ignora essas argúcias que geram frequentemente querelas de escola, quando não, em alguns, angústias ou escrúpulos. Sem dúvida, na matéria, as considerações mais simples ficam as que mais falam. Jean-Jacques Olier, por exemplo, o fundador de São Sulpício, preferia empregar uma terminologia mais próxima da linguagem bíblica e da tradição grega: ele distinguia essencialmente na oração um ato de adoração e um ato de comunhão,[66] seguidos por um desejo de cooperação. Assim, ele enfatizava o papel preponderante do Espírito Santo. Olier aconselhava também ter Jesus presente "diante dos olhos", "no coração" e "nas mãos" porque "o cristianismo consiste nesses três pontos, e todo método de oração está compreendido aí, a saber, olhar Jesus, unir-se a Jesus, e operar em Jesus".[67] O essencial continua sempre um espírito de penitência, o senso da humildade, e até da abnegação. O tempo consagrado à oração não é jamais um tempo para si; ele é, ao contrário, voltado para a "cooperação", para outrem, para um mundo que se deve converter em caridade.

À medida que se adianta no caminho da conversão, escrevia São Bento, "o coração se dilata e, na indizível suavidade do amor, corre-se para a via dos mandamentos".[68] A atividade febril diminui, enquanto aumenta a passividade ativa do sujeito. Na "conversão interior" efetua-se uma transferência de competências, aniquilamento diante do Absoluto, desvio quase imperceptível que se sente sem realmente compreender seu mecanismo. Nesse tempo, tudo se simplifica, porque tudo se torna oração, matéria de oração, até as coisas mais ínfimas da vida. A menor atividade, o pensamento mais pobre ou o mais inábil dos sentimentos, tudo se converte em palavras, pela palavra, na palavra. Pouco importam as inevitáveis perdas: a oração liberta a humanidade de seus falsos pudores, liberando a linguagem de suas

---

66   Jean-Jacques Olier (1608-1657), *Catéchisme Chrétien pour la Vie Intérieure*. Paris: Le Rameau, 1954. II, leçon 8, p. 71-74.

67   *Idem, Introduction à la Vie et aux Vertus Chrétiennes*. Paris: Le Rameau, 1954. I, 4, p. 23-24.

68   Bento de Núrsia, *Regra dos Monges*, Prólogo.

prisões. Um parlatório se abriu, que às vezes parece *declamador* ou expulsor, e a oração, então, à porta fechada, se expande como numa sala das palavras perdidas. Quando uma alma se eleva, dizem, ela eleva o mundo com ela; como quer que seja, se a palavra divina não desce jamais à Terra sem resultado, a fé garante que nenhuma palavra humana sobe ao Céu sem efeito.

A surdez do tocador de alaúde

Já que o Verbo encarnado traz a salvação, o cristianismo aceita a perfeita legitimidade de toda *logoterapia*. À imagem do Deus "filantropo" (Tt. 3, 4), aquele que reza se torna filantropo por sua vez, ser de palavras, morada do Logos. Os Evangelhos oferecem muitos exemplos de uma palavra curativa, quando Jesus, por exemplo, conversa com interlocutores que ele convida a um máximo de lucidez: o jovem rico (Mc. 10, 17-22), o cego de nascença (João 9), Zaqueu (Lc. 19, 1-10). Seus diálogos são particularmente frutuosos e anticonformistas quando ele fala com mulheres: a Samaritana (João 4, 1-42), a Cananeia (Mt. 15, 21-28), a mulher adúltera (João 8, 1-11), Marta (Lc. 10, 38-42; João 11, 17-27), Maria Madalena (João 12, 1-8; 20, 11-18). A introspecção psicológica cede logo o lugar a um profundo trabalho de descentramento de si. O Cristo analisa as almas, mas essa *psicanálise* proscreve o egocentrismo arqueológico, ainda que ela explore de maneira crítica todo um espaço interior. A Palavra faz o homem ou a mulher entrarem neles mesmos, mas unicamente para que eles saiam logo; ela age como o Bom Pastor, que só reúne suas ovelhas no estábulo, chamando-as "cada uma por seu nome", para levá-las logo para pastar "fora" (João 10, 1-3). Nenhum infortúnio, aliás, fica sem voz diante do Verbo crucificado. Mesmo se se levantasse no zênite o "sol negro da melancolia",[69] ou, ainda, um "sol baixo, manchado de horrores místicos",[70] quando se amplia desmesuradamente o "boceio ne-

---

69   Gérard de Nerval, El Desdichado. In: *Les Chimères* (1854).
70   Arthur Rimbaud, Le Bateau Ivre (1871).

gro da eternidade",[71] o frente a frente doloroso consigo mesmo, insuportável intimidade, é tranquilizado pela aurora pascal.

A entrada em oração, como em qualquer exercício espiritual, é acompanhada frequentemente de um mal-estar interno: sentimento irreprimível de uma miséria tenaz, senso do efêmero universal, consciência de uma pequenez infinita, evidência de sua própria ignorância. Mas esse *déficit* de ser não impede a audácia das palavras. Os salmos aqui oferecem um modelo de meditação, esboçando o que Calvino chamava uma "anatomia da alma". Com as palavras ou os poemas de David, tudo se torna dizível, com efeito, mesmo a revolta ou a indignação contra todas as formas de hostilidade, interiores ou exteriores, esses famosos "inimigos" que percorrem o espaço imaginário do salmista:

> Eu me acostumei a chamar esse livro de uma anatomia de todas as partes da alma, porque não há afeição no homem que não seja aqui representada como em um espelho. Mesmo, dizendo melhor, o Espírito Santo fez aqui um retrato vivo de todas as dores, tristezas, temores, dúvidas, esperanças, solicitudes, perplexidades, mesmo até as emoções confusas com as quais os espíritos dos homens se acostumaram a ficar agitados.[72]

A oração meditada permanece sempre móvel, afinada com a gama sonora das vozes interiores que lhe faz emprestrar todos os registros sentimentais. Na caridade do Cristo, no entanto, ela se inclina espontaneamente para uma compaixão que a leva a interceder por todos os que sofrem. Somos sempre o irmão e o contemporâneo dos outros. O monólogo interior então se deixa investir por uma palavra dialógica, embora não se trate jamais de um diálogo dos mortos, mas do idioleto usado na comunhão dos santos, linguagem particular que, por outro lado, implica o corpo. A tradição mística destaca, com efeito, por exemplo,

---

71 Victor Hugo, La Trompette du Jugement. In: *Lu Légende des Sièclos* (1859).

72 *Commentaires de Jean Calvin sur le Livre des Pseaumes*. Paris: Meyrueis, 1859. t. I, Préface, p. VI. Ortografia modernizada.

a importância da compunção na oração ou na meditação. A palavra designa um estado de espírito que frequentemente se traduz por um surgimento de lágrimas, lágrimas que a época atual, em sua indigência, considera geralmente como o apanágio das crianças, das mulheres ou dos fracos, ou, então, ao contrário, que ela valoriza excessivamente, quando elas estão ligadas a manifestações coletivas, histéricas e mediatizadas. Mas "as lágrimas do mundo são imutáveis", como pensava um personagem de Beckett,[73] e as lágrimas espirituais não traduzem necessariamente a dor; frequentemente até, ao contrário, elas são motivadas por uma alegria secreta e humanamente inexplicável. Sintomas de tristeza ou de entusiasmo, elas mergulham o espírito naquilo que Cassiano chamava "o segredo de uma profunda taciturnidade [*intra secretum profundae taciturnitatis*]",[74] no coração e no vazio do silêncio.

Qualquer um pode descobrir-se artista em seu mundo interior, povoado de palavras e de imagens, universo onde passa um Sopro sem nome e sem origem conhecida, mas absolutamente irresistível, que atrai para um Alhures diferente. Absorvida por uma tal mobilidade, e justificada por esse impulso, a oração fica uma arte, e os que rezam são frequentemente grandes artistas, assim como as mais belas obras de arte, pertencentes a qualquer domínio, e qualquer que seja seu conteúdo, parecem orações, assim como o havia tão bem compreendido André Malraux quando deambulava pelas salas de seu "museu imaginário". A parábola do tocador de alaúde que ficou surdo, contada por Francisco de Sales, mostra toda a gratuidade de uma "conversação interior" que dinamiza excessivamente o amor invencível de Deus:

> Um músico dos mais excelentes do universo, e que tocava perfeitamente alaúde, tornou-se em pouco tempo tão inteiramente surdo que não lhe restou mais nenhum uso da audição; entre-

---

73   Samuel Beckett, *En Attendant Godot*. Paris: Minuit, 1952. p. 52.
74   João Cassiano, *Conférences*, cit., IX, p. 63.

tanto, ele não deixou por isso de cantar e manejar seu alaúde delicada e maravilhosamente, por causa do grande hábito que tinha dele, que sua surdez não lhe havia tirado. Mas porque não tinha nenhum prazer em seu canto nem no som de seu alaúde, ainda mais que privado da audição, ele não podia perceber sua suavidade e beleza, ele não cantava mais nem tocava o alaúde a não ser para contentar um príncipe do qual ele tinha nascido súdito, e ao qual ele tinha uma grande obrigação de agradar.[75]

Mesmo na ausência do mestre, o músico preencheu sua tarefa, sem "nenhum prazer em cantar" e sem nem sentir o "prazer da melodia".[76] Ele renuncia inicialmente, de alguma maneira, a uma simples satisfação sensível, mas aceita uma segunda renúncia, de tipo mais espiritual, não deixando de abandonar-se como virtuoso a uma arte da qual ele se despoja em proveito de um público, no entanto, ausente. Um estranho diálogo de *surdos* se instaura, que só parece orquestrar um total absurdo. O artista continua, contudo, sua tarefa na indiferença mais completa, pela beleza de um gesto motivado pelo amor. "O coração humano", precisa Francisco de Sales, "é o verdadeiro chantre do cântico do amor sagrado".[77] Toda "conversação interior" se desenrola nesse modo responsorial. O sagrado e o secreto cultivam muitas afinidades, das quais se faz a experiência em seu "interior". A palavra mística é uma palavra liberada que suspeita uma Presença por trás da menor ausência de significações. Carnal e crucificada, como o Verbo que lhe dá consentimento e bênção, ela chega aos limites da inteligibilidade. Que as palavras sejam adequadas, ou principalmente inadequadas, a palavra meditada comunica com o inefável, invadindo as zonas selvagens do impensado ou do insensato, do inaudível ou do inaudito. Assim, ela pode povoar o mundo com seus barulhos e com seu silêncio.

---

75   Francisco de Sales, Traité de l'Amour de Dieu. In: *Œuvres*. Paris: Gallimard, "Bibliothèque de la Pléiade", 1969. livre IX, chap. 9, p. 784.
76   *Ibidem*.
77   *Ibidem*, p. 785.

Escrita

Διήνοιγεν ἡμῖν τὰσ γραφάς.

Aperiret nobis scripturas.

Ele nos abria as Escrituras.

(Evangelho de Lucas 24, 32)

❧ ❧ ❧

De passagem por Troas, na casa de um certo Carpos, São Paulo tinha esquecido lá, além de seu manto, "livros e, principalmente, pergaminhos", que ele pede ao seu amigo Timóteo, numa carta, que lhe traga custe o que custar (2 Tim. 4, 13). Esse fato, acima de tudo banal, consignado no Novo Testamento, atrai, no entanto, a curiosidade do leitor. Não saberemos jamais, infelizmente, quais eram esses livros que acompanhavam o apóstolo em suas viagens missionárias. Talvez, alguns rolos da primeira Aliança (o Antigo Testamento), ou, então, alguns desses textos considerados hoje como apócrifos ou deuterocanônicos, e que são reunidos inabilmente sob a categoria de escritos intratestamentários? Talvez, também, obras redigidas no círculo dos Essênios, de que se encontraram fragmentos em Qumrân, nas margens do Mar Morto? Talvez, também, por que não, alguns grandes clássicos do pensamento grego ou latino? Em todo caso, Paulo, que os estoicos e os epicuristas de Atenas tinham desdenhosamente tratado de *spermalogos* ("moinho de palavras" ou "charlatão"), sobre a Agora (Atos, 17, 18), não podia colocar-se a serviço da Palavra senão com o apoio das Escrituras, e não sem ter ele próprio que recorrer à escritura manuscrita. Suas cartas, aliás, se difundiram tão rapidamente quanto sua palavra em todo o contorno do Mediterrâneo.

Um outro detalhe, ligado a esse episódio da vida de Paulo, merece a atenção: trata-se de um dos raros empregos da palavra "livro" no Novo Testamento, à exceção do Apocalipse, que faz dele um uso inflacionista. Livro em gestação, o Novo Testamento não se pensa como um livro acabado. Sua constituição foi lenta, progressiva e problemática: alguns textos quase foram excluídos do cânon, ou, então, foram por muito tempo contestados (o Apocalipse, a Epístola de Tiago); outros, ao contrário, encontraram aí lugar, a despeito da pobreza de seu conteúdo (a terceira Epístola de João, a Epístola a Filemon); outros, enfim, foram finalmente descartados, ainda que fossem, às vezes, mais antigos e mais substanciais que alguns textos canônicos (a Epístola a Diogneto, as Cartas de São Clemente de Roma). O Novo Testamento se apresenta como um livro móvel, diverso, flutuante: um quádruplo Evangelho, dos quais três realmente paralelos (sinópticos) e um pouco redundantes, uma crônica histórica (os Atos dos apóstolos), um conjunto disparatado de epístolas (desde o ensaio teológico até o simples bilhete de circunstância), uma visão profética, enfim, onde o sonho e a poesia confundem o tempo presente e a eternidade (o Apocalipse). Esse conjunto desenha uma estranha silhueta: um livro superfetatório, improvável, supranumerário, originário de um enxerto tardio operado sobre as únicas Escrituras até então reconhecidas como inspiradas, as Escrituras judias. Uma tal reunião de textos se mostra compósita, reunindo membros diversos que, apesar de tudo, formam um novo *corpus*.

Sem dúvida, a materialidade do Livro é menos importante que a do Corpo que a atravessa. O verdadeiro *corpus* textual, para os cristãos, é o corpo do Cristo. O Verbo se fez carne, e não escrita, mesmo se ele atravessa as Escrituras e nelas repousa. Os Padres da Igreja frequentemente meditaram sobre essa Presença no texto, estabelecendo uma relação de analogia com a presença sacramental do Cristo na eucaristia. Na realidade, o Novo Testamento confirma uma convicção já inscrita no Antigo Testamento: o Livro não existe no singular, mas se declina somente no plural, em uma sucessão de livros acumulados. Se o Alcorão forma um Livro único e monolítico, geometricamente estruturado, onde as suratas se ordenam em função do número decrescente de seus versículos, a Bíblia se apresenta, quanto a ela, sob o signo da pluralidade ostensível, como uma simples biblioteca, uma soma de livros, uma coleção altamente babeliana. Essa sucessividade do Livro, por adjunção de livros, é acentuada no Novo Testamento por causa de seu caráter de apêndice às Escrituras judias. Esse papel de suplemento ou de complemento o transforma em minibiblioteca, em algo de mais ínfimo ou de mais modesto que o vasto conjunto veterotestamentário. O novo Livro não é nunca mais que um "pequeno livro aberto na mão do anjo", assim como o descreve o Apocalipse, tão logo exibido, logo engolido, como um pedaço de pão (Apoc. 10, 8-9). Por outro lado, a antecedência da palavra sobre a escrita, ou a da oralidade sobre a leitura, encontra-se confirmada e magnanimizada no Novo Testamento, mesmo se essas duplas rivais aprenderam a coabitar e a tecer elos estreitos de conivência. Qual é, portanto, o *status* da escrita cristã, cuja importância irá crescendo durante os séculos?

Abrir os lacres

No dia em que Jesus foi crucificado, Pôncio Pilatos mandou gravar essas quatro palavras, em três línguas, numa placa de madeira: "Jesus de Nazaré, Rei dos Judeus." Àqueles que se indignavam com tal título, ele mandou essa resposta sentenciosa: "O que eu escrevi, escrevi" (João 19, 22). O propósito é singularmente equivoco, visto que um pagão apõe inconscientemente um selo quase jurídico sobre uma Revelação que lhe permanece exterior e estranha. Pilatos consagra pela escrita a verdade das Escrituras que ele ignora, e de que ele rejeita a autoridade.

202   O Corpo Pensante   Christian Belin

O texto involuntariamente "inspirado" que ele manda gravar numa placa suscita, aliás, a cólera ou a zombaria das multidões, tanto entre os judeus quanto entre os pagãos; mais tarde somente essa mensagem será "lida" pelos cristãos como uma profissão de fé, um verdadeiro "título" de glória. Num sentido, essas quatro palavras ditadas pelo procurador da Judeia, julgadas como paródicas, formam o primeiro texto do Novo Testamento. O prefácio do Livro por vir se escrever aí, em pleno absurdo teológico, através da titulatura desprezível da Cruz, à guisa de cédula testamentária, sob a forma de um quirógrafo irrisório. Pôncio Pilatos é o primeiro escritor sem querer da Nova Aliança, do Novo Testamento ainda inexistente. Esse "texto" toma sintomaticamente a aparência de um testemunho colocado no dossiê do caso Jesus de Nazaré, e foi, com efeito, arquivado como tal pelos evangelistas: "o que está escrito está escrito", aberto às interpretações, sinal que deve ser meditado para sempre. Ora, os arquivos evangélicos permanecem, no entanto, lacunares, senão amplamente deficitários: "Há ainda muitas outras coisas que Jesus fez. Se fossem colocadas por escrito uma a uma, eu penso que o próprio mundo não bastaria para conter todos os livros que dele se escrevessem" (João 21, 25). São as últimas palavras do Evangelho segundo São João: tendo chegado ao fim de seu relato, o apóstolo assume a responsabilidade coletiva, eclesial, de uma renúncia ao Livro definitivo. Um *corpus* textual cristão, semelhante ao das Escrituras judias, é, pois, impossível, ou, mais exatamente, rejeitado. O Novo Testamento se pretende inacabado, visto que já o mundo não conseguiria conter o Evangelho: ele reivindica ousadamente seu *status* de Livro indefinidamente aberto, cujas páginas, de alguma maneira, continuam a escrever-se na história dos homens, e na escala do universal.

Os cristãos têm sempre o trabalho de se interrogar sobre a natureza do Livro que alimentaria sua meditação? Antes de se transformar em instrumentos de meditação, o livro e a escrita são, com efeito, objetos sobre os quais convém meditar. O primeiro lugar dessa escrita não é nada mais que o coração dos fiéis, e não algum suporte material. As Tábuas da Lei, feitas de pedra, "escritas dos dois lados, numa e noutra face" (Êx. 32, 15-16) – e essa escrita era a de Deus – foram quebradas pelo próprio Moisés "ao pé da montanha" do Sinai, por causa da ingratidão de um povo pecador (Êx. 32, 19). As escrituras são tão *santas* que elas foram quebradas, isto é, colocadas fora do alcance de qualquer idolatria. É a razão pela qual, no Apocalipse, o Livro se refugiou em pleno Céu, onde ele aparece, durante uma gloriosa teofania, "na mão direita d'Aquele que está sentado num trono"; ora, esse livro é "enrolado, escrito na frente e no verso, e lacrado com sete lacres" (Apoc. 5, 1). As Escrituras estariam condenadas, seja a ser furiosamente quebradas, seja desesperadamente lacradas? Não seria sugerir, através de um e outro Testamento, do Êxodo até o Apocalipse, uma ilegibilidade fundamental? "Quem é digno", pergunta um anjo do Apocalipse, "de abrir esse livro e quebrar seus lacres? Mas ninguém era capaz, nem no Céu, nem na Terra, de abrir o livro e de lê-lo" (Apoc. 5, 2-3). Não basta abrir o livro material para abrir seu sentido. Se podemos medir a importância do não ver na teologia do ícone, constatamos aqui a importância análoga do não ler na maneira como se pode apreender as Escrituras. Todo leitor da Bíblia, mas, talvez, também, por extensão, de qualquer livro, deve persuadir-se de que a leitura é um ato eminentemente espiritual e não algum mecanismo automático que teria a ver com o simples deciframento. Toda leitura implica a inteligência do coração, e o sentido a buscar ou a aprofundar depende dos movimentos interiores do espírito. Antes de meditar sobre o texto bíblico, sem dúvida é preciso tomar consciência dessa dificuldade constitutiva das Escrituras, que cultivam com discernimento uma certa distância, um certo afastamento.

Ler e realizar

A tradição agostiniana insiste muito sobre a "obscuridade" das Escrituras, sua "admirável profundidade",[1] destinada a manter

---

1   Agostinho de Hipona, *Confessions*. Paris: Cerf, "Sources Chrétiennes", nº 75, 1961, livre XII, p. 367.

o elã amoroso. Embora inspirados, os versículos não possuem neles mesmos nenhuma espécie de virtude mágica, nenhum poder de persuasão objetiva. Do ponto de vista espiritual, a leitura da Bíblia não traz nada, se ela não é meditada com o coração e com as entranhas. Assim, a Bíblia coloca em cena, por uma colocação no abismo, sua própria leitura ideal. No livro de Neemias, depois do Exílio, uma promulgação solene da Torá aconteceu, na presença de toda Israel, sob a forma de uma leitura pública:

> Todo o povo se reuniu como um só homem na praça situada diante da porta das Águas. Eles disseram ao escriba Esdras que trouxesse o livro da Lei de Moisés, que Yahvé tinha prescrito a Israel. [...] Ele leu no livro, desde a madrugada até meio-dia, na presença dos homens, das mulheres e de todos os que tinham a idade da razão; todo o povo estendia o ouvido ao livro da Lei (Ne. 8, 1-3).

Durante sete dias, celebrou-se assim a festa das Tendas (ou dos Tabernáculos), e o relato destaca a encenação litúrgica do evento: "O escriba Esdras se mantinha num estrado de madeira, construído para a ocasião" (Ne. 8, 4); ao lado dele ficavam 13 levitas, que "explicavam a Lei ao povo"; "E Esdras leu no livro da Lei de Deus, traduzindo e dando sentido: assim compreendia-se a leitura" (Ne. 8, 7-8). Essa leitura comunitária supõe implicitamente o concurso da Tradição: o Livro não é somente lido, mas comentado e explicado por um grupo de doutos ou de sábios que se apoiam numa longa tradição exegética. O comentário faz parte integrante da maneira como se recebe o texto; este (Palavra divina) não conseguiria viver sem aquele (palavra humana). O judaísmo, que nasceu nesse dia da festa das Tendas, se lembrará sempre dessa cena inaugural onde se precisava a vocação de um povo de leitores-comentadores.

Os Evangelhos nos oferecem uma cena um pouco comparável à que conta o livro de Neemias. Um dia de sabá, no início de seu ministério público, Jesus se encontra na sinagoga de Nazaré:

> Ele se levantou para fazer a leitura. Entregaram-lhe o livro do profeta Isaías e, desenrolando o livro, ele encontrou a passagem

onde está escrito: *O Espírito do Senhor está sobre mim, porque ele me consagrou pela unção* [...] Ele fechou o livro, entregou-o ao servo e sentou-se. Todos na sinagoga tinham os olhos fixos nele. Então, ele se pôs a dizer-lhes: Hoje se realiza em seus ouvidos esta passagem da Escritura. E todos lhe davam testemunho e ficavam em admiração diante das palavras cheias de graça que saíam de sua boca (Lc. 4, 16-22).

Como Novo Esdras, Jesus lê e comenta a Bíblia no meio de uma assembleia. Nota-se a mesma insistência, por parte do narrador, sobre a atmosfera litúrgica, com o detalhe dos gestos rituais ligados à cerimônia. Jesus pronuncia aqui, de alguma maneira, uma homilia. Em relação ao relato de Neemias, uma diferença, contudo, se impõe: o Cristo não se contenta em fazer a exegese da passagem que ele acaba de ler (e que concerne ao Messias); ele se apresenta, ele próprio, como o Exegeta, ou, antes, a Exegese personificada, assim como o confirmará o prólogo do Evangelho de João.[2] Para o cristianismo, o trabalho exegético passa pela pessoa do Filho, sobre quem repousa o Espírito; toda a leitura da Bíblia *repousa* a partir de então, por sua vez, sobre esse princípio explicativo, que excede o único saber filológico. Em uma fórmula muito densa, Pascal caracteriza assim essa configuração exegética: "Jesus Cristo que os dois Testamentos olham, o Antigo como sua espera, o Novo como seu modelo, os dois como seu centro."[3] Logo de início, uma tal grade de leitura parece redutora, exageradamente simplificadora, mas a situação se mostra mais desconfortável do que parece, na medida em que ela supõe sempre uma Pessoa atrás do texto, ou até no lugar do texto. Ou seja, a exegese cristã não é reservada a "especialistas" da palavra imbuídos de um saber histórico-crítico ou pretendido como tal, visto que ela repousa sobre uma relação *pessoal* do leitor com a própria Pessoa do Cristo,

---

2   "Ninguém jamais viu Deus; o Filho único, que está voltado para o seio do Pai, é o que O deu a conhecer [*exegesato*]" (João 1, 18).

3   Pascal, *Pensamentos*. Ed. P. Sellier. Paris: Garnier, 1991, fr. 7.

procurado nas Escrituras. O cristocentrismo da atitude aniquila antecipadamente a tentação do *grafocentrismo*. O cristianismo não está servilmente encerrado nem num só Livro, mesmo "sagrado", nem a Escrituras, mesmo "santas"; a leitura desse Livro e dessas Escrituras fica finalizada pelo encontro de uma Pessoa viva, a Palavra encarnada. Assim, a leitura da Bíblia permanece espiritualmente indiferente, se ela não for acompanhada por uma meditação orientada para o mistério de um amor revelado que transcende toda espécie de mediação escrita. O cristão se esforça para ler a Bíblia para aí buscar um "Deus oculto" que, no entanto, "quebrou" as Tábuas de sua própria lei para se comunicar, em carne e em osso, às criaturas.

O episódio da sinagoga de Nazaré comporta, aliás, um outro elemento revelador: a leitura feita pelo Cristo corresponde a uma "realização": "Hoje se realizou aos seus ouvidos esta passagem da Escritura." Pronunciando essas palavras, o Cristo se mantém diante de seu auditório, com seu corpo de carne, e é em seu próprio corpo de carne que os ouvintes recebem suas palavras. Não é, pois, somente uma profecia que "se realiza", mas o próprio processo de uma Palavra revelada até o fim, no caso até a morte, até o instante em que o Crucificado poderá dizer, com efeito: "Tudo está consumado." A fé cristã se dirige à integralidade da pessoa humana (corpo e alma, carne e espírito, coração e razão), e a leitura cristã das Escrituras exige que se leve em conta ou que se participe dessa mesma integridade existencial, restituída na Pessoa do Filho. Ou seja, uma leitura assim não poderia confundir-se nem com uma simples operação intelectual, nem, no sentido contrário, com uma experiência puramente emocional. Essa "realização" da Palavra designa uma lenta maturidade espiritual, numa duração não calculada pelos homens; ela corresponde também a um verdadeiro trabalho de incorporação. Pela leitura, a Palavra é consumida, ruminada, digerida, transformada. Santo Ambrósio sustentava que era preciso, por uma "meditação contínua", "triturar por muito tempo as palavras da Escritura Santa, e repassar por nosso espírito o que nós sabemos dela, agindo de tal maneira que o suco espiritual que elas contêm se expanda em todas as partes de nossa alma".[4] Ambrósio faz uma excelente descrição do que a tradição monástica medieval chamará a *lectio divina*, um tipo particular de leitura espiritual, apropriação pessoal do texto inspirado, feita de reiterações e de penetração intuitiva do sentido, na fé que busca compreender e na inteligência que aspira à caridade.

"Tornamo-nos autores"

Uma leitura experimental se desdobra, que João Cassiano notavelmente analisou numa página muito evocadora, onde ele fala de sua própria experiência de monge:

> As divinas Escrituras se nos descobrem mais claramente, e é seu coração, de alguma maneira, e sua medula que nos são manifestados, quando nossa experiência, não somente nos permite tomar conhecimento delas, mas faz com que vamos ao encontro desse conhecimento em si, e que o sentido das palavras não nos seja descoberto por alguma explicação, mas pela prova que fizemos dele.[5]

No Cristo Exegeta, o batizado se torna, por sua vez, exegeta; ele verifica, além disso, o conteúdo do texto lido a partir de seu corpo passível e enfraquecido, mas prometido à transfiguração. Cassiano continua sua exposição tomando o exemplo da salmodia: "Penetrados pelos mesmos sentimentos nos quais o salmo foi cantado ou composto, nós nos tornamos, por assim dizer, seus autores [*velut auctores ejus facti*]; e vamos ao encontro do pensamento, mais do que o acompanhamos; apreendemos o sentido, antes de conhecer a letra."[6] A *lectio divina* eleva seus adeptos à posição de coautores do Texto, pela mediação do Cristo que já o assimilou a si mesmo. Ler as Escrituras consiste, pois, em se deixar

---

4   Ambrósio de Milão (340?-397), *De Caïn et Abel*, II, 6. Tradução de Pierre Nicole em *Traité de la Prière* Paris: Desprez, 1768. II, 4, p. 298.

5   João Cassiano, *Conférences* Paris: Cerf, "Sources Chrétiennes", n° 54, 1958. X, p. 92.

6   *Ibidem.*

investir por palavras exógenas que nós transformamos, com a graça, em palavras endógenas, como se elas tivessem sido sempre nossas. Assim, todos os sentimentos expressos nos salmos verbalizam a complexidade da interioridade humana:

> Porque vemos muito claramente, como num puro espelho, tudo o que nos é dito, temos disso uma compreensão mais profunda. Instruídos pelo que sentimos nós mesmos, não são, propriamente falando, para nós coisas que aprendemos por ouvir dizer, mas palpamos, por assim dizer, sua realidade, por tê-las percebido a fundo; elas não nos fazem o efeito de serem confiadas à nossa memória, mas nós as parimos do fundo de nosso coração, como sentimentos naturais e que fazem parte de nosso ser; não é a leitura que nos faz penetrar no sentido das palavras, mas a experiência adquirida.[7]

Enquanto mestre da *lectio divina*, e porta-voz de toda a tradição monástica, Cassiano explicita o próprio fundamento da leitura cristã: o corpo humano, objeto e sujeito de escrita, torna-se o verdadeiro leitor das Escrituras, à imagem e à semelhança do Verbo encarnado que as "realiza", recapitulando-as. Não somente o corpo do homem está estruturado como um texto (ideia que se encontra também na cabala), a partir das letras do alfabeto divino, mas ele só pode "realizar" a misteriosa verdade que se esconde sob as palavras da Revelação consignadas no Livro plural das Escrituras. Como sempre no cristianismo, e apesar das ideias recebidas, uma atividade espiritual não conseguiria precisamente pretender-se "espiritual" sem o concurso ativo do corpo. A leitura não constitui exceção: um bom leitor faz passar o texto através de sua carne e de seu corpo, e o que fica válido para qualquer texto se torna absolutamente indispensável desde que se trate de receber em si as Santas Escrituras, e, em particular o Novo Testamento, cuja carne textual carrega os estigmas de um corpo supliciado e glorificado.

A *lectio divina*, leitura meditada que se impõe a disciplina do desacelerado, entreabre as portas de um jardim e de uma bi-

---

7   *Ibidem*, p. 93.

blioteca, lugares singulares que a sabedoria grega colocava entre as maiores felicidades do espírito aqui embaixo. Um claustro interior, cujas formas equilibradas respiram a paz harmoniosa, cria-se sob o efeito de uma leitura deliciosamente prolongada e ampliada, da qual se deixa vibrarem as infinitas ressonâncias. Assim se descobre o espaço oferecido à meditação, num tempo subjetivo que se abandona ao encanto do pós-leitura. Completamente ao inverso desse dispositivo, na hora dos *textos* ou dos *tweets*, nossa época privilegiaria, antes, uma leitura cada vez mais acelerada, expeditiva e, por assim dizer, desmaterializada, propícia a resumos cada vez mais vertiginosos, onde se exerce sem esforço uma fácil e falsa virtuosidade do espírito. Com efeito, não se escreve como se lê, e não se lê como se escreve? Correndo com toda pressa, leitura, escrita e pensamento arriscam a síncope fatal, ou, pelo menos, uma pobreza máxima, assim como a erosão do espírito crítico. Desse ponto de vista, a tradicional *lectio divina* pode ainda ensinar aos nossos contemporâneos que uma leitura inteligente não fica jamais acabada e que ela chama com seus votos uma pluralidade de interpretações. A doutrina do quádruplo sentido das Escrituras (literal, alegórica, moral, anagógica),[8] elaborada precisamente durante a idade de ouro medieval da *lectio divina*, ilustra a livre abertura de uma exegese que nada conseguiria fixar definitivamente. Na realidade, aliás, o quádruplo sentido ganha valor de símbolo, como para sugerir uma extensão hermenêutica indeterminada: o sentido das Escrituras pretende-se infinito, visto que o Deus que elas proclamam escapa a todo esforço conceitual.

Inúmeras são as metáforas susceptíveis de evocar o caráter proteiforme do Livro-labirinto, objeto de meditação: arca da aliança ou templo, floresta ou pastagem, registro ou arquivo, crônica ou memorial, documento ou monumento. A Bíblia-biblioteca desenha uma arquitetura em movimento, ela representa

---

8   O sentido *anagógico* é o mais *elevado* de todos, o mais profundo e o mais oculto, aquele que deixa entrever mais o mistério divino.

um lugar de Presença e comunica por sinais o sacramento da Palavra. Para "fazer compreender a utilidade da prática da meditação", Pierre Nicole afirma "que não é preciso procurar alhures provas e fundamentos senão na própria Escritura, que a autoriza e a recomenda de uma maneira tão forte que se tem toda razão de dizer da meditação que é a via que Deus nos ensinou para operar nossa santificação".[9] Nicole acrescenta, em outra parte, o que lhe aparece como uma evidência: "O exercício da meditação é por si mesmo um exercício comum da vida cristã e que, por conseguinte, foi praticado em todos os tempos."[10] Para dizer a verdade, leitura e meditação da Bíblia são dificilmente dissociáveis. No século XII, no momento em que se precisa mais, do ponto de vista teórico, a coordenação intrínseca que liga os quatro exercícios tradicionais da especulação sobre as Escrituras (leitura, meditação, oração, contemplação), Guigues II, prior do Grande-Cartuxo, articula assim as duas primeiras operações: "A leitura é o estudo atento das Escrituras, feito por um espírito aplicado. A meditação é uma operação da inteligência [*studiosa mentis actio*], procedendo à investigação diligente de uma verdade oculta."[11] Ora, "a leitura sem meditação é árida, e a meditação sem leitura sujeita ao erro".[12] A cogitação se revela coextensiva à leitura, de que ela faz ouvir as harmônicas secretas.

Véu textual

O comentário escrito do texto bíblico deu origem, o tempo todo, a verdadeiras obras-primas literárias, mesmo se o gênero parecia condenado a só produzir obras rebarbativas. A grande tradição judia do comentário sutil e incisivo já provaria o contrário. Na meditação da Torá ou dos Profetas, como fazer a economia

---

9   Pierre Nicole, op. cit., II, 4, p. 328-329.
10 *Ibidem*, p. 306.
11 Guigues II, o Cartuxo (século II), *Lettre sur la Vie Contemplative* (*L'Échelle des Moines*). Paris : Cerf, "Sources Chrétiennes", nº 163, 1970. p. 83. O texto data de aproximadamente 1159.
12 *Ibidem*, p. 113.

dos inúmeros *midrashim* que os rabinos confeccionaram saborosamente no decorrer dos séculos, sem se privar de um acréscimo de inteligência? Quem recusaria igualmente se deixar guiar ou surpreender pela glosa tão perspicaz quanto inventiva de um Rachi? Aos rabinos do judaísmo correspondem, no cristianismo, os Padres gregos e latinos, que foram seus herdeiros, os continuadores ou os contemporâneos, no plano da virtuosidade exegética, desde Orígenes até Santo Agostinho. Basta ler, por exemplo, as *Enarrationes in Psalmos* do bispo de Hipona para disso se convencer. Essa arte do comentário defende uma leitura meditada da Bíblia, com certeza pessoal, mas apoiada ou carregada pela Tradição. Por muito tempo, as Igrejas institucionais, tanto no Oriente quanto no Ocidente, se mostraram reticentes a uma leitura privada das Escrituras, fora de todo enquadramnto eclesial. A partir da Reforma protestante, que elogiou o livre acesso de todos à Bíblia, uma tal posição foi muito depressa julgada retrógrada e suspeita: a instituição não confiscava as Escrituras do povo de Deus? Com certeza, houve excessos na intransigência conservadora, assim como inúmeras inabilidades cometidas no plano pastoral, ainda que o magistério oficial quisesse simplesmente manter um princípio de fundo, a saber, os elos complexos que mantêm a tradição escrita e a tradição não escrita. Uma questão ficava colocada: seria possível plenamente entrar no mundo das Escrituras sem levar em conta, de um ponto de vista espiritual, a tradição comunitária que as transmitia de geração em geração? Aliás, o método histórico-crítico, há dois séculos, confirmou amplamente o papel primordial da Tradição eclesial na constituição (escolha dos livros canônicos, exclusão dos apócrifos), na redação (gêneros literários) e na transmissão (meios culturais) das Escrituras. Uma leitura ideal, puramente ingênua, da Bíblia, fica evidentemente sempre possível (o Espírito sopra onde ele quer...), mas ela se volta muito frequentemente ao literalismo selvagem, de que se medem as devastações ocasionais sobre alguns espíritos muito crédulos.

A consideração da tradição hermenêutica não significa, pois, uma renúncia a uma assimilação pessoal do Texto; ela constitui, antes, uma muralha contra os desvios incontrolados de uma emoção superficial, em proveito de um real investimento intelectual e espiritual do leitor, que se tornará mais um leitor esclarecido ou inventivo quanto será colocado humildemente na escuta de outros leitores, companheiros de exegese que a tradição considera como Padres na fé. Dito isto, para retomar as palavras pronunciadas pelo anjo do Apocalipse, ninguém terá jamais competência suficiente para "quebrar os lacres" do Livro. Quem pode se vangloriar de possuir o que Pascal chamava de "chave da cifra"?[13] O mistério fica envolvido em trevas, mesmo se o Verbo encarnado *desenvolveu* seu conteúdo. Só o Cristo é a "chave da cifra", e o Novo Testamento, na Pessoa do Mediador, se torna o livro que se abre quebrando ele próprio os lacres da Revelação. A abertura do Livro coincide com a do coração na cruz, quando se rasga o véu do Templo, ou ainda com a efração do Sepulcro durante a noite pascal. São tantos sinais ou figuras que interrogam o sentido, aprofundando o abismo das interpretações místicas. O leitor penetra no antro das Escrituras como num mundo de palavras, de textos e de livros que turbilhonam diante dele e desarmam seus reflexos habituais. "Vocês perscrutam as Escrituras", lançava Jesus aos seus contraditores, "porque pensam ter, com efeito, a vida eterna, e são elas que me dão testemunho, e vocês não querem vir a mim para ter a vida" (João 5, 39-40). A cultura, a erudição, o zelo religioso ou mesmo a acribia do olhar são pegos em flagrante delito de fiasco, desde que se trate antes de tudo de reconhecer, do fundo de seu ser e sob a capa das palavras, a autorrevelação da Vida e do Vivente.

Sem dúvida, a meditação das Escrituras exige um amor generoso da verdade; mas ela reivindica prioritariamente um amor simplesmente, *tout court*, um pouco desrazoável e incondicionado. "Tudo o que não vai com a caridade é figura", observava Pascal, e "o único objeto da Escritura é a caridade".[14]

---

13 Pascal, op. cit., fr. 281.
14 *Ibidem*, fr. 301

Os lacres não são quebrados senão para afirmar essa primazia. Donde a estranha impressão, lendo a Bíblia, ao mesmo tempo de uma distância intransponível e de uma proximidade que se comunica gratuitamente, em um duplo movimento paralelo de retraimento e de adiantamento. De um texto ao outro, uma coerência se adivinha, mas ela fica somente prometida, e como incessantemente lançada para trás do horizonte das palavras. Aquele que se esconde sob o véu textual marca encontro com aquele que vem ao seu encontro pela leitura. A encenação permanente desse contato explica a difração da Palavra na multiplicidade de seus sinais. Qualquer que seja seu gênero literário (sequências narrativas, oráculos proféticos, discursos, poemas etc.), e qualquer que seja a época em que são compostos, os livros e os fragmentos vivem sob o regime da conivência ou da autorreferencialidade. Os versículos se recortam ou se chocam por um jogo de retornos alusivos e de citações probatórias. Uma leitura meditada da Bíblia é, pois, forçada a imitar uma tal polifonia retórica, essa "ordem da caridade" que, segundo Pascal, "consiste principalmente na digressão sobre cada ponto que tem relação com o fim, para mostrá-la sempre".[15] As Escrituras giram e voltam sobre elas mesmas, sem jamais se cansar de uma dinâmica da repetição. Em virtude dessa anamnese, elas conjugam tão bem a repetição apoiada e a diferença significativa que elas não dissimulam nem algumas contradições manifestas, de que se surpreende, às vezes, o leitor ainda novato, a quem, no entanto, incumbe a tarefa de restabelecer uma ordem interrompida, uma coesão problemática, uma síntese implícita. Pascal via nessas exigências custosas o próprio princípio da exegese bíblica: "Para entender o sentido de um autor, é preciso fazer concordarem todas as passagens contrárias. Assim, para entender a Escritura, é preciso ter um senso no qual todas as passagens contrárias se acordam." Ora, acrescenta o teólogo de Port-Royal, "em Jesus Cristo todas as contradições são

---

15   *Ibidem*, fr. 329.

concordantes".[16] A solução dialética se situa, com efeito, para os cristãos, no exterior do Texto em si, na *dissolução* do Texto justamente, e na confissão do Verbo crucificado. Sendo assim, o Texto inspirado gosta do enfrentamento com leitores intrépidos e o procura, e estes devem bater-se com ele, como Jacob lutou com seu parceiro noturno.

Mal-estares sobre leitura

Numa tal perspectiva, uma leitura sábia ou pretensamente como tal não se revela menos tateante que a leitura que não vai ao encontro dos amadores. Na realidade, o claro-escuro das Escrituras convida todo leitor benévolo a ampliar o espaço--tempo interior de sua meditação, mesmo que seja para melhor controlar a errância de suas distrações ou de suas curiosidades. Cassiano pintou, sob a forma de um retrato-robô muito realista e algo irônico, o comportamento desastroso de um leitor giróvago levado pelo capricho de seus humores:

> Colocamo-nos no espírito alguma passagem de um salmo, insensivelmente ela se esvai, e a alma desliza inconscientemente e toda surpresa para um outro texto da Escritura. Ela se põe a meditá-lo; mas ela ainda não o penetrou a fundo quando um texto novo surge na memória e expulsa o precedente. Entrementes, um outro aparece: nova mudança! A alma rola assim de salmo em salmo [*ita animus semper de psalmo rotatus ad psalmum*], salta do Evangelho a São Paulo, deste se precipita aos profetas, daí se leva a histórias espirituais. Inconstante e errante, ela é sacudida aqui e acolá por todo o corpo das Escrituras, não podendo nada afastar nem reter a contento, em nada penetrar, nada aprofundar, nada esgotar; só o que ela faz é tocar e experimentar os sentidos espirituais, sem produzir nem se apropriar de nenhum.[17]

Se invertermos os propósitos negativos contidos nas últimas linhas, obtemos o descritivo exato de uma meditação autêntica,

---

16   *Ibidem*, fr. 289.
17   João Cassiano, op. cit., X, p. 94.

Escrita · 215

que aumenta a fineza do "sentido espiritual". O texto lido deve ser "experimentado" e não gulosamente absorvido; ele deve também ser convertido, isto é, intimamente *traduzido*. O universo bíblico, aliás, se dá sempre a ver sob o signo da tradução. Inúmeros escribas, porta-vozes do "Deus oculto", redigiram livros que, afinal das contas, se apresentam todos como uma tradução da Palavra de Deus. O Eterno, com efeito, não fala nem hebraico nem grego... Tradução (*traducere*) e tradição (*tradere*) têm parte comum, num gesto único de transmissão. A utopia dos enunciados (Deus habita um não lugar) é reforçada na Bíblia pela pluralidade dos locutores e pela diversidade das posturas enunciativas. Os escritores "inspirados" se aperfeiçoaram em preservar um mistério, a exemplo dos arquitetos egípcios que reservavam um lugar de escolha para a câmara do rei, no coração das pirâmides. No dédalo das Escrituras abundam, com efeito, as situações sem saída ou as falsas pistas (textos aparentemente desprovidos de qualquer interesse outro senão anedótico), enquanto tal detalhe, assim que mencionado, se revelará, com o tempo, da primeira importância. À diversidade dos tons ou dos procedimentos, à profusão dos gêneros literários mobilizados, acrescenta-se uma temática desconcertante que se manifesta em textos raramente edificantes, mas, ao contrário, frequentemente embaraçosos ou enigmáticos, mesmo para a imaginação sem limites da alegoria figurativa cara à Escola de Alexandria.

Estranheza do texto, pois, que não me falará, enquanto eu não tiver feito o esforço de penetrar nele e de recebê-lo tal qual. Isso requer tenacidade, assiduidade, para que, sem folga, se exerça o que Hugues de Saint-Victor chamava uma "reflexão insistente [*frequens cogitatio*]".[18] Uma operação de descentramento se impõe, porque não se trata principalmente de se contemplar a si mesmo meditando, por vão narcisismo, numa suave atmosfera de piedade. Inútil executar a comédia do fervor

---

18   Hugues de Saint-Victor (1096?-1141), *De Meditatione*. Paris: Cerf, "Sources Chrétiennes", nº 155, 1969. p. 45.

emprestado, que nos transformaria em personagem ridículo capaz de pronunciar tacitamente essas palavras devidas ao sarcasmo de Baudelaire: "Enfeitemos com fitas nosso coração como um frontispício!"[19] A tentação perniciosa do esteticismo espiritual acaba facilmente no autorretrato do leitor como alma de elite. Ora, a Bíblia não é destinada às "belas almas", e não é o que eu penso do texto que importa, mas o que o texto pensa de mim: a Palavra é uma espada que corta e que profere um julgamento. Lembrar-se-á aqui que o prévio a todo exercício espiritual consiste em esvaziar-se de si mesmo. Pelas Escrituras, no caso, o leitor se deixará captar pelo exotismo dos propósitos, livrando-se, na medida do possível, de um amor próprio mórbido. O desafio concerne ao *status* do sujeito-leitor: "Vaporização e centralização do *Eu*. Tudo está aí", assim como o escrevia com lucidez Baudelaire, em *Meu coração posto ao seu.*[20]

Se nos referirmos aos termos em uso na tradição meditativa, captaremos melhor como devem se coordenar entre eles os "poderes da alma". O leitor aplica ao texto seu entendimento para melhor inventar (descobrir ou redescobrir) o sentido; ele implica sua memória a fim de implicar também sua própria história pessoal; ele estimula, enfim, sua vontade porque se decide a agir na atualidade do tempo presente. Todas as faculdades mentais, inclusive a imaginação que as atravessa todas, se aclimatam ao texto, enquanto se desenrola uma cura de desintoxicação em relação ao "mundo", radicalmente suspeito, no qual estamos, no entanto, absorvidos. Durante o face a face ou o corpo a corpo que une o texto bíblico ao seu leitor, a questão que se coloca é inicialmente a do estar-no-mundo, e, portanto, também, a do estar-diante-de-Deus, e não inicialmente (isso virá mais tarde) a questão do dever ético ou moral. Sem recusar naturalmente a vocação sublime do homem, criado "à imagem e à semelhança

---

19 Charles Baudelaire, Choix de Maximes Consolantes sur l'Amour. In: *Œuvres*. Paris: Gallimard, "Bibliothèque de la Pléiade", 1961. p. 470.
20 Charles Baudelaire, Mon Coeur Mis à Nu. In: *Œuvres*, cit., p. 1.271.

de Deus", a Bíblia não sente nenhum pudor em exibir a miséria humana sob todas as suas formas. Ela insiste até com predileção sobre o talento incontestável da humanidade pelo erro e pelo horror. No desenrolar dos livros e das páginas acumulam-se as mesquinharias do gênero humano, suas pequenezas morais, seus fracassos repetidos quanto à regulação harmoniosa das relações sociais. A história "santa" está saturada de catástrofes em série (crimes, massacres, guerras, deportação...) e, com raras exceções, por toda parte triunfa, senão o mal, pelo menos a triste eficacidade da alienação servil, na qual muitos homens parecem comprazer-se. Assim, as Escrituras expõem, de maneira abrupta e provocadora, tudo o que a humanidade (a título individual ou coletivo) fez e continua a fazer no momento em que, eu, leitor, estou percorrendo-as. Compreende-se bem que, decididamente, com evidência, não são a "piedade" e o "fervor" que são prioritariamente exigidos, mas, antes, a inteligência ou o sobressalto da consciência, ou, então, ainda, a interrogação diante de um tal dilúvio de *nonsense* aparente.

A Bíblia maltrata mais frequentemente do que acalma; ela desola e consola ao mesmo tempo, num mesmo esparrame de graça. O Novo Testamento só exacerba as coisas, visto que ele reivindica ousadamente, pela boca de Paulo, a "bobagem" de sua mensagem e pronuncia um verdadeiro "elogio da loucura", mandando o mundo para um absurdo tão trágico que passa como razoável: "É pela loucura da mensagem que agradou a Deus salvar os crentes" (1 Cor. 1, 21). Erasmo e Pascal meditaram longamente esse enigma acusador. Todo "pensamento do Cristo" só pode terminar na Cruz; ele seria, aliás, radicalmente nulo e malsucedido se não fosse parar no próprio lugar da suprema contradição, lá onde a Vida e a Verdade foram crucificadas.[21] Doravante, sem o amor da Cruz, que só ela pode conferir a graça da Ressurreição, e que sem essa graça cairia infalivelmente no mais irrisório dos miserabilismos, qualquer exercício espiritual se reduz a uma ges-

---

21   "Eu sou o Caminho, a Verdade e a Vida" (João 14, 6).

218 ❧ O Corpo Pensante ❧ Christian Belin ❧

ticulação mental sem dúvida proveitoso, mas profano. Em todo momento, o cristão pode assim derivar, continuando a meditar, certamente, mas fora da "loucura da Cruz". Então, para ele "a paródia começa [*incipit parodia*]"[22] sem que ele se dê conta.

O Livro crucificado

A despeito do "sentido" moral que oferece a Bíblia, entre outras interpretações, uma leitura exclusivamente moralizante constituiria uma armadilha. As Escrituras não se pretendem nem um manual de civilidade nem um código de procedimento moral. As partes jurídicas do Antigo Testamento, em especial a avalanche das prescrições rituais contidas, por exemplo no Levítico, amplamente obsoletas, lembram a lenta emergência da consciência moral desde os tempos remotos da humanidade. Como quer que seja, o cristão não vive mais segundo um regime legislativo: "Tudo o que diz a Lei, ela o diz para aqueles que estão sob a Lei, a fim de que toda boca seja fechada, e o mundo inteiro, reconhecido culpado diante de Deus [...]. A Lei só mostra o conhecimento do pecado" (Rom. 3, 19-20). São Paulo tira todas as consequências teológicas desse argumento: "sem a Lei", ainda que por ela "atestada", a "justiça de Deus se manifestou pela fé em Jesus Cristo" (Rom. 3, 21). A conclusão fica sem apelo, aquela mesma que confundiu a consciência inquieta do jovem Lutero: "O homem é justificado pela fé sem a prática da Lei" (Rom. 3, 28). A Epístola aos Gálatas desenvolverá de novo a mesma convicção: "Pela Lei estou morto na Lei, a fim de viver em Deus: estou crucificado com o Cristo, e não sou mais eu quem vive, mas o Cristo que vive em mim" (Gál. 2, 19-20); doravante, a ética do comportamento cristão, em todas as coisas, só repousa sobre "a fé que opera pela caridade" (Gál. 5, 6). Um tal conjunto de argumentos não pode afetar a maneira cristã de ler ou de meditar as

---

22 A expressão é tomada emprestada do prefácio do *Gai Savoir* de Nietzsche (1882).

Escrituras, onde o fiel sempre procura um aprofundamento de sua fé, no mistério de uma graça não merecida.

Se ele se diz ou se ele se pretende cristão, o leitor da Bíblia se vê por toda parte "crucificado com o Cristo", que sozinho carregou e "tirou" o pecado do mundo (João 1, 29); ele se persuadirá, então, facilmente da nulidade de suas próprias obras, de seus pequenos méritos ou de seus esforços irrisórios. Desde a aurora da humanidade até o fim dos tempos, a soma dos pecados só poderá aumentar, mas ela foi uma vez por todas apagada e levada definitivamente a zero. O mal proteiforme e terrivelmente inventivo que se acumula e que, em nossa história pessoal ou coletiva, tão frequentemente triunfa foi assumido pelo Cristo. Em nome dos pecadores e em seu lugar, o Filho foi abandonado pelo Pai, em nome da Lei, até a morte e a descida aos infernos. Tal é o foco nuclear da "loucura" cristã, de sua mensagem propriamente irreceptível fora da fé na Ressurreição, a partir da qual tudo se ordena diferentemente e toma, com efeito, um sentido completamente diferente. O mistério da Crucificação fica, todavia, em permanência sob os olhos daquele que se vê "crucificado com o Cristo". A tragédia do Calvário se transformou em triunfo brilhante, mas o trágico da condição humana subsiste sempre na trama dos dias que passam. Como escrevia Pascal, "Jesus estará em agonia até o fim do mundo. Não se deve dormir durante esse tempo".[23] Essa meditação pascaliana, tão profundamente cristã, encontrará, aliás, um eco inesperado em Céline, nessa reflexão desabusada feita pelo narrador da *Voyage au Bout de la Nuit*: "A verdade é uma agonia que não termina. A verdade desse mundo é a morte."[24] A "linguagem da cruz" (1 Cor. 1, 18) fornece ao pensamento cristão sua língua e sua gramática, seu léxico e sua sintaxe. A escrita meditativa se acha justificada nela, mas ela herda também uma ambivalência que sempre conservou através

---

23   Pascal, op. cit., fr. 749, *Le Mystère de Jésus*.
24   Louis-Ferdinand Céline, *Voyage au Bout de la Nuit*. Paris: Gallimard, 1952. p. 200.

220   ✤ O Corpo Pensante ✤ Christian Belin ✤

das idades e que oscila entre duas tendências: ora, com efeito, ela se deixa levar pela clareza diurna do mistério pascal, ora, ao contrário, ela se demora na contemplação noturna da Paixão. Os dois polos se juntam necessariamente, mas as inflexões são múltiplas, com efeitos de majoração previsíveis, sobre a glória ou sobre o sofrimento, sobre a exaltação ou sobre a degradação. Uma visão humanista, tingida de otimismo, se defronta com uma visão anti-humanista que cede mais ao pessimismo.

Uma alternância assim de sombras e de luzes fica inscrita no próprio texto do Novo Testamento, que a escrita meditativa cristã considera como um modelo intransponível. Como, a partir de então, se poderia não levar em conta a perspectiva na qual ele foi escrito? Todos os livros que o compõem foram redigidos depois do evento da Páscoa, e eles não cessam de projetar uma luz retrospectiva sobre tudo o que precede esse dia único e singular. Dito isto, os evangelhistas ou os apóstolos escritores não esquecem jamais que, se "a luz brilha nas trevas", "as trevas não a apreenderam", e que se o Cristo "estava no mundo", se ele "veio a ele", "o mundo não o reconheceu", e "os seus não o acolheram" (João 1, 5-6 e 10-11). Do ponto de vista do fim, "que se deve mostrar sempre", como dizia Pascal, a derrota do Cristo *já era* seu triunfo, mas, fora da fé, a evidência dessa derrota terrestre fica para sempre um sinal gratuitamente escandaloso, e por isso condenado a uma insignificância definitiva. Assim, a escrita meditativa deve assumir até o fim, por sua vez, o risco do contrassenso ou do mal-entendido. Talvez também ela esteja destinada a reproduzir a dicotomia que opõe o livro "lacrado" ao livro "aberto". Todo um imaginário decorre daí, de que se encontra a figura na própria estrutura do Novo Testamento. O Livro "lacrado" se abre, com efeito, por um longo túnel que se origina na noite dos tempos, interminável genealogia descendente, desde Adão até Jesus: catabase em pleno seio da humanidade (Mt. 1, 1-17). Em seguida, os textos desfilam, e os pergaminhos se desenrolam. O Livro termina, então, por uma cosmogênese ascendente, onde a Terra se junta ao Céu: anabase da *anastasis* (Ap. 21-22). Desde o

Escrita 221

Evangelho segundo Mateus até o Apocalipse, o texto se "desenrola" assim, mas também entre um sonho (o de José visitado por um anjo) e uma visão (a de João, em Patmos, ele também assistido por um anjo). Mesmo "aberto", o Livro conserva o "lacre" do mistério, abolindo, ou, ao contrário, preservando a distância que separa Deus e sua criação, a Terra e o Céu, a essência divina desconhecível e a humana existência assumida no Santo dos santos. Nos quatro pontos cardeais, o Livro expõe suas margens, texto holograma, insigne recapitulação, indício de renovação absoluta. Tal qual o Novo Testamento não é destinado à recitação passiva, servil ou encantatória; ele convida, ao contrário, seus leitores a tomarem um recuo perigoso, mas salutar, para poder livremente sondar todos os abismos do homem.

A Sabedoria em baixo contínuo

Embora elas sejam objeto de meditação, as Escrituras não adotam uniformemente o tempo meditativo. Alguns livros, em compensação, oferecem generosamente um espaço propício às reflexões, ao murmúrio interior. Os livros sapienciais do Antigo Testamento, em particular, insuflam um tal ritmo, em baixo contínuo. Uma liberdade de tom audaciosa caracteriza muito frequentemente seu propósito. O Eclesiastes, por exemplo, coloca em cena um personagem imaginário, um certo Qohélet, filho de Salomão, rei de Israel desabusado, que mantém um surpreendente discurso cético sobre a onipresença das vaidades e da inconsistência vaporosa de tudo. Uma sabedoria muito humana, calma e sorridente, se expressa aí, às vezes tingida de epicurismo: se há "um momento para tudo e um tempo para cada coisa", "não há felicidade para o homem, senão no prazer e no bem-estar durante sua vida" (Qoh. 3, 1 e 12). Outras palavras de sibarita se encadeiam, sobre o vinho, o perfume e as mulheres, misturadas com reflexões muito mais sombrias sobre a extrema fragilidade da vida. Compreende-se que esse livro tenha encantado os libertinos eruditos do século XVII, como La Mothe Le Vayer, embora ele tenha também amplamente inspirado, na mesma época, os poetas ou os pintores de vaidades. O Eclesiastes emblematiza o estilo concertante ou polifônico da Bíblia, que concede aqui e acolá um direito de palavra às opiniões mais diversas, ao mesmo tempo em que, em outras partes, ela tomaria cuidado de refutá-las ponto por ponto. A infiltração da sabedoria pagã se encontra também no Livro da Sabedoria, onde recordações platônicas (a sabedoria "reflexo da luz eterna" [Sab. 7, 26]) se fundem, prova de uma inculturação bem-sucedida, numa rica doutrina do Espírito que "enche o mundo" e tem "conhecimento de cada palavra" (Sab. 1, 7).

Uma das joias espirituais do Antigo Testamento é, evidentemente, o Cântico dos Cânticos, que os místicos judeus, cristãos e muçulmanos não cessaram de comentar o mesmo encantamento. Nessa pastoral galante, corrida-perseguição através das vinhas de En-Gaddi, Deus não é nomeado nem uma única vez. Mais que um simples epitalâmio, onde se expandiriam com coração aberto dois belos jovens prometidos ao casamento, trata-se inicialmente de um poema erótico refinado que canta os ardores da busca amorosa, sem jamais calar, por falso pudor, as expectativas concretas da carne. Que se leia aí, sob o véu, às vezes, suspeito das alegorias, o amor do Eterno por Israel, ou, então, o do Cristo pela Igreja ou pela alma fiel, nada muda na audácia descritiva do sentido literal, tão realista e tão intensamente lírico que ele constitui um dos mais belos textos sobre o mistério da união carnal, à qual Deus, em seu amor infinito, concede todas as suas bênçãos.

Em algum lugar, no sul do Mar Morto, a história de Jó transcorre numa atmosfera totalmente diferente. Deus entrega esse homem a Satã, para colocar à prova sua fé. Tendo perdido todos os seus bens materiais e até seus próprios filhos, atingido por uma úlcera perniciosa, abandonado por todos, ele "amaldiçoa o dia em que nasceu" (Jó 3, 1) e se lamenta indefinidamente. Falsos amigos tentam convencê-lo de uma culpabilidade secreta, pela qual ele sofreria o castigo, mas Jó clama até o fim sua inocência. Ele conhece as angústias da revolta inútil, não sem experimentar a dor de um desespero implacável. Apesar de tudo, ele acaba confessando a incompreensível justiça de Deus, "retratando-se" e afligindo-se "sobre a poeira e sobre a cinza" (Jó 42, 6). O livro de ó mantém muitas afinidades com as tragédias de Ésquilo ou de Sófocles, porque ele aborda problemáticas semelhantes: responsabilidade ou irresponsabilidade do homem doente, aceitação ou recusa da ordem divina, justiça imanente ou justiça transcendente, coerência ou absurdo dos acontecimentos etc. Jó encarna o homem da solidão existencial, que conserva, contudo, sua dignidade na miséria mais extrema. Homem justo, testado e, finalmente, justificado por Deus, e não por ele mesmo, ele é também um personagem dilacerado que deve introduzir-se na "noite escura" da fé, como João da Cruz fará mais tarde essa experiência. Ora, esse consentimento às trevas, e não o sentimento falacioso de sua própria justiça, lhe confere a santidade. Por seu combate interior e sua paixão pela análise lúcida, Jó representa o tipo do homem meditante, que não se resigna jamais a não exercitar seu espírito. Consciente do valor espiritual de seus pensamentos, no entanto, tão frequentemente amargos, ele sonha confiá-los à escrita, como um testemunho que poderia consolar seus companheiros de miséria, seus irmãos humanos: "Ó! Eu desejaria que escrevessem minhas palavras, que elas fossem gravadas numa inscrição" (Jó 19, 23). É precisamente em razão de sua profunda humanidade que, na liturgia católica, o livro de Jó é solicitado com insistência durante o ofício dos defuntos.

Enfim, entre as pausas meditativas que reserva a leitura do Antigo Testamento, um lugar real cabe ao livro dos Salmos, abecedário de toda oração vocal ou mental. Em qualquer língua que seja traduzido, o Saltério conserva intacto seu poder de fascinação. Não somente, como já dizia Cassiano, ele exprime todos os estados de alma possíveis, mas desenvolve, de alguma maneira, uma meditação sobre as Escrituras em si, das quais ele constitui uma das chaves mais eficazes. "Os salmos cantados por toda a Terra"[25] são, ao mesmo tempo, um objeto e um instru-

---

25   Pascal, *Pensamentos*, op. cit., fr. 37.

mento de meditação. Os cristãos não conseguiriam, por outro lado, esquecer que eles foram incansavelmente murmurados por Jesus e seus apóstolos. O Saltério encerra a quintessência das Escrituras; é a razão pela qual ele introduz magistralmente aos exercícios espirituais da *lectio divina*. Vendo nele o modelo de toda meditação escrita, Pierre Nicole só repete uma tradição eclesial unânime:

> Deus, dando-nos sua Escritura, não nos forneceu somente o objeto de nossas meditações, e não nos excitou somente a medi-tá-la por exortações fortes e reiteradas, mas ele quis ainda nos dar um modelo incomparável no Livro dos Salmos, a fim de nos mos-trar de que maneira devíamos praticar esse exercício. Porque não há meditação de que esse livro inteiramente divino não nos dê ex-celentes exemplos.[26]

Com um léxico simples e frequentemente concreto, em-prestado da vida quotidiana (comer, beber, dormir, lavar-se, cantar etc.; a montanha, o mar, o céu, os animais, o sol, a noi-te etc.; o povo, o rei, os inimigos etc.; a justiça, a verdade, a lei, o sofrimento, a doença, o exílio, a misericórdia etc.), os Salmos se prestam comodamente aos enfeites da glosa, adaptando-se às menores circunstâncias da existência individual ou coletiva. Carnê de viagem do *homo viator*, o homem em peregrinação aqui embaixo na Terra, o Saltério parece um texto camaleão de que cada um pode facilmente se apropriar. A salmodia, aliás, executada no próprio seio da Igreja e em seu nome, forma a os-satura do Ofício monástico, ritmando o escoamento das horas ou dos dias no interior do ciclo hebdomadário.

O texto como uma liturgia

A dimensão litúrgica esclarece também os textos do Novo Testamento particularmente representativos de uma certa inten-sidade meditativa, quando um tema ou uma imagem dão lugar

---

26 Pierre Nicole, op. cit., II, 4, p. 281.

a uma orquestração apoiada. A Epístola aos Hebreus, por exemplo, trata toda ela do sacerdócio do Cristo, único e universal; a Primeira Epístola de São João reitera a condescendência inaudita do *agape*, enquanto todo o *corpus* joânico em seu conjunto (Evangelho, Apocalipse), amplamente marcado por uma forte tonalidade contemplativa, se refere à divina liturgia que, pelo Cristo e no Espírito, liga a Terra ao Céu. As cartas de Paulo escritas durante seu cativeiro (Efésios, Filipenses, Colossenses) ampliam ou completam esse horizonte, exaltando a significação cósmica da salvação trazida pelo Cristo: toda a economia redentora se encontra assim integrada na visão grandiosa da Igreja-Corpo místico. Ora, a liturgia se define precisamente como a mais profunda ou a mais eminente forma de expressão do Corpo místico completo, sem fronteiras nem espaço nem tempo. Por ela se efetua uma *lectio divina* coletiva, pronunciada, no entanto, em alta voz, em nome de cada um dos membros do Corpo.

Os textos litúrgicos constituem um documento maior para apreender o espírito e a substância da meditação cristã das Escrituras. Esparsos em inúmeras coletâneas (antifonários, missais, breviários etc.), pacientemente elaborados por tradições diferentes (grega, siríaca, romana, galicana, moçárabe etc.), esses textos se destacam ainda por sua incontestável qualidade literária. Embora hoje bem amplamente ignorado, seu esplendor espiritual e poético foi muitas vezes destacado ou sabiamente analisado, como comprovam as obras de Nicolas Cabasilas, de Nicolas Letourneux ou de Prosper Guéranger. Desde o tempo das Reformas protestante e católica, no século XVI, grandes esforços foram demonstrados pelas Igrejas, para fazer com que todos experimentassem as belezas da liturgia. Gerações de fiéis, por exemplo, no mundo católico, foram iniciados na meditação litúrgica por missais inteligentemente traduzidos e comentados, como o de Dom Lefèvre, no século XX. Mas, ao lado do missal, caro à piedade católica, poder-se-ia também evocar o *Saltério* de Genebra, livro de cabeceira dos huguenotes, ou, ainda, o *Common Book of Prayers*, que a Comunhão anglicana envolve com o maior respeito. Em todas as épocas, os grandes escritores foram sensíveis a esse patrimônio cultural, em que eles se inspiraram, às vezes, amplamente, desde Villon até Baudelaire, desde Pascal até Claudel ou Patrice de La Tour du Pin. O imaginário litúrgico impregna, aliás, obras que não se reivindicam ostensivamente o cristianismo. A serva Felicidade, humilde heroína de *Um coração simples*, de Flaubert, agoniza enquanto passa sob suas janelas a procissão de *Corpus Christi*. *Notre-Dame-des-Fleurs*, romance de Jean Genet, ou, então, ainda, de maneira mais sábia, *Ulisses*, de Joyce, estão cheios de alusões à liturgia católica e ficam parcialmente incompreensíveis fora dela.

O Ofício litúrgico é composto de um mosaico de textos que se esclarecem uns aos outros, sejam eles emprestados da Bíblia ou da tradição eclesial. Nos dias ordinários como no tempo festivo marcado pelas solenidades, o Antigo e o Novo Testamentos desfilam aí em procissão hierárquica, enquanto a voz difusa dos glosadores tece uma rede de comentários (leituras patrísticas), de poemas (hinos, sequências) e de orações. A liturgia ensina uma maneira de ler e de rezar as Escrituras, com uma arte consumada da *dispositio*.[27] As passagens propostas a uma incessante releitura, no interior de um ciclo anual, não são selecionadas para oferecer uma antologia, mas para favorecer a contemplação. Um tema, um evento ou um personagem provocam aproximações de textos que se recortam em função das figuras ou dos símbolos. Os "mesmos pensamentos" formam, então, "um outro corpo de discurso por uma disposição diferente",[28] visto que "as palavras diversamente arrumadas fazem diferentes efeitos".[29] No interior de um tal dispositivo fragmentário, um modo dialógico se impõe, de que se encontra o equivalente musical no modo responsorial: no fundo, qualquer passagem lida ou cantada num quadro litúrgico fica sempre um *repons*. A partir do livro de

---

27 O termo retórico de *dispositio* remete às noções de arranjo e de composição harmônica.

28 Pascal, *Pensamentos*, op. cit., fr. 575.

29 *Ibidem*, fr. 645.

Escrita 227

onde ele é extraído até a sequência escolhida, da perícope ao versículo, e do versículo até esta ou aquela palavra, o texto atravessa o prisma de uma *lectio divina* amorosa. Cada palavra pode assim tornar-se a metonímia do mistério a contemplar, ainda mais que os textos originários da tradição litúrgica, compostos também segundo o mesmo desígnio, impressionam a memória por sua densidade expressiva. Concisão e lirismo caracterizam a retórica do Missal ou do Breviário romanos, que reforça, é verdade, a suavidade lacônica do latim da Vulgata. Fora até de qualquer consideração espiritual, os sucessos propriamente literários são muito numerosos: ofícios da Semana Santa, da Festa da Exaltação da Cruz, da Dedicação das Igrejas, da Imaculada Conceição, liturgia dos defuntos, dos mártires etc.

Entre os escritos meditativos que mantêm elos estreitos, orgânicos ou estruturais com a liturgia figuram os comentários da Bíblia. A idade de ouro da patrística se prolongou por muito tempo, durante todo o período medieval (São Bernardo alegorizou assim luminosamente o Cântico dos Cânticos) e até o século XVII: Bérulle meditou os Evangelhos da Natividade e da Infância em seus *Discours de l'État et des Grandeurs de Jésus*; Bossuet redigiu *Méditations sur l'Évangile* e suntuosas *Élévations sur les Mystères*. O vasto *corpus* das homilias ou dos sermões se liga muito frequentemente à mesma tradição, tanto que as referências escriturárias abundam (em João Crisóstomo, Agostinho, Bossuet), assim como as alusões ao ciclo litúrgico. Dito isto, mesmo a teologia especulativa não é desprovida de pano de fundo contemplativo. Santo Anselmo, tão dedicado à metafísica, contribuiu amplamente, por suas *Méditations* (século XI), elogiando uma prática que se transformava cada vez mais em verdadeiro gênero literário. São Boaventura dará, por sua vez, em 1259, um *Itinéraire de l'Âme vers Dieu*. As formas retóricas da meditação escrita são, aliás, muito diversas: comentários, glosas, paráfrases, tratados, diálogos, cartas, regras etc. É, às vezes, difícil distinguir os gêneros ou estabelecer uma norma qualquer, ainda que o princípio da *lectio divina* possa servir como fundamento garantido. Toca-se aí, aliás, no problema mais geral da literatura espiritual, que ignora, muitas vezes, com raras exceções, uma história da literatura às vezes tornada míope por excessos de laicismo. Dito isto, se uma obra literária com assunto "religioso" ou cristão não depende necessária ou exclusivamente de um protocolo meditativo, este frequentemente informa suas mais belas páginas. A digressão sobre a "Lenda do Grande Inquisidor", no seio dos *Irmãos Karamazov*, desenvolve assim uma magnífica meditação sobre a rejeição do Cristo pelos seus.

Em direção do livro interior

Nossa época, amplamente descristianizada é possível surpreender-se com sucessos encontrados, entre a Renascença e o século XX, pela prática da oração mental e exercícios espirituais. O primeiro século XVII conheceu o apogeu desse movimento cultural. Alguns livros de devoção, hoje esquecidos ou desconsiderados, atingiram um vasto público e foram incessantemente reeditados, como o *Combat Spirituel* de Lorenzo Scupoli (1589), as *Méditations sur les Mystères de notre Sainte Foi*, de Luis de La Puente (1605), a *Inrodução a Vida Devota*, de Francisco de Sales (1608), ou, ainda, o *Exercice de la Perfection et des Vertus Chrétiennes*, de Alphonse Rodriguez (1609). Estas obras, ou os inúmeros epígonos que elas geraram, enfatizam a dimensão quase exclusivamente ascética dos exercícios espirituais. Elas insistem nos métodos a adotar ou nos procedimentos a seguir, mas apostam antes de tudo no voluntarismo indispensável à operação. Observa-se, geralmente, exceto em Francisco de Sales, um formalismo extremo das "práticas" ou dos "exercícios", assim como numa certa obsessão do rendimento quantitativo. Um tal stakhanovismo, insensibilizador e compulsivo, deixa pouco lugar à iniciativa pessoal. Em suas reflexões, aquele que reza deve escrupulosamente seguir passo a passo "pontos" de meditações já fixados (em geral em número de três). O "manual" de devoção, mesmo se ele é concebido como uma ajuda espiritual colocada entre as *mãos* do leitor, corresponde, na realidade, a uma verdadeira sujeição desse mesmo leitor, enquanto a "direção espiritual" se torna cada vez mais diretiva e coercitiva. Sérios entraves ameaçam esse gênero de literatura: a deriva moralizadora, a tendência ao sentimentalismo, o formalismo estéril, a boa consciência, ou, ao contrário, a culpabilidade excessiva etc.

No seio da galáxia de obras devotas, ameaçada de pletora, brilham incontestavelmente os *Exercícios Espirituais* atribuídos a Inácio de Loyola (1548). Esse livrinho, no entanto, tão emblemático do gênero, concede, de maneira muito audaciosa, um lugar predominante à personalidade do retirante, que deve, com certeza, deixar-se guiar por um procedimento rigoroso (quatro semanas, cinco exercícios quotidianos, exames de consciência aprofundados), mas que deve principalmente ficar atento às suas próprias "moções" interiores. Uma escolha de vida, um modo de relação com Deus e com os outros são o desafio de um protocolo meditativo que se apoia no envolvimento do corpo, pelo despertar dos "sentidos espirituais" e o recurso constante às imagens. A "maior glória de Deus" não se deixará descobrir e contemplar senão ao termo de um envolvimento sem restrição de toda a pessoa, numa liberdade tão máxima quanto heroica. Uma outra originalidade dos *Exercícios*, e não a menor, deve-se ao fato de que esse livro se contenta em ser essencialmente metadiscursivo, a fim de que o aprendiz invente ele mesmo seu próprio itinerário. Quando muito é possível ler, aqui e acolá, alguns esboços de meditações-tipo (sobre os Dois Estandartes, para aprender a fazer "eleição" sobre o Inferno, para tomar consciência do pecado). O que importa, com efeito, aos olhos de Inácio, é a "maneira de proceder", e não o detalhe, na verdade imprescritível, dos procedimentos. O retirante deverá experimentar o "pensamento do Cristo", em sua carne, e pela inteligência do coração, e não recebê-lo passivamente de outro, mesmo sendo de um "diretor espiritual" ou da Igreja institucional.

Os *Exercícios*, sempre se destacou, devem muito às ideias propagadas pela *devotio moderna*,[30] que apostava no investimento individual do cristão. A obra-farol dessa corrente espiritual continua sem contestação a *Imitação de Jesus Cristo*, que foi, durante séculos, nos meios católicos, o livro de piedade mais difundido e mais popular. A obra, anônima, foi composta em Flandres, na segunda metade do século XIV; ela forma um conjunto bastante disparate, onde se misturam, em quatro livros, opiniões gerais sobre a vida espiritual, diálogos entre o Cristo e a alma fiel e, enfim, uma longa meditação sobre a Eucaristia. Primeiramente, alguns aspectos poderiam chocar o leitor de hoje. O autor é tão fascinado pelo negrume insigne do pecado que seria suspeito geralmente de complacência mórbida. Na realidade, se ele não dissimula a profunda miséria do homem, ele acredita no poder salvífico de uma verdadeira conversão. Seu propósito respira a gravidade, e mesmo uma certa taciturnidade, ainda que uma fé ardente os transforme em motivos de esperança. A humildade aí é descrita como a virtude decisiva, sem a qual nenhum progresso espiritual seria concebível, e, no entanto, essa humildade reiterada até dar a vertigem do nada se acompanha por uma alegria secreta que subentende permanentemente o discurso e que, de um ponto de vista literário, transparece em uma língua extremamente melodiosa, com ritmo envolvente. O escritor, com efeito, domina a arte de cinzelar sentenças tão elegantes e perscutíveis quanto os apotegmas do Deserto. Quanto ao título da obra, ele se mostra bastante paradoxal, visto que o propósito tende antes a demonstrar a impossibilidade de uma real imitação de Jesus. O Cristo fica para sempre inimitável, embora o cristão deva manter o desejo de uma imitação sincera e fiel. Na realidade, a vida do Cristo constitui o primeiro e único objeto da contemplação cristã. Inácio se lembrará disso em seus

---

30   Movimento de reforma espiritual, nos séculos XIV e XV, que insistia na conversão pessoal do fiel e no fervor da oração. O movimento se desenvolveu principalmente na Renânia e nos Países-Baixos.

Exercícios. Num outro ponto também, a *Imitação* anuncia os *Exercícios Espirituais*, no sentido de que o livro não cessa de se retrair, de se apagar ou de se aniquilar: ele não fornece nenhum modelo padronizado de reflexão, mas transmite com paixão o gosto de meditar, em busca do "pensamento do Cristo".

A *Imitação* e os *Exercícios* são tão mais persuasivos que eles expressam um ponto de vista pessoal, convidando seus leitores a escolher, por sua vez, um itinerário que lhes seja próprio. O gênero literário da autobiografia espiritual comprova, ele também, essa necessidade. Um dos pioneiros foi, sem dúvida, Hilário de Poitiers, cujo tratado sobre a *Trindade* começa por um breve prelúdio autobiográfico, como se o testemunho individual reforçasse a legitimidade do discurso teológico. Mas são evidentemente as *Confissões* de Santo Agostinho que consagraram o gênero da autobiografia intelectual e espiritual. Pela riqueza de suas harmônicas, as *Confissões* representam uma das obras-primas absolutas, entre todos os gêneros, da meditação cristã. Agostinho abria o caminho para uma brilhante posteridade literária. Filósofos como Descartes e Spinoza contarão eles também o impacto de sua "conversão" intelectual sobre a gênese de seu pensamento. Na ordem puramente espiritual, Teresa de Ávila escreverá uma *Vida Escrita por ela Mesma*, enquanto uma de suas filhas carmelitas, Thérèse de Lisieux, redigirá o *Diário* de sua alma. Poder-se-ia também destacar a autobiografia de Madame Guyon ou os emocionantes *Relatos de Cativídade* redigidos pelas religiosas de Port-Royal. Todas essas narrações se ligam à grande tradição hagiográfica e martiriológica, onde importa antes de tudo meditar sobre a obra da graça através do caso exemplar de um destino singular. Nossa época parece ser muito sensível a esse gênero de testemunhos concretos que ancora na história real à trajetória de um indivíduo, reforçando, no caso, o valor das palavras que ele pôde pronunciar. O próprio São Paulo se confia uma tal atitude, visto que ele relata várias vezes o episódio emblemático (e para ele verdadeiramente crucial) de sua própria conversão.

A literatura mística trai, não somente involuntariamente, mas também de forma consentida, uma confiança desvairada nas Escrituras e na escrita. Ela reivindica uma explanação (*explanatio*) que seja, talvez, também, eventualmente, uma elucidação. A "mística", enquanto substantivo, só foi "inventada" no século XVII, quando a ruptura entre teologia especulativa e espiritualidade, no Ocidente, foi definitiva e infelizmente consumada, mas, na realidade, enquanto escrita do mistério, a mística cristã nasceu com o Novo Testamento. É, aliás, muito significativo que os escritores catalogados como "místicos" resistem em empregar esse termo; no século XVII, eles preferiam utilizar uma expressão emprestada da Bíblia, a "ciência dos santos", que se refere diretamente à "ciência" enquanto dom do Espírito Santo. O saber com que se conta aqui não é primeiramente doutrinal, mas experimental; assim, fala-se, às vezes, de "ciência experimental". Uma tal mística traduz a subversão do discurso demonstrativo, e por isso mesmo um certo desapego em relação à linguagem mais balizada da escolástica. A "ciência dos santos", instintivamente meditativa, procura, contudo, "pensar o Cristo"; ela se converte, então, em escrita por um esforço ascético e penitencial, como uma experiência contemplativa que imita o que ele espera e comunica o que ele supõe, no entanto, ser indizível.

O "pequeno livro" segurado pela mão de um anjo brilha no firmamento do Apocalipse, revelação a céu aberto e a céu fechado. O Céu, com efeito, "desapareceu como um livro que se enrola (Apoc. 6, 14), e diante de Deus "o Céu e a Terra partiram sem deixar vestígios" (Apoc. 20, 11). Na hora do Julgamento, entretanto, "abriram-se livros, depois um outro livro, o da Vida; então, os mortos foram julgados segundo o conteúdo dos livros, cada um segundo suas obras" (Apoc. 20, 12). Para São João, o Céu é, pois, menos importante ou menos permanente que o Livro das Escrituras, cuja presença justifica a dos outros livros, que *mostram* precisamente o conteúdo de toda existência humana. Se a vida é estruturada pela Palavra (o "Verbo da vida"), a existência é estruturada como um texto. São Paulo considerava que suas verdadeiras *cartas* não eram, propriamente falando, seus textos manuscritos, mas seus destinatários: "Nossa carta são vocês, uma carta escrita em nossos corações, conhecida e lida por todos os homens. Vocês são manifestamente uma carta do Cristo entregue aos nossos cuidados, escrita não com tinta, mas com o Espírito do Deus vivo, não em tábuas de pedra, mas em tábuas de carne, nos corações" (2 Cor. 3, 2-3). Na sequência dos profetas Ezequiel e Daniel, São João contempla em sua visão livros escritos na frente e no verso, "recto verso" (Ez. 2, 9; Apoc. 5, 1), e sete vezes lacrados. Tal configuração textual justifica o exercício da meditação escrita, à qual cada um pode entregar-se. Quebrar os lacres do livro, no cristianismo, pode, então, tanto significar ler quanto escrever: ler as Escrituras, é claro, mas também ler e escrever sua própria vida à luz da Palavra encarnada, ler e escrever, enfim, seu próprio livro interior. Em todos os casos, leitura e escrita são inseparáveis de uma tentativa incansável de interpretação. Não se conseguiria "pensar o Cristo" sem passar pela prova de um tal destrancamento, de uma tal perda de inocência.

Tempo

Πεπλήρωται ὁ καιρός.

Impletum est tempus.

O tempo terminou.

(Evangelho de Marcos 1, 15)

❧ ❧ ❧

O papel essencial exercido pelo Corpo e pelas Imagens, no exercício meditativo, mostrou suficientemente que, apesar da experiência indispensável do Vazio, no Espírito ninguém pode-se dizer um puro espírito, subtraído das contingências e das mediações. Aliás, a Palavra encarnada em si se dá em comunhão nas escrituras, cuja historicidade convida a uma incessante criatividade da exegese ou do pensamento. Ao termo de nossa investigação, sem dúvida é necessário repetir o que nos parece absolutamente fundamental, a saber, que não poderia haver meditação cristã desencarnada, e que ela não preenche sua vocação senão através de um duplo movimento de incorporação e de atualização. A riqueza de uma vida espiritual não pode confundir-se só com a elevação do espírito, ou, antes, essa elevação supõe previamente um gesto corajoso de descida ao fundo dos abismos de todas as espécies. Nada de contraditório nessas afirmações, que desarmam, por outro lado, o falso problema da relação pretensamente conflituosa entre a ação e a contemplação: à alternativa (uma ou outra) se substitui, não

236   O Corpo Pensante   Christian Belin

uma simples adição (uma *e* outra), mas uma secreta equivalência (uma *é* outra). O cristão não medita nem ao abrigo de um casulo protetor nem em estado de apneia metafísica. Seu ecossistema espiritual não tem nada de intemporal, o que lhe dá a obrigação de ter uma consciência aguda da situação histórica na qual ele está imerso, no tempo. Membro de um Corpo em expansão até o fim da história, Corpo místico do qual o Cristo é a Cabeça, ele não pode furtar-se diante do dever que lhe incumbe de refletir sobre a Igreja e o mundo.

Contra a vetustez

Esse trabalho do pensamento não é facultativo, mas de rigor: o Cristo não se encarnou para lhe economizar tais esforços, mas, ao contrário, para torná-los absolutamente necessários. Tal é o vasto panorama que descobre a liberdade cristã autêntica. "É para que fiquemos livres que o Cristo nos liberou", como o lembra com virulência São Paulo a todos os que adormecem facilmente na rotina ou no hábito. Ele acrescenta: "Portanto, fiquem firmes e não se recoloquem sob o jugo da escravidão" (Gál. 5, 1). A graça libera do pecado e do mal, mas ela libera também de todas as alienações ou de todas as sujeições: "Não se tornem escravos dos homens" (1 Cor. 7, 23). Os propósitos subversivos, tanto para a primeira geração cristã quanto para nossa época, são suficientemente numerosos no Novo Testamento para que o cristão se dê ao trabalho de aí demorar. O batismo, por exemplo, abole toda espécie de discriminação, racial ou étnica, hierárquica ou cultural, individual ou sexual: "Vocês todos, com efeito, batizados no Cristo, revestiram o Cristo; não há nem Judeu nem Grego, não há nem escravo nem homem livre, não há nem homem nem mulher, porque todos vocês são apenas um no Cristo Jesus" (Gál. 3, 27-28). A novidade cristã abole a ordem mundana das prioridades ou das prerrogativas. Em seu *Magnificat*, Maria, que não era certamente uma perigosa ativista política, se maravilha em toda candura que Deus tenha "derrubado os poderosos de seus tronos" e "dispensado os ricos com as mãos vazias"

❧ Tempo ❧ 237

(Lc. 1, 52-53). Ora, o mundo se encrosta indefinidamente na vetustez, embora doravante "todas as antigas disposições cheguem ao fim", como o diz sobriamente Santo Tomás de Aquino a propósito do novo Sacramento: *"Phase vetus terminat"*.[1] Os cristãos avaliam toda essa confusão universal de tudo, eles que se obrigam a ser, por uma exigência inaudita que parece ter a ver com a *hybris*, o "sal da terra" e a "luz do mundo" (Mt. 5, 13-14)? Na realidade, o próprio Jesus tempera com lucidez, como por presciência, um programa tão ambicioso: "Mas se o sal acaba tornando-se insípido, com o que se salgará? [...] E não se acende uma lâmpada para colocá-la sob a redoma, mas no lampadário, onde ela brilha para todos os que estão na casa" (Mt. 5, 13 e 15). Seria justo e honesto não meditar sobre sua própria insipidez, na extinção de toda claridade espiritual? Com o mesmo esforço de verdade, como não constatar que se Jesus "fez ouvirem os surdos e falarem os mudos" (Mc. 7, 37), muitos cristãos se acomodam covardemente com a surdez e com o mutismo. Enfim, os cristãos sabem abandonar-se sem restrição alguma à caridade infinita? Em cada homem que sofre, em cada inocente perseguido ou assassinado, em cada ser injustamente envilecido ou desprezado, sabem eles reconhecer Jesus crucificado?

Poder-se-ia facilmente aumentar a lista das infidelidades cometidas pelos "fiéis", continuando esse "exame de consciência", que os mestres da oração mental recomendavam com tanta insistência! Os propósitos revolucionários do Cristo ou de São Paulo (embora se trate apenas de uma revolução pelo amor, contudo, a mais radical de todas) autorizam, com efeito, o arrependimento amargo das lentidões ou dos pesos, das traições e das apostasias. Na realidade, os cristãos estão sempre atrasados no cristianimso que professam ou que acreditam professar. Se esse mesmo cristianismo continua atual, os cristãos se contentam em ser registrados entre os assinantes ausentes. Sem dúvida, ninguém deveria ter a presunção de se dizer cristão; quando

---

1   Prosa *Lauda Sion*, para a festa do Santíssimo Sacramento.

muito é possível tentar tornar-se, com a graça do Cristo. Avalia-se também a relatividade de certo número de fórmulas banais, mas enganosas: "ter a fé", "ser fiel". O menor cristão que se restringe a um mínimo de sinceridade sabe instintivamente que ele não *possui* realmente a fé, que ele não será jamais totalmente *fiel*, embora esteja integrado na Igreja.

Paradoxos da Igreja

Dizendo a verdade, a Igreja representa uma realidade muito complexa, atravessada de tensões e de contradições. Vista do exterior, principalmente se ela é vista por olhos não cristãos, a Igreja parece uma sociedade de crentes que se dotou de um governo, de uma hierarquia e de uma administração. Mesmo as Igrejas autocéfalas da Ortodoxia ou as Igrejas originárias da Reforma Protestante, que não conhecem o centralismo católico romano, funcionam como sociedades juridicamente organizadas. Tais estruturas, no entanto, só têm um valor instrumental e secundário, porque a realidade primeira e fundamental da Igreja, a única "realidade" cristã que ela representa é ser o Corpo místico do Cristo (Ef. 1, 23; Col. 1, 18). Trata-se aí de uma noção extremamente difícil de conceber, mesmo com a fé, e ainda mais difícil de explicar aos que se situam fora do cristianismo. Ora, essa realidade, longe de ser uma espécie de sedução espiritual ou idealista destinada a camuflar as baixas manobras políticas de um corpo social miserável ou escandalosamente fascinado pelo poder, caracteriza por ela mesma, justificando-as, a essência e a existência da única Igreja do Cristo. Que a Igreja indivisível ou as Igrejas particulares, no curso da história, tenham frequentemente sido indignas de um tal "caráter" sagrado, que elas tenham vergonhosamente renegado seu Chefe, como Pedro, o primeiro "papa", que elas se tenham tragicamente comprometido com os que exerciam o poder, a violência ou a tirania, tudo isso é apenas uma evidência objetiva que ninguém conseguiria recusar com seriedade. E, no entanto, sob a avalanche das queixas que se abatem sobre ela, a Igreja permanece o que ela *é* e o

☙ Tempo ☙   239

que ela deve *tornar-se*, o Corpo místico do Cristo crucificado e ressuscitado. O que garante sua permanência e sua renovação, mas também seu prestígio ou sua projeção, não é sua burocracia, mas a santidade efetiva (reconhecida ou desconhecida) de alguns de seus membros, que eles buscam na fonte trinitária.

Os cristãos, com efeito, são membros de uma instituição eclesial porque eles se tornaram, no batismo, os membros do Corpo. Não se conseguiria inverter essa relação de causalidade. São Paulo o afirma com ousadia: "Em muitos nós formamos apenas um único corpo no Cristo, sendo, cada um por sua vez, membros uns dos outros" (Rom. 12, 5),[2] e "todos vocês só se tornam um no Cristo" (Gál. 3, 28). Uma hierarquia legítima se constituiu muito rapidamente, no entanto, depois de Pentecostes (apóstolos, profetas, doutores [1 Cor. 12, 28]; bispos, "anciãos" ou prebísteros, diáconos),[3] mas na base de uma unidade, e a fim de servi-la. A distinção, aliás mais tardia, entre clero e fiéis leigos, exprime, também ela, uma pura funcionalidade. Como quer que seja, quando um cristão medita sobre o papel da Igreja, ele só pode meditar, inicialmente, sobre seu próprio papel no interior de um Corpo de que ele é membro. É bem entusiasmante para os cristãos, principalmente em nossa época, fazer o papel de puristas ou de justiceiros, e lançar requisitórios contra a Igreja enquanto instituição. Esses requisitórios, contudo, não se voltam infalivelmente contra eles? Se os "fiéis" não fossem responsáveis pela Igreja inteira, eles não seriam mais, *ipso facto*, "membros uns dos outros". De uma maneira mais provocante, poder-se-ia dizer que o clero não tem o monopólio da traição dos Evangelhos: que o que não pecou lhe lance, pois, a primeira pedra (João 8, 7). A única "pedra" justamente que garante a coesão do conjunto, através do tempo, e apesar das vicissitudes da história é a "pedra angular" do Cristo (1 Pedro 2, 4-8), ou ainda a "pedra" da confissão de fé, tal como pronunciou magistral-

---

2   Ver também 1 Cor. 12, 12-27.
3   Ver, por exemplo, Atos 20, 17 e 1 Tim. 3, 1-13.

mente Pedro, o Príncipe dos apóstolos, e sobre a qual o Cristo "construiu" uma Igreja misteriosamente protegida das "portas do Inferno" (Mt. 16, 16-19).

Com o passar do tempo, enquanto "passa a figura desse mundo" (1 Cor. 7, 31), "no meio das mudanças ou das flutuações desse mundo [*inter mundanas varietates*]",[4] a Igreja fica colocada sob o signo do paradoxo: composta de pecadores, ela extrai seu dinamismo social, caritativo ou cultural só da comunhão dos santos, filhos de um mesmo Pai; obrigada a fazer política, para o melhor ou para o pior, ela reconhece, contudo, apenas a autoridade de seu Chefe, o filho bem-amado; envolta nas preocupações materiais ou nos cálculos estratégicos, ela sabe, no entanto, que sua verdadeira força reside no Espírito de santidade. Em nome das três divinas Pessoas, ela comunica, aliás, pelos sacramentos, a graça que vivifica o Corpo inteiro. Se os cristãos, como diz São Paulo, têm o "pensamento do Cristo", eles não podem pensar o Cristo sem pensar o Corpo que é o seu. Ao paradoxo de uma instituição tão frágil quanto sólida (segundo o ponto de vista adotado, realista ou místico) acrescenta-se, pois, o princípio de uma diversidade infinita que se desdobra no tempo e no espaço. Nesse Corpo sem fronteiras, com efeito, espreme-se uma multidão enorme de vivos e de mortos, ilustres ou anônimos, santos ou miseráveis, almas de elites ou pessoas muito medíocres, humanos e "muito humanos". Diversos e, num sentido, complementares se revelam os diferentes "estados" da Igreja, militante, sofredora ou glorificada, na Terra como no Céu. Santo Agostinho meditava sobre a passagem da Igreja através da história, contemplando uma Cidade de Deus inextricavelmente misturada com a cidade terrestre.[5] Como

---

4   *Missale romanum*, oração para o tempo pascal.

5   A obra de Agostinho sobre *A Cidade de Deus* se desenvolve inteiramente sobre esse tema, majestosamente declinada desde a primeira frase da obra, onde "a muito gloriosa Cidade de Deus" é considerada, por um lado, "no curso das idades daqui embaixo [*in hoc temporum cursu*]", exercendo sua "peregrinação [*perigrinatur*]", por outro lado, "na estabilidade

considerar o temporal e o eterno? E como, e com que direito, no próprio interior de uma e de outra cidade, separar o bom grão da cizânia (Mt. 13, 24-30)? Bossuet, quanto a ele, descreverá a permanência da Igreja, sempre aflita e sempre consolada, que avança imperturbável para o Cristo, apesar da sucessão caótica dos impérios e das civilizações.

Feminino, masculino

Uma das dificuldades encontradas, desde que se esforce em pensar o corpo da Igreja, ao mesmo tempo móvel no tempo e imóvel na medida do eterno, deve-se à multiplicidade das imagens que se esforçam em traduzir seu mistério. Ela é, com certeza, primeiramente o corpo do Cristo inteiro, mas ela é também, para os Padres, figurada pela Arca de Noé ou a Arca da Aliança; ela é também prefigurada pelo Templo de Jerusalém ou descrita sob os traços de uma Cidade radiosa, a nova Jerusalém que desce do Céu. A Tradição patrística gosta, enfim, de identificar a Igreja com figuras femininas: a Virgem, a Esposa, a Mãe. São João descreve uma cidade luminosa "que se fez bela, como uma noiva ornamentada para seu esposo" (Apoc. 21, 2). São Paulo esclarece que o Cristo "amou a Igreja", que ele "se entregou para ela a fim de santificá-la". Com efeito, "ele queria imaginá-la para ele próprio toda resplandecente, sem mancha nem ruga nem nada igual, mas santa e imaculada" (Ef. 5, 25-27). O apóstolo cita, então, o versículo da Gênese concernente à união de Adão e Eva ("os dois serão uma só carne" [Gên. 2, 24]) para ampliar o sentido do modelo nupcial: "Esse mistério é de grande alcance; eu quero dizer que ele se aplica ao Cristo e à Igreja." Os Padres veem, aliás, na criação de Eva, tirada de uma costela de Adão adormecido, a figura antecipadora da Igreja que brota, com a água e o sangue, do Coração transpassado de Jesus morto na Cruz. Esposa do Cristo, a Igreja é também a mãe dos batizados.

---

da eterna morada [*in illa stabilitate sedis aeternae*]" (op. cit., v. 33, livre I, Préface, p. 190).

Um hino composto para a Dedicação das igrejas celebra uma "rainha cheia de beleza, unida ao Cristo, luminosa cidade do Céu [*Regina formosissima/Christo jugata Principi/Caeli corusca civitas*]"; suas "portas faíscam com pedrarias e estão abertas a todos [*Hic margaritis emicant/Patentque cunctis ostia*]"; quanto às suas pedras, "habilmente dispostas juntas, elas se erguem até a cumieira [*Aptisque juncta nexibus/Locantur in fastigio*]".[6] A assimilação da Igreja ao Corpo do Cristo poderia ter deixado crer que ela era uma espécie de entidade masculina, ao passo que o Novo Testamento e a Tradição enfatizam, ao contrário, sua dimensão feminina. Uma vez ainda, constata-se que as imagens se misturam e se superpõem, tornando difícil a justa percepção dessa sociedade eclesial, dessa estranha Assembleia (*Ecclesia*) que parece desafiar o simples bom senso. Sem dúvida, por essas razões, a Igreja se oferece mais à contemplação meditativa do que à tarefa racional do discurso.

O caráter feminino da Igreja destaca seu papel protetor e educador, mas ele insiste principalmente na noção de parto no tempo. Na Epístola aos Efésios, onde ele propõe uma explicação da Igreja pelo modelo nupcial, São Paulo sugere a ideia de um desenvolvimento contínuo, de uma lenta e complexa gestação: "Vivendo conforme a verdade e na caridade, nós cresceremos de toda maneira para Aquele que é a Cabeça, o Cristo, cujo Corpo todo recebe concórdia e coesão por todas as espécies de junturas que o nutrem e o acional segundo o papel de cada parte, operando assim seu crescimento e construindo-se a si próprio, na caridade" (Ef. 4, 15-16). Assim se encontra admiravelmente sintetizado o que deve ser, o que *deveria* ser a edificação progressiva do Corpo eclesial através da história. Progresso, extensão, expansão, tudo é possível e até necessário, à condição de servir à caridade. O texto pauliniano, contudo, não dissimula, implicitamente, o funcionamento talvez laborioso de uma tal

---

6   *Missale romanum*, Hino *Caelestis Urbs Jerusalem...*, para a Dedicação das igrejas.

máquina: as "junturas" são inúmeras, e pode-se supor que elas, algumas vezes, se travam. Como quer que seja, a Mãe-Igreja dá a vida aos batizados pelos quais seu Esposo verteu seu sangue e aceitou a morte. A femilidade da Igreja, que se une ao Cristo, equilibra, de alguma maneira, a percepção errônea, mas corrente, de um Deus Todo-Poderoso obrigatoriamente "masculino". No decorrer dos séculos, as Igrejas cristãs não souberam sempre tirar todas as consequências de um tal dispositivo providencial. Frequentemente, os aparelhos clericais demonstraram uma certa misoginia, enquanto o Novo Testamento garante uma surpreendente promoção da mulher, levando-se em conta seu contexto cultural. A facilidade com a qual Jesus falava com as mulheres não tem mais que ser demonstrada, mas é preciso lembrar-se também que as mulheres foram as mais corajosas, no momento da Crucificação, e que foi Maria Madalena, em companhia de outras mulheres, que foi gratificada com a primeira aparição do Ressuscitado. A Igreja grega lhe outorga, com justiça, o título de apóstolo dos apóstolos.

Quando São Paulo afirma que "a mulher não dispõe de seu corpo, mas o marido", ele acrescenta logo um corretivo revolucionário para seu tempo: "Igualmente o marido não dispõe de seu corpo, mas a mulher" (1 Cor. 7, 4). Na peroração da Epístola aos Romanos, a mais solene de suas cartas, Paulo recomenda à jovem comunidade de Roma uma longa lista de pessoas e de colaboradores, homens ou mulheres. Ora, a primeira dentre elas não é outra senão Febe, "diaconisa da Igreja de Cêncreas". Paulo esclarece que ela foi "uma protetora para muitos cristãos" (Rom. 16, 1).[7] A Igreja de Roma, hoje, se lembra ainda dessa diaconisa? Batalhões de religiosas formam, com certeza, um de seus mais belos ornamentos e, em toda parte no mundo, a maior parte dos "praticantes" são principalmente "mulheres praticantes";

---

7   Ele interpela também sem *a priori* os Coríntios: "Não temos o direito de levar conosco uma mulher cristã, como os outros apóstolos, e os irmãos do Senhor, e Cefas [Pedro]?" (1 Cor. 9, 5).

mulheres fora do comum, como Santa Catarina de Sena ou Santa Teresa de Ávila, foram até elevadas à dignidade de doutoras da Igreja. Contudo, desde os tempos apostólicos, menos timoratos ou mais inventivos que os nossos, as mulheres foram ciumentamente excluídas de todo exercício hierárquico da autoridade. Ora, essa hierarquia não é justificada senão pelo serviço, a *diaconia*. A primeira serva da Igreja não é Maria? Esposa e Mãe, a Igreja é, *in fine*, maravilhosamente representada pela Virgem Maria que foi a primeira a carregar o corpo físico do Cristo e o deu ao mundo. Num sentido, toda a Igreja estava já nela como um germe que devia frutificar. Poder-se-ia observar também que Maria exerceu, sempre a primeira, no sentido cristão do termo, uma verdadeira função sacerdotal, visto que ela, pela graça, tornou possível a comunicação do Corpo e do Sangue do Cristo. Não foi ela também a primeira a comungar, em sua carne e em seu coração, com os "santos mistérios"? Perfeito tipo da Igreja por vir, a pessoa de Maria convida as Igrejas institucionais a refletirem sempre mais intensamente sobre a natureza misticamente feminina da Igreja-Esposa "resplandecente" de beleza.

Um mistério comprometido

O "Corpo místico" não se confunde, evidentemente, com o corpo físico de Jesus, embora a expressão designe também uma realidade muito concreta, a Igreja de carne que vive no mundo e atravessa os séculos. Quando Paulo emprega a palavra "corpo", ele não pode deixar de fazer referência ao Corpo eucarístico do Cristo, que forma a Igreja na unidade do amor. "O pão que partimos", escreve ele, "não é comunhão com o corpo do Cristo? Porque há somente um pão, em muitos, nós somos apenas um corpo, porque todos participamos desse pão único" (1 Cor. 10, 16-17). Como a eucaristia, pela qual é outorgado o que os gregos chamam os "santos dons", a Igreja trabalha na unidade do gênero humano; ela caminha para a consumação dos tempos, significando, à maneira de um sacramento, o que ela acredita e o que ela espera. Mas, como a eucaristia ainda, ela vive na tensão escatológica e só pode oferecer uma unidade em curso de formação, no modo incoativo. Quando foi forjada, no século XII,[8] segundo São Paulo, a expressão "corpo místico", para designar tanto o Santíssimo Sacramento quanto a Igreja, estava bastante claro que o adjetivo "místico" remetia à noção pauliniana de "mistério", o que é "envolvido de silêncio nos séculos eternos, mas hoje manifesto" (Rom. 16, 25-26). O mistério remete aqui à história. Ou seja, o caráter "místico" da Igreja não proíbe de forma alguma um olhar crítico sobre instituições que sofrem o peso da história. O mistério é "hoje manifesto", isto é, assumido e atualizado por cada geração que sucede a outra. Ignorar a realidade espiritual do "corpo místico" seria desconhecer profundamente a maneira como a Igreja se pensa (o que é apesar de tudo essencial, mesmo para os que gostam de denegri-la), mas refugiar-se por trás dessa noção, como por trás de um escudo, para desculpar alguns compromissos com o "século", sob pretexto de que a verdadeira Igreja está em outro lugar, seria adotar uma espécie de espiritualidade desencarnada absolutamente contrária ao cristianismo.

À imagem do pão eucarístico, que conserva a aparência material do pão, não sendo, ao mesmo tempo, mais o pão, a Igreja conserva todos os seus caracteres materiais e concretos, aqui embaixo, ao passo que, com efeito, ela *já* é o Corpo do Cristo. Um não vai sem o outro, e os "membros" do Corpo se enganariam se eles se recusassem a pensar eles mesmos fora da história ou da atualidade do tempo presente. Não somente a natureza "mística" da Igreja não deve impedi-la ela própria de interessar-se de perto pela vida concreta dos homens e das sociedades, mas é precisamente, ao contrário, por causa dessa mesma natureza mística que ela deve toda sua solicitude à humanidade, pela qual o Cristo ofereceu sua vida. Além disso, se os cristãos são "membros uns dos outros", eles se iludiriam muito imaginando poder "pensar o Cristo" a título simplesmente indi-

---

8   Ver Henri de Lubac, *Méditation sur l'Église*. Paris: Aubier, 1953. p. 107.

vidual, reclusos numa interioridade artificial. Num "corpo cheio de membros pensantes",[9] como dizia Pascal, o pensamento de um é necessariamente solidário com o pensamento do outro.

No decorrer dos tempos, o Corpo eclesial aumentou sob o signo da multiplicidade. A perfeita unidade só foi vivida, de certa maneira, no dia de sua manifestação pública, no Pentecostes, como ela o será de novo, em plenitude, no momento da Parusia, no fim dos tempos. O quadro encantador de uma Igreja no berço, tal como a pintou o evangelhista Lucas nos Atos dos apóstolos, corresponde a um instante efêmero, como se já, sob a pena do historiador, se manifestasse algum relento de nostalgia: então, os cristãos eram "fiéis à comunhão fraterna", "todos os crentes juntos colocavam tudo em comum; eles vendiam suas propriedades e seus bens e dividiam seu preço entre todos segundo as necessidades de cada um" (Atos 2, 42-45). Aliás, "a multidão dos crentes só tinha um coração e uma alma" (Atos 4, 32). Esse comunitarismo, onde não existe nenhuma propriedade privada, foi bem cedo julgado embaraçoso para os próprios cristãos e suas instituições eclesiais que, em nome de um pretenso realismo, preferem "piedosamente" interpretar o descritivo de São Lucas como uma simples utopia característica do ardente fervor gerado pelo Pentecostes. Os Atos mostram, com efeito, que os "membros" obrigaram o Corpo a desenvolvimentos no início imprevistos, sob a pressão dos acontecimentos ou das contingências. No início, os cristãos "com um só coração frequentavam assiduamente o Templo e partiam o pão em suas casas" (Atos 2, 46), e numa espécie de judeo-cristianismo que devia lentamente acabar e desaparecer. Logo, as disputas e as prerrogativas obscureceram um céu muito ideal. Paulo repreende Pedro em público, em Antioquia, acusando-o de "obrigar os pagãos a se judaizarem" e de não "andar direito segundo a verdade do Evangelho" (Gál. 2, 14). Vê-se, portanto, as "colunas" da Igreja vacilarem, embora a

---

9   Pascal, *Pensamentos*. Paris: Cerf, "Sources Chrétiennes", n° 54, 1958, fr. 403.

Tempo

247

jovem Igreja continue sua marcha adiante, desde Jerusalém até Roma. A última página dos Atos relata assim a chegada de Paulo a Roma, acolhido por irmãos "no Foro de Ápio e nas Três Tabernas" (Atos 28, 15); aí ele aguardou seu processo, "proclamando o Reino de Deus e ensinando o que concerne ao Senhor Jesus Cristo com a plena certeza e sem obstáculo" (Atos 28, 31).

Complexo de unidade

Apesar das divisões que rompiam sua unidade, o impulso da Igreja sempre se realizou segundo a diversidade. Em nenhuma época ela pôde escapar dessa ambivalência. Muito cedo, houve Igrejas no interior de uma única Igreja. Na visão inicial do Apocalipse, João perscruta o mistério das sete Igrejas, representadas por sete anjos e sete candelabros. Ele lhes escreve "o que o Espírito diz às Igrejas" (Apoc. 1, 20; 2, 7). Situadas na Ásia Menor, essas comunidades de Éfeso, Esmirna, Pérgano, Tiatira, Sardes, Filadélfia e Laodiceia simbolizam a Igreja universal (católica, *catholikon*, segundo o universal) ramificada em ramos interdependentes. O universal existe na distinção, e a catolicidade no particularismo; as partes são agregadas ao Todo, e os membros exprimem o Corpo. Três grandes famílias hoje preenchem a árvore genealógica da Cristandade: a ortodoxia oriental, o catolicismo romano e o protestantismo reformado. Um carisma próprio as distingue, que poderia colocar-se sob a proteção de um apóstolo: a Igreja de João difunde as riquezas de sua teologia mística, a de Pedro assume sua missão universal, a de Paulo cultiva a paixão pelas Escrituras. As três irmãs disputaram por muito tempo "a túnica inconsútil" do Cristo (João 19, 23), cada uma estando persuadida de suas prerrogativas. Nenhuma das três está, no entanto, isenta de corrupção: elas dividem, aliás, como verdadeiras irmãs (ao mesmo tempo solidárias e ciumentas), a atitude do fariseu do Evangelho que "rezava assim para ele mesmo": "Meu Deus, eu te dou graças porque não sou como o resto dos homens" (Lc. 18, 11). De fato, cada uma das três irmãs

248   O Corpo Pensante   Christian Belin

está convencida de ter-se beneficiado com uma "eleição" especial que a coloca acima das outras. A Ortodoxia se acredita comodamente proprietária da Tradição; a Igreja Romana se julga a mais legitimamente qualificada para exercer uma autoridade de tutela e exigir a obediência; o Protestantismo acredita deter o monopólio da justa compreensão da Bíblia. Um certo número de derivas acompanha esses orgulhos tão ingênuos: conservatismo estéril, hegemonismo insuportável, leituras fundamentalistas, ou, ao contrário, racionalistas etc. Cada Igreja carrega assim sua Cruz... A questão colocada por São Paulo jamais perdeu sua atualidade: "O Cristo está dividido?" (1 cor. 1, 13). Ele acrescentava: "A partir do momento em que há entre vocês inveja e disputa, não são vocês carnais, e sua conduta não é completamente humana? Quando vocês dizem, um *Eu, eu pertenço a Paulo*, e o outro, *Eu, a Apolo*, não é isso bem humano?" (1 Cor. 3, 3-4). Qualquer que seja a parte do pecado, ou da fraqueza humana, a unidade subsiste, entretanto, na única Igreja, invisível no tempo da história, mas já em obra sob a ação do Espírito. O ecumenismo assumido pelo Espírito Santo preexiste de alguma maneira aos esforços realizados nesse sentido pelas Igrejas particulares.

Os "membros" se reconfortam e se edificam mutuamente. O ecumenismo não significa o enfraquecimento das personalidades ou a supressão das identidades confessionais, pacientemente forjadas através do tempo. Não se trata, para os cristãos, de apostar num estrito mínimo comum, no qual, com efeito eles se reconhecem irmãos, com a ajuda de compromissos onde cada igreja particular deveria renunciar aos seus próprios carismas. Uma exigência de unidade se impõe, no entanto, à escuta do "que o Espírito diz às Igrejas", no sacrifício de um amor próprio coletivo que leva o princípio das divisões. Isso implica também um gosto pelas verdadeiras reformas, e não a crispação identitária sobre realidades completamente secundárias. Tomemos o exemplo do papel destinado a Pedro, o bispo de Roma. A Tradição unânime afirma que a Igreja Romana "preside à caridade das Igrejas".[10] Santo Irineu destacou notavelmente essa singularidade do ministério petriniano.[11] Ora, se o papa residisse em Latrão, perto de sua catedral (São João de Latrão), sua verdadeira sede apostólica, à qual a Tradição atribui um lugar de honra, ele significaria mais o princípio de unidade que se julga que ele encarna. A questão não se situa evidentemente só no plano simbólico. O sucessor de Pedro só é papa porque ele é o bispo de Roma, e não o inverso; seu papel de *primus inter pares* teria, sem dúvida, menos dificuldade junto às outras confissões cristãs se ele voltasse a ser, aos olhos de todos, o que ele é efetivamente no seio do colégio apostólico. Poder-se-ia imaginar também que toda uma desordem pretensiosa e inútil, até mesmo bem irrisória, desaparecesse da paisagem católica (Estado do Vaticano, guardas suíços, embaixadores etc.). Todas essas realidades se explicam pela história e são justificadas pelo caráter temporal do governo eclesiástico. Mas, por um lado, elas desservem a causa que pretendem honrar (a projeção, a influência da Igreja) e constituem mais um incômodo do que um verdadeiro meio de ação pastoral: nossos contemporâneos não veem aí principalmente, no melhor dos casos, a sobrevivência de um folclore passadista e, no pior dos casos, a manifestação catastrófica de uma nostalgia de poder? Por outro lado, enfim, todas essas realidades se redescobrem, de maneira finalmente bem pueril, em flagrante contradição com a letra e o espírito dos Evangelhos. Se Pedro, cuja eminência apostólica pode ser o objeto de um real consenso, aparecesse menos como um "monarca", sem dúvida, estaria ele mais em condição, em nome do Cristo, de "presidir à caridade das Igrejas".

Inúmeros são, assim, os fatores de divisão, e não somente no interior da Igreja Romana; as outras confissões sofrem dos mesmos males, mesmo através de um anticatolicismo visceral

---

10   Inácio de Antioquia, Épître aux Romains (início do século II). In. *Les Pères apostoliques*, Paris: Cerf. I, 1, p. 185.

11   Ver, por exemplo, Irineu de Lyon, *Contre les hérésies*. Paris: Cerf, "Sources Chrétiennes", n° 211, 1974, Livre III, 3.

ou compulsivo, às vezes constitutivo de sua própria identidade, como no caso das Igrejas protestantes: reiterar um complexo de superioridade em relação ao catolicismo acaba sendo suspeito e traduzindo, senão o contrário de um tal posicionamento, pelo menos uma real dificuldade em se situar, enquanto "membros", no Corpo todo. Sem dúvida, as feridas da Reforma não estão todas cicatrizadas, desde aquele tempo quando foi cortado o cordão umbilical com a *Ecclesia Mater*, doravante considerada como uma madastra ou como a "grande prostituta" do Apocalipse (17; 18). São Paulo dizia que era necessário "que houvesse cisões [heresias]" (1 Cor. 11, 19),[12] isto é, escolhas, divisões, discriminações, opções diferentes. O termo, com efeito, não é necessariamente negativo ou pejorativo; foram, aliás, as "heresias" que sempre permitiram aos concílios melhor aprofundar os dados da Revelação. De qualquer maneira, a Igreja militante não foi jamais a dos anjos, e ela sofrerá a contradição até o último dia. Um observador exterior, mesmo se ele não é mal intencionado, pode criticar sem muitas dificuldades os aspectos tão ridiculamente humanos das Igrejas cristãs. No interior do Corpo, em compensação, esses motivos de irritação ou de incompreensão se voltam facilmente, apesar do paradoxo, para motivos de esperança. Que apesar de tantas fraquezas manifestas, e a despeito de tantas mediocridades acumuladas, a Igreja continue sua missão de evangelização, um tal contraste só pode reconfortar a fé e defender a viva realidade de um Corpo místico cuja existência escapa, efetivamente, aos controles ou aos cálculos de seus pobres "membros". Em todas as épocas, aliás, embora com uma intensidade diferente, conforme a gravidade das circunstâncias, vozes se fizeram ouvir, no próprio seio da Igreja, para lamentar e denunciar uma série de disfunções escandalosas. Como se poderia meditar sobre a Igreja situada no tempo sem exercer humildemente, filialmente, esse direito de olhar ou de inventário que permite a efusão do Espírito Santo sobre cada um dos seus membros?

---

12   *"Oportet et haereses esse..."*.

❧ Tempo ❧   251

A título emblemático, contentar-se-á em invocar aqui o testemunho de Denys, o Cartuxo, que pertencia a uma das ordens
religiosas mais austeras que existem. Homem dedicado à contemplação, ele escreveu, na segunda metade do século XV, um
pequeno tratado intitulado *De la Méditation*, onde se encontra,
no espírito da *devotio moderna*, um sentido muito profundo de
interioridade. A obra termina, no entanto, com considerações
muito severas sobre a Igreja de seu tempo:

> Não é surpreendente que o homem espiritual, que ama ver-
> dadeiramente seu Deus, se aflija, se entristeça e chore sem consolo
> sobre a ruína e sobre a desonra da Igreja, sobre a perda de tantas
> almas [...]. Quando vemos incessantemente se realizar tantas pre-
> varicações e perecer uma multidão de almas, não é justo gemer
> alto [...]? E você também, com maior razão, se você se sente nas
> entranhas da piedade cristã e da verdadeira caridade, consideran-
> do a desgraça presente, geme sozinho, chore constantemente, reze
> com fervor, resista às trapaças do demônio, trabalhe pela glória de
> Deus. Derrame lágrimas de sangue sobre a Igreja arrancada do
> tronco divino de todas as regiões, e interceda com amor para que o
> Deus de todo-poder e misericórdia se digne conceder à sua Igreja
> verdadeiros pastores e dignos pontífices, e que ele a reerga no pre-
> sente Estado, em todos os seus graus e em todas as suas ordens.[13]

Esses propósitos escritos em 1469 defendem uma séria reforma da Igreja. Eles são assinados por um monge que se acreditava, erroneamente, cortado do mundo, bem no fundo de
seu mosteiro. Mas observar-se-á que o cartuxo não milita pela
ruptura ou pelo cisma, o que não hesitará em fazer, alguns anos
mais tarde, um outro monge, Lutero, a partir de semelhantes
análises. Denys se contenta em sentir as coisas do interior, ficando no interior da Igreja. Inácio de Loyola estabelecerá, para o
uso dos jesuítas, essa regra do *sentire cum ecclesia*,[14] que Denys

---

13   Denys le Chartreux (1402-1471), *De la Méditation*. Saint Maximin : Édi-
      tions de la Vie Spirituelle, 1922. p. 64-65.
14   Inácio propõe "regras para sentir verdadeiramente com a igreja ortodo-
      xa", *Exercices Spirituels, op. cit.*, p. 149.

252   O Corpo Pensante   Christian Belin

já observava para ele mesmo. Esse *sentimento* legítimo se recusa a voltar-se ao ressentimento, mas ele não se resigna por isso só à obediência servil. O amor sincero da Igreja permite dizer tudo sobre ela, e principalmente dizer-lhe de tudo a ela, num coração-a-coração filial.

Através da história

O cristão não meditará jamais suficientemente sobre os prejuízos ou insucessos do cristianismo, que não são somente imputáveis às igrejas, mas a todos os "membros" sem distinção. Tomando assim em consideração seu próprio fiasco, no tempo que lhe é dado viver, ele é obrigado a voltar incessantemente à Cruz, repassar por ela, a fim de melhor perceber o nada de toda tarefa humana. Na Cruz se efetua o que Pierre Damien chamava a "concórdia" ou a "concordância das Escrituras [*concordia scripturarum*]",[15] como num ponto focal que permanece para sempre um imenso ponto de interrogação dirigido ao Céu. A história do cristianismo só pode fazer-se eco de um tal questionamento, e não oferecer ao cristão o espelho complacente de uma boa consciência. Dizendo a verdade, como qualquer história, a do cristianismo deve colocar-se ao abrigo tanto do zelo dos turiferários quanto da hostilidade epidérmica de alguns outros. Dito isto, embora nossa época esteja amplamente descristianizada, seu recente passado "cristão" torna mais difícil uma abordagem histórica desprovida de qualquer subentendido. Quantas pessoas, principalmente no Ocidente, têm contas a acertar com a Igreja, seja porque elas a acusam de todos os vícios, seja porque elas a censuram por ter traído sua missão, seja porque elas lamentam eventualmente seu antigo poder! Seria impossível retraçar a história do cristianismo sem confiscá-la em proveito de uma ideologia? Entre a apologia da fé e a polêmica partidária, a busca de uma honesta objetividade parece mais

---

15   Pierre Damien (1007-1072), *Sermon 48*, Ed. Migne, "Patrologie latine", 144, col. 771.

Tempo   253

perigosa que em outra parte. Como quer que seja, o esforço exigido para "pensar o Cristo" não conseguiria se desinteressar da história. Os cristãos tiveram essa convicção bem cedo, visto que São Lucas redigiu os Atos dos Apóstolos, logo seguidos por inúmeros Atos dos mártires. Eusébio de Cesareia redigiu a primeira *História Eclesiástica* (escrita em 310-324); Santo Agostinho, na *Cidade de Deus* (por volta de 413), esboçou uma primeira teologia da história. Em todo mosteiro, na Idade Média, um monge edificava dia após dia a crônica dos acontecimentos. O "Corpo místico" da Igreja era também a história, grandiosa ou insignificante, dos cristãos fazendo "corpo" na sociedade de seu tempo. Que vestígios deixou na história o *corpus christianorum*?

Se as ausências ao Evangelho são legião, nem por isso um certo número de instituições ou de princípios cristãos deixaram de acabar obtendo um grande sucesso no decorrer dos séculos. Um lento processo de inculturação se apoderou das sociedades até gerar novas estruturas do agir comum. Assim foram criadas no Ocidente as universidades, nos séculos XII e XIII, assim como se estabelecia, pouco a pouco, um verdadeiro sistema hospitalar. Na ordem política, apesar de algumas tentativas infelizes e infrutuosas de teocracia, o princípio cristão pouco a pouco se impôs uma separação entre o poder temporal e o poder espiritual, que não confunde Deus e César, o Cristo e Belial. Poder-se-ia também mencionar a valorização moral e econômica do trabalho, em especial do trabalho manual, mas ainda o direito das mulheres ao celibato ou à virgindade, que, mesmo hoje, em alguns cantos do globo, continua inaceitável ou incompreensível. Outras ideias, enfim, ou outros ideais, e não dos menores, germinaram em terra cristã: a dignidade do homem, a justiça social, a liberdade individual, a igualdade de todos sem nenhuma restrição, a fraternidade universal. Essas três últimas noções, popularizadas pela divisa republicana, na França, provariam, aliás, que ideias amplamente devidas ao espírito cristão conhe-ceram um sucesso tão mais importante que a sociedade civil pôde delas se apoderar para convertê-las em princípios leigos.

Mas o fenômeno da secularização é precisamente típico das sociedades outrora cristãs, visto que ele é um fruto ideológico do cristianismo... Sob o efeito de uma ironia da história, ou da estranha dialética que, às vezes, a governa, incrimina-se hoje geralmente o cristianismo por não ou não mais servir aos ideais que ele mesmo forjou. A Cidade dos Homens, orgulhosamente secular, denuncia sem complexo um passadismo retrógrado, uma lamentável inadaptação ao mundo atual, enquanto esse mesmo cristianismo, o qual ela rejeita com predileção, o levou justamente às fontes batismais da "modernidade".

Fala-se frequentemente de um Ocidente descristianizado, mas a que época se faz remontar o processo? O fim da Idade Média? A Renascença? As Luzes? O conceito de "descristianização" parece supor um estado de cristandade, um momento histórico onde teriam prevalecido ou triunfado os ideais cristãos. Procurar-se-ia em vão um século que correspondesse a esse perfil. Na realidade, e encontra-se uma vez mais a ambivalência do tempo cristão, os "progressos" da cristianização seguem paralelos com um movimento inelutável de "descristianização". Apenas tal ou tal sociedade parece ter alcançado a fé cristã que logo ela multiplica os sinais de uma inelutável desafeição que a faz renegar suas promessas. O cristianismo não pode triunfar, humanamente falando, sem fracassar no plano espiritual. Uma síndrome de apostasia plana permanentemente sobre ele. A "Cristandade" jamais foi outra coisa senão um mito? Com certeza, depois da conversão de Constantino, o Império Romano desposou os *tempora christiana*, mas a adoção oficial de uma "religião" coincide com a livre adesão do espírito, com o assentimento da fé e a conversão dos corações? É porque o cristianismo não se reduz a categorias religiosas que só a tintura "religiosa" de uma sociedade, apesar das aparências ostentatórias que ela gosta de exibir, não basta de modo algum a torná-la cristã. O Corpo místico escapa à usurpação dos Estados, e ele se desenvolve suprimindo toda espécie de fronteiras, de qualquer natureza que sejam (econômicas, sociais, sexuais, étnicas, políticas, nacionais, culturais etc.). Ninguém sabe, aliás, quem dele faz realmente parte, visto que ele não se confunde com tal ou tal Igreja institucional. Santo Agostinho não hesitava em sustentar que "na inefável presciência de Deus, muitos que parecem fora estão dentro", ao passo que "muitos que parecem dentro estão fora". Só "o Senhor reconhece os seus",[16] onde quer que eles se encontrem, mesmo sem saber, e mesmo assim eles não pertenceriam oficialmente à Igreja visível.

Desde as origens, portanto, o cristianismo atravessa a prova de uma descristianização, isto é, de um fracasso permanente de sua mensagem, o que não conseguiria comover sobremaneira "membros" que se sentem configurados a Jesus crucificado. Uma tal perspectiva relativiza grandemente os anúncios repetidos do fim do cristianismo, profecias que, desde o século XIX, se banalizaram ao máximo. Alguns exprimem assim sua impaciência, seu azedume ou seu fantasma, mas, de um ponto de vista cristão, essas profecias ficam anódinas, inofensivas e sem objeto, visto que a chegada do Cristo inaugurou precisamente o Fim dos tempos. O mundo é evangelizado e descristianizado num só e mesmo movimento onde o começo se junta ao fim. Dito isto, seria inútil negar que, desde a Segunda Guerra Mundial, a desafeição em relação ao cristianismo aumentou. O cristão que medita sobre a situação da Igreja no mundo deve conscientizar-se dessa realidade, sem amargura, sem nostalgia e sem cair numa desastrosa paranoia. Em nome do progresso, da ciência ou da razão, o mundo volta cada vez mais as costas a uma fé que contribuiu poderosamente para sua educação. A reflexão cristã não é assim convidada a se reabastecer, voltando mesmo aos fundamentos da fé? A situação cultural de hoje não fica sem analogia com a que conheceram as primeiras gerações de crentes. Com certeza, os cristãos, no Ocidente, não são mais arrastados diante dos tribunais por causa de sua fé, mas a ideologia dominante, muito

---

16 Agostinho de Hipona, *De Baptismo*. Ed. Migne, "Patrologie Latine", 43, col. 195-196.

oposta, até hostil ao cristianismo, desempenha, às vezes, o papel de um "tribunal" simbólico onde se exprime a condescendência e o despreza em relação a um corpo de doutrina julgado obsoleto. O apóstolo Pedro fixava uma regra de conduta muito simples, mas cheia de firmeza: "Estejam sempre prontos para a defesa [*apologia*] contra quem lhes pede razão da esperança que está em vocês, mas que seja com suavidade e com respeito" (1 Pedro 3, 15-16). Ora, implicitamente, muitas pessoas não pedem "razão", com efeito, aos que se pretendem os herdeiros de uma fé bimilenar sem a qual não teria sido concebível a evolução de nossas sociedades? A Igreja e o Mundo não devem desafiar-se em duelo, nem situar-se numa relação de concorrência. No mundo, sem ser "do mundo", os cristãos não sonham com conquistas. Vacinados contra as falsas aparências, eles exercem, em compensação, por uma "inteligência em despertar" (1 Pedro 1, 13), um espírito crítico que nada desencoraja, e principalmente o orgulhoso batalhão das ideias na moda.

Crítica do mundo

A atitude crítica em relação ao "mundo", sem ferir a caridade, elimina toda estratégia do recuo mesquinho, onde se estiolaria uma espécie de resistência passiva, entrecortada de momentos mais ofensivos, devidos a uma repentina agressividade apologética. O Evangelho recomenda uma atitude mais positiva e mais natural: um pouco de fermento basta para encher "três medidas de farinha" (Mt. 13, 33). O tempo faz amadurecer o Reino de Deus, e a Revelação cristã, iniciada na "plenitude dos tempos" (Gál. 4, 4), histórica por excelência, jamais teve medo nem do tempo nem da história. Doravante, ao contrário, aos seus olhos, o fluxo temporal, qualquer que seja sua trajetória aparente, fica santificado. Mas como o mundo contemporâneo vive, por sua vez, sua própria "emancipação", sua própria "modernidade", de que ele atribui os sucessos a uma longa e paciente cura de descristianização? Em 1959, o Papa João XXIII tinha convidado a Igreja Católica a um *aggionamento*, a fim de tornar sua mensagem mais atual e mais legível para todos; pode-se perguntar, meio século mais tarde, se um sério *aggiornamento* do próprio mundo não pareceria infinitamente mais urgente. Desde as Luzes, o Ocidente acreditou dever livrar-se de um jugo, o do judeo-cristianismo, e ele se julga, na hora atual, suficientemente libertado de um elo tão pesado: chegado à idade adulta, enfim liberado, ele provaria doravante as alegrias de um desenvolvimento sem limites. Que quadro oferece ele ao observador? Que balanço deixa ele ao analista?

O hipermaterialismo, tão enfeitiçador quanto extenuante, ao qual se prendem nossas sociedades, não gerou formas inimagináveis de aviltamento e de alienação? A menor ideia, o menor sentimento, o menor valor escapam à fria lógica do simples mercantilismo? O consumo exagerado de tudo, ou, antes, o consumismo exacerbado, deixou de ser um imperativo econômico para elevar-se ao nível da patologia. Por outro lado, enquanto os meios de comunicação proliferam, vê-se paradoxalmente se multiplicarem como células cancerosas, as autarcias e as solidões: quanto mais "se comunica", menos se fala, e ainda menos se faz o esforço para a compreensão. Quanto à famosa moral judeo-cristã, tachada de todas as abominações, e que importava destinar à reprovação geral, por que foi ela substituída? Talvez nossa época não tenha nem mesmo a força intelectual de ser amoral ou imoral. Como observava Freud com muita fineza, "o tempo todo, a imoralidade não encontrou na religião menos apoio que a moralidade".[17] Na ausência de proibições, até os aprendizes libertinos seriam vítimas de uma depressão que os faria quase lamentar os tempos felizes de uma ética inspirada pela Bíblia. Freud precisava, ainda, mais gravemente, que toda cultura deve "necessariamente edificar-se na obrigação e na renúncia pulsional".[18] Desumanizadas por uma visão redutora das relações humanas, levadas a simples mecanismos animais

---

17 Sigmund Freud, *L'Avenir d'une Illusion* (1927). Paris: PUF, 1995. p. 39.
18 *Ibidem*, p. 7.

ou materiais, as sociedades contemporâneas exaltam ora uma violência cega e gratuita, ora, ao contrário, um sentimentalismo barato que explora a "produção" midiática.

A cultura parece submetida, muito mais que outrora, às leis deletérias do lucro e do rendimento financeiros. Sob a tirania de um tal *mercado* universal, onde se faz justamente tão *barato* da pessoa, mais nada realmente vai bem. Tratando-se do corpo, enfim, do qual nos predizia a liberação máxima, ele tornou-se apenas um puro objeto entre outros, cuja vida é devidamente controlada só pela rentabilidade do modelo econômico. Falsamente exaltado, mas, na realidade, profundamente desprezado, ele está como preso entre a cruz e a caldeira, em especial no plano sexual, pelas forças extremas do puritanismo e da pornografia, que acreditam opor-se, ao passo que são sempre apenas tristes cúmplices cujos interesses comuns (a sujeição da pessoa) desnaturam a verdadeira expressão corporal. Para reaprender a dimensão espiritual do erotismo, a leitura do Cântico dos Cânticos prestaria ainda serviço a muitas pessoas a quem falta o lado imaginário.

Não se poderia terminar esse curto esboço sem mencionar um dos maiores tabus de hoje, o da morte, que se esconda ou que se ostracize de todas as maneiras, de tanto que ela semeia em torno dela um medo de pânico. Não se trata tanto aqui da morte dos outros, que um voyeurismo mórbido, incentivado pelas mídias, tenderia mais a transformar em espetáculo banal e quotidiano; trata-se de sua própria morte, de sua própria finitude, que não tinha, talvez, mais parecido aos homens tão incompreensível ou tão escandalosa. Com certeza, retorquir-se-á, sempre foi assim e sempre se pôde dizer, com La Rochefoucauld, que "nem o sol nem a morte se podem olhar fixamente".[19] Nossa época oferece de particular que ela não pode nem mesmo arriscar-se a "olhar" a morte de maneira oblíqua ou transversal, em seu mistério natural e metafísico, que ela não chega a encará-la ou a considerá-la, que ela não sabe mais *meditar* sobre ela. Essa

---

19 La Rochefoucauld, *Maximes*, máxima 26.

morte, que São Francisco de Assis chamava "nossa irmã", não é mais que um buraco negro onde se engolfa um terror infantil.

Sem ressentimento nem amargura, o cristianismo pode devolver contra a Cidade terrestre os argumentos que ela tão frequentemente alegou para denegri-lo. Onde estão o desenvolvimento e a liberdade num mundo tão profundamente alienado, e tão alienado que ele sofre com a maior passividade imaginável sua terrível "servidão voluntária"? Nenhum espírito de vingança habita essa constatação, visto que o cristianismo, tal como foi "praticado" por séries de gerações sucessivas, quando era culturalmente dominante, é em grande parte responsável pela desafeição que o atinge hoje. No plano ético ou moral, por exemplo, os cristãos não são culpados de ter eles mesmos travestido ou até caricaturado seu próprio ideal? A partir de então, por que se surpreender se sua fé se encontrou, por sua vez, deformada, caluniada e voltada para o ridículo? Na hora atual, "pensar o Cristo" obriga seus fiéis a refletirem com lucidez sobre a crise espiritual do mundo que eles estariam errados em considerar como sendo radicalmente exterior à sua fé. Não devem eles, aliás, "alegrar-se com os que se alegram" e "chorar com os que choram" (Rom. 12, 15), sem por isso "modelar-se sobre o mundo presente" (Rom. 12, 2)? A empatia jamais implicou o consentimento, mas ela supõe, todavia, algo de mais que uma simples tolerância minimalista. A verdadeira tolerância cristã, aliás – por tanto tempo desprezada, é verdade –, não deve nada a Voltaire, modelo insigne de intolerância contra todos os que tinham a má sorte de não pensar como ele; ela repousa somente sobre a convicção de que só o Cristo é a Verdade, e que o Cristo não pertence a ninguém. Em relação aos sistemas de pensamento ou das ideologias que lhes podem parecer hostis, os cristãos exibem essa bela confissão de humilde sabedoria formulada por São Paulo: "Não temos nenhum poder *contra* a verdade, só o temos *para* a verdade" (2 Cor. 13, 8).[20] É, portanto,

---

20 Destaque nosso.

extremamente útil e salutar meditar sobre as teses que são desfavoráveis ao cristianismo, ou que, sendo o caso, teriam até tendência a arruinar o conteúdo de sua fé. Para compreender em particular a crise espiritual de hoje, que sacode tanto a Igreja quanto o mundo, pode-se reler as severas análises que, há dois séculos, desconsideram o fato *religioso*, desejando ou predizendo o fim da "religião", esta sendo rapidamente confundida, no Ocidente, com o cristianismo.

Letargia ou vigilância?

Um dos textos que convém alegar em prioridade se encontra na *Introdução à Crítica da Filosofia Hegliana do Direito*, obra publicada por Marx em 1844. O filósofo afirma aí primeiramente que a "religião é a consciência de si" no homem "que não se conquistou ainda, ou, então, que já se tornou a perder".[21] Ou seja, a religião é apenas um *ersatz* da consciência autêntica, uma armadilha, uma saída. Ora, como o homem não é uma entidade abstrata, mas pertence a um Estado e a uma sociedade, são eles que "produzem a religião, uma consciência invertida do mundo, porque eles constituem um mundo absurdo". A religião compensa assim um insuportável absurdo, oferecendo uma espécie de suplemento de alma: "Ela é a realização fantástica da natureza humana, porque a natureza humana não tem realidade verdadeira."[22] Observar-se-á de passagem que a crítica do "absurdo" do mundo, assim como o tema de uma inconsistência da "natureza humana" destacam uma ressonância estranhamente pascaliana (para Pascal também, a sociedade parece um "hospital de loucos",[23] e "nossa verdadeira natureza" está "perdida").[24]

---

21 Karl Marx, Zur Kritik des Hegelschen Rechtsphilosophie (1844). In: Karl Marx e Friedrich Engels, *Werke*. Berlim: Dietz Verlag, 1957-1968. I, p. 378-379; tradução francesa: *Pages de Karl Marx*, t. I: *Sociologie Critique*. Tradução de Maximilien Rubel. Paris: Payot, 1970. p. 105.
22 *Ibidem*.
23 Pascal, op. cit., fr. 457.
24 *Ibidem*, fr. 16.

O propósito marxista se orienta, no entanto, para uma crítica decisiva da religião, que compactua com a mentira, só propondo mistificações irrisórias. Se se quer abater um mundo corrompido e corruptor, deve-se, então, abater todo artefato religioso: "Lutar contra a religião é, por conseguinte, lutar indiretamente contra o mundo cuja religião é o aroma espiritual."[25] O progresso social exige sua supressão pura e simples: "A abolição da religião enquanto felicidade ilusória do povo é uma exigência de sua felicidade real."[26] Um tal programa infelizmente foi interpretado e aplicado ao pé da letra durante o século XX, em diferentes regiões do globo, onde se tornou a desenrolar a epopeia dos primeiros mártires, no tempo da jovem Igreja. Aqui, contudo, Marx pretende somente adotar a postura de um historiador que se interroga sobre a maneira como as sociedades organizadas chegaram a camuflar o escândalo da miséria humana. É então que ele se arrisca a uma tentativa descritiva do fenômeno religioso, que a posteridade tornou célebre: "A miséria religiosa é ao mesmo tempo a expressão da miséria real e o protesto contra essa miséria. A religião é o suspiro da criatura desanimada, a alma de um mundo sem coração, como ela é o espírito de uma existência sem espírito. Ela é o ópio do povo".[27]

O historiador-filósofo explica a emergência do "religioso" essencialmente pelo princípio de uma lógica substitutiva: paliar as carências afetivas, preencher um vazio existencial, recobrir sob a camada de um esmalte esotérico a cruel ausência de toda significação. A religião serviria também como justificação sobrenatural das injustiças pretensamente "naturais". A ordem protetora que ela fornece aos poderosos mascara, na realidade, a espantosa desordem que reina em toda parte e que impõe uma impiedosa relação de força entre dominadores e dominados.

---

25   Karl Marx, Introduction à la Critique de la Philosophie Hégélienne du Droit. In: Puges de Karl Marx. Paris: Payot, 1970. t. I: Sociologie Critique, p. 105.

26   *Ibidem.*

27   *Ibidem.*

Uma "ordem" impostora dissimula uma desesperadora anomia. Mesmo se a religião reponde, sem dúvida, e não sem uma certa eficácia, às necessidades psicológicas das classes exploradas, mantidas na ignorância e no subdesenvolvimento intelectual, ela assume com toda evidência um papel eminentemente negativo, desde que situada na perspectiva do progresso e da emancipação total dos indivíduos.

Em suas análises, Marx pensa naturalmente na Europa de 1844, mas em lugar algum é feita qualquer alusão explícita ao cristianismo. Esse texto merece, no entanto, toda a atenção da consciência cristã, ainda que por causa da enorme repercussão que teve junto à *intelligentsia* europeia. Ele exprime um ponto de vista inteiramente exterior e estranho à "religião" que ele pretende descrever, mas contribui muito inteligentemente a uma melhor compreensão da evolução histórica do cristianismo. Sem dúvida, com efeito, a fé cristã se deixou despojar de sua originalidade crítica, vítima de uma captação indevida da herança operada pelos sistemas político-econômicos que detinham o poder. Estes souberam habilmente confiscar e domesticar uma "religião" que colaborava tanto com seus interesses tão profanos. Às vezes até, as igrejas ou os cristãos não eram jamais senão as vítimas consentidas de um tal *hold-up*. Seria necessário também levar em conta certa estreiteza de espírito que caracterizava o cristianismo europeu do século XIX, traumatizado pela Revolução Francesa e refugiando-se inabilmente numa espécie de conservadorismo limitado e anti-intelectual. Ou seja, a constatação marxista não deixa de ser pertinente. Quando o filósofo fustiga um estado de letargia (o ópio), ele se une, aliás, ao apelo premente dos Evangelhos à "vigilância"[28] contínua, visto que doravante o "tempo terminou" (Mc. 1, 15). São Paulo recomenda para esse fim uma energia de cada instante, sempre em relação com a atualidade histórica do momento presente: "Vocês sabem em que momento vivemos. É a hora doravante de se

---

28 Por exemplo, Mc. 13, 33-37.

✥ Tempo ✥

retirarem do sono; a salvação está agora mais perto de nós que no tempo em que acreditamos. A noite está adiantada. O dia chegou. Deixemos aí as obras de trevas e revistamo-nos com as armas de luz" (Rom. 13, 11-12).[29] Verdadeiro toque de combate, a exortação pauliniana chama a atenção contra todas as formas de amolecimento. Para além da diversão dialética que consiste em confrontar textos entendidos como diametralmente opostos se mostra, todavia, algo de menos anedótico. Relendo essa página de Marx, fica-se surpreso pela surpreendente atualidade do propósito, bem mais convincente hoje do que em 1844. Bastaria, com efeito, substituir o termo "religião" por uma série de outras noções, representando os "valores" certos de nossa época (materialismo desenfreado, consumismo ávido, tecnologia sacralizada, culto do esporte etc.) para estabelecer o diagnóstico de um mundo em miséria mental, de um mundo "sem espírito". E já que Marx emprega a palavra "religião", talvez ele defina aí o que poderia ser efetivamente a verdadeira mentalidade "religiosa", um desastroso hábito da idolatria. As análises do filósofo se prestam a um novo tipo de lógica substitutiva, onde o objeto designado implicitamente pela letra do texto (no caso, o cristianismo) cede lugar a um outro objeto totalmente diferente, sendo salva a descrição lúcida de um processo de alienação. Sem querer, Marx constrói ou reconstrói, para dizer a verdade, o conceito de "religião". Uma contraprova da demonstração reside no fato de que o cristianismo, tal como ele se manifesta no Novo Testamento, se situa a anos-luz do modelo padrão da "religião" exposta por Marx. Dizendo a verdade, o mundo não precisa da "religião" (no sentido tradicional do termo, tal como o emprega Marx) para cair em catalepsia ou se afundar na mais profunda estupidez. Tudo o que uma sociedade pouco a pouco "emancipada" pôde substituir ao cristianismo frequentemente

---

29   A Igreja romana atribui uma tão grande importância a esse texto que faz dela a epístola do primeiro domingo do Advento, primeiro dia do ano litúrgico.

se revelou infinitamente mais eficaz. O mundo será sempre mais dotado que o Corpo místico, "porque os filhos deste mundo são mais prudentes em relação a seus próprios congêneres que os filhos da luz" (Lc. 16, 8).

Vocês disseram "neurose"?

O texto de Marx pode ser colocado em relação com uma outra obra muito importante para uma apreensão crítica do fenômeno religioso, *O futuro de uma ilusão*, publicado por Freud em 1927. Encontra-se aí, aliás, apenas travestida, a famosa metáfora do ópio, para designar a "religião": "A ação das consolações religiosas", escrita por Freud, pode "ser assimilada à de um narcótico".[30] Ele utiliza também a comparação com um "sonífero" ou com um "veneno agridoce".[31] Freud invoca com todas as suas forças, ao termo de seu ensaio, a chegada triunfante de uma racionalidade científica: "Com o tempo, nada conseguiria resistir à razão e à experiência, e a oposição da religião a uma e à outra é somente muito tangível".[32] A religião não é jamais, com efeito, senão uma "ilusão", próxima da "ideia delirante", mas que dela se distingue, todavia, no fato de que ela não está necessariamente "em contradição com a realidade".[33] Aliás, ela "prestou, manifestamente, grandes serviços à cultura humana".[34] Freud se esforça em argumentar com um máximo de honestidade, e ele faz intervir em sua análise um interlocutor fictício, que tenta colocá-lo em contradição com suas próprias teorias. Mas, enfim, em nome da ciência, ele deseja a eliminação progressiva da "religião" ou de todo "sistema doutrinal religioso", que seu adversário imaginário gostaria de manter "como base da educação e da vida em comum dos homens".[35] Dirigindo-se a si próprio a

---

30 S. Freud, op. cit., p. 49-50.
31 *Ibidem*.
32 *Ibidem*, p. 55.
33 *Ibidem*, p. 31-32.
34 *Ibidem*, p. 38.
35 *Ibidem*, p. 53.

objeção segundo a qual a ciência poderia, por sua vez, revelar-se ilusória, ele termina sua obra por uma profissão de fé que lembra o cientificismo cândido de Augusto Comte:

> *Creiamos* que o trabalho científico tem a possibilidade de ensinar pela experiência, sobre a realidade do mundo, algo pelo que podemos acrescentar nosso poder e segundo o que podemos organizar nossa vida. Se essa *crença* é uma ilusão, então estamos na mesma situação que vocês, mas a ciência nos forneceu a prova, por sucessos numerosos e significativos, de que ela não é uma ilusão.[36]

Nesse último ponto, nossa época continua a dar razão a Freud, visto que a ciência detém hoje, mais que nunca, a única autoridade soberana, acima de toda contestação; ela se tornou o oráculo supremo, estabelecendo as normas e os critérios de uma verdade que se impõe a todos.

Para o fundador da psicanálise, a humanidade, "entra no decorrer de seu desenvolvimento secular, em estados que são análogos às neuroses". Desde a pré-história, pois, "nos tempos de sua ignorância e de sua fraqueza intelectual", "por forças puramente afetivas", ela "realizou renúncias pulsionais indispensáveis à vida em comum dos homens".[37] No seio desse dispositivo, "a religião seria a neurose de obrigação universal da humanidade; como a da criança, ela seria originária do complexo de Édipo, da relação com o pai".[38] Tal é o centro de gravidade da tese freudiana, que se encontraria verificada pelo "fato de que o homem de crença e de piedade é eminentemente protegido contra o perigo de algumas afecções neuróticas", visto que "a adoção da neurose universal o dispensa da tarefa de formar uma neurose pessoal".[39] A necessidade ou a sede de "religião" corresponderia a uma carência primitiva, a um sentimento de abandono, a uma

---

36 *Ibidem*, p. 56. Destaque nosso.
37 *Ibidem*, p. 44.
38 *Ibidem*. Freud precisa, em outra parte, que "a religião é comparável a uma neurose de infância" (p. 54).
39 *Ibidem*, p. 45.

ausência de ajuda (*Hilflosigkeit*), que fusionaria, de alguma maneira, com o "desejo pelo pai", o que Freud chama de "complexo paterno".[40] Como Marx, Freud não menciona explicitamente a "religião" de que ele fala, mesmo se ele pensa prioritariamente no judaísmo e no cristianismo. Ainda aí, como em seu ilustre predecessor, a noção de "religião" lhe serve como desembaraço cômodo, sem que ele sinta necessidade de entrar em detalhe.

Apesar do papel retórico destinado a um contraditor fictício, Freud não interroga o fundamento teológico de tal ou tal artigo de fé, que poderia ir contra suas teorias. Tratando-se do cristianismo, por exemplo, é possível ver aí uma "religião" que se julgaria tranquilizar ou ninar "ilusões"? A fé cristã não está centrada na figura da Cruz, onde o Cristo morre como um sinal de contradição, sem trazer outra resposta senão uma absurda não resposta ao escândalo do sofrimento dos inocentes? Na ordem simbólica, Jesus não chega até a recusar uma "esponja embebida de vinagre" (João 19, 29) que os soldados lhe propunham para anestesiar sua dor, à guisa de "narcótico"? A "religião" seria uma "neurose infantil" que manteria para sempre a humanidade num estado de subdesenvolvimento mental (Freud fala de "atrofia"),[41] perpétua regressão à infância. Em sentido contrário, São Paulo pede aos cristãos, com a maior firmeza, que "constituam esse Homem perfeito, na força da idade, que realiza a plenitude do Cristo", porque, precisamente, "nós não somos mais crianças" (Ef. 4, 13-14). A inteligência e a maturidade pessoal são exigências do Espírito que habita os corpos e os corações. Quanto ao "desejo pelo pai" ou ao "complexo paterno", são conceitos pouco adaptados ao cristianismo. Pai e Filho não são consubstanciais um ao outro? Falar, em tom de paródia, de "complexo filial" não traria esclarecimento ao debate. Na realidade, o Pai abdica de sua onipotência na Pessoa do Filho, que abdica, por sua vez, de suas próprias prerrogativas. O próprio Deus, na Pessoa

---

40   *Ibidem*, p. 23.
41   *Ibidem*, p. 48.

do Filho, se abandona ao suicídio místico para manifestar uma graça de ressurreição. Por outro lado, as relações entre o Pai e o Filho não se explicam senão no Espírito, terceira Pessoa que escapa para sempre de todo modelo representativo (nem Pai nem Filho, mas, no entanto, da mesma substância que eles). Acrescentar-se-ia geralmente que o cristão, configurado ao Filho, "membro" de seu Corpo, forma com seus irmãos a Igreja, que é, ao mesmo tempo, a Esposa mística do Cristo e a mãe dos fiéis. Ou seja, novo núcelo de resistência conceitual, a imagem da Mulher vem interferir com as imagens masculinas do Pai e do Filho. O contraste é surpreendente, entre a complexidade do dispositivo teológico cristão e a simplicidade de abordagem de uma análise que pretende fornecer um modelo padrão válido para todas as religiões, através da ficha antropométrica da "religião". Quanto à "adoção de uma neurose universal", é necessário esclarecer que, mesmo sem o socorro da "religião" cristã, o mundo descristianizado encontrou amplamente produtos de substituição mais eficazes de outra maneira?

A grade de leitura proposta por Freud se mostra finalmente bem decepcionante e incompleta, curiosamente deficiente e redutora, por excesso de generalizações ou de amálgamas. É, no entanto, incontestável que a psicanálise possa prestar grandes serviços para uma melhor compreensão dos comportamentos religiosos cristãos. Ela ensina em especial a melhor sondar as motivações profundas de uma adesão (onde o inconsciente e os processos de recalcamento desempenham eventualmente um papel maior), para melhor apreciar a carga de um investimento emocional, onde a pulsão sexual vem quase necessariamente interferir. Desde seu nascimento oficial, a psicanálise frequentemente suscitou, nos cristãos, reações de rejeição histéricas; às vezes, ao contrário, ela os fascinou tanto que eles viram aí como um Eldorado conceitual que ia entregar-lhes a "chave da cifra". Freud dizia mais sobriamente, e com modéstia, que ela não era nunca senão "um método de pesquisa" e que "os defensores da religião terão o mesmo direito de se servirem da psicanálise para apreciar plenamente a significatividade afetiva da doutrina religiosa".[42] Acrescentar-se-ia, geralmente, que, se a psicanálise pode contribuir, com efeito, para uma maior elucidação do mistério cristão, este, em retorno, pode ainda mais ajudá-la a afinar seus próprios métodos e a aprofundar algumas de suas intuições, por um esforço suplementar de inteligência e de "imparcialidade".[43]

A tentação do "religioso"

Marx e Freud foram citados a título de exemplos emblemáticos. Não se conseguiria hoje "pensar o Cristo" e o cristianismo sem levar em consideração o aporte das "ciências" humanas, isto é, de certo número de competências técnicas muito preciosas, mesmo se seu sonho de cientificidade objetiva, que faz cintilar aos seus olhos maravilhados uma exatidão de tipo matemático, deixa perplexo ou faz sorrir. O fato é que, em nome da racionalidade científica, as religões foram passadas pelo crivo de um exame sociológico, etnológico, linguístico, filológico etc. Daí elas saíram lixiviadas, desmistificadas, retrogradadas, mantidas em alta suspeição. Essa maneira de ver se propagou de tal forma que ela acabou saindo do estreito serralho dos especialistas para se impor ao maior número. Intimidado por um tal feixe de testemunhos concordantes, que desacreditam todos o fenômeno "religioso", que indivíduo "sério" doravante ousaria confessar-se "crente", sem vergonha ou medo do ridículo, sem temer a acusação de estupidez? Desde a época autoproclamada das "Luzes", uma maioria crescente de intelectuais se habituaram a ter um olhar extremamente condescendente sobre as religiões em geral, e sobre o cristianismo em particular, tido como um sistema ideológico reservado a retardados mentais. Há dois séculos, essas ideias recebidas ou esses preconceitos se vulgarizaram

---

42   *Ibidem*, p. 37-38.

43   Freud precisa, com efeito (precaução de uso ou ironia involuntária?) que a psicanálise é um "instrumento imparcial" (*ibidem*, p. 37).

com uma tal rapidez que muitas pessoas aderem a elas de olhos fechados, com convicção absoluta. Em nome de um saber "científico", portanto, acima de qualquer suspeita, "especialistas" pretendem explicar aos próprios cristãos as verdadeiras motivações, até o conteúdo de sua fé, que eles só poderão necessariamente desconhecer, enquanto não forem "esclarecidos". Esses profissionais da "religião" se entregam assim, com uma estreiteza dogmática extrema, a uma severa crítica dos dogmas cristãos que, estes, exigem, ao contrário, uma incansável e difícil inteligência da fé, visto que o dogma cristão só tem sentido se ele for indefinidamente explicitado.

O cristianismo de uma época oferece sempre uma visão modelada pela paisagem cultural que a cerca. A abordagem crítica do fenômeno religioso, tal como se estruturou há mais de um século, obriga a repensar a relação que o cristianismo mantém com a *religião*. Marx e Freud tornavam a mentalidade religiosa responsável por uma fuga do concreto da história; eles detectavam aí uma denegação da realidade, uma sublimação da angústia existencial, um desvio do ser, uma perigosa deriva que culminava em uma neutralização do indivíduo. A religião não era jamais aos seus olhos senão uma extraordinária máquina destinada a manipular multidões. Desse ponto de vista, como todas as outras religiões (no sentido sociológico do termo), o cristianismo não está imunizado contra esse gênero de perigos. Quando a fé cristã cai na esfera exclusiva do "religioso", quando se transforma em "religião", ela corre o risco de logo ser apenas superstição, caricatura dela mesma. Pascal observava que "a piedade é diferente da superstição", e que "sustentar a piedade como superstição é destruí-la".[44] Deste ponto de vista, enquanto triste contravenção, a superstição não se opõe menos à fé do que o endurecimento dos corações.[45] Mas se, num plano

---

44 Pascal, op. cit., fr. 212.

45 Pascal escreve: "Não é coisa rara que seja preciso retomar o mundo com muita docilidade. É um vício natural, como a incredulidade, e também pernicioso. Superstição" (*ibidem*, fr. 219).

sociológico ou cultural, o cristianismo se define como uma religião, isto é, como um grupo social que divide uma mesma crença e que pratica em comum certo número de ritos, no plano teológico, em compensação, nada é menos certo que essa assimilação. O Novo Testamento apresenta o Cristo como o único Padre e a única Vítima; só ele é o verdadeiro Adorador e o verdadeiro Sacrificador (Heb. 4, 14-4, 1-10; 7-9). Ou seja, só ele é um homem "religioso", no sentido tradicional do termo, capaz de restabelecer a Aliança entre Deus e os homens. Sua encarnação, até acontecer a morte, sanciona a falência de todos os atos "religiosos" imagináveis; ela demonstra justamente a impotência das religiões. Além do Filho encarnado, "mediador de uma aliança nova" (Heb. 9, 15), ninguém é capaz de propor um ato religioso autêntico. Seria até blasfematório sustentar o contrário, a menos que se acrescente que esses atos não são realizados, sob o efeito de uma graça de comunhão, senão no único sacrifício do único Mediador. Com todo rigor, pois, o cristianismo professado pelos homens não pode definir-se como uma religião, visto que só o Cristo é a Religião, a título absoluto e definitivo.

Presente de infinitivo

Seja ele entendido ou não como uma "religião", o cristianismo sempre foi objeto, na margem mais educada da população, de interpretações pouco favoráveis ou decididamente hostis. Lembre-se o desgosto de um Tácito ou de um Suetônio[46] para falar dessa miserável seita. Os olhares maldosos se multiplicaram, sem dúvida, nesses últimos séculos, mas, no fundo, a objeção continua fundamentalmente a mesma. O Deus dos cristãos, escrevia Nietzsche, é apenas um "monstro cacóquimo gerado pela decadência".[47] Tais julgamentos pouco amenos e expedi-

---

46 Suetônio (69?-126?), por exemplo, vê no cristianismo uma "superstição nova e culpada" (*Vie des Douze Césars. Néron, XVI*).

47 Nietzsche, *L'Antéchrist*. Paris: Gallimard, 1974. p. 30. O Anticristo. Há várias traduções em português.

tivos devem ser lidos como "sinais do tempo", que o Evangelho recomenda saber interrogar (Mt. 16, 3). Eles remetem aos cristãos a imagem invertida do que desejariam ser, mas, ao mesmo tempo, eles lhes lembram o fracasso mundano de seu Mestre. Que "sinal", aliás, proveniente da Revelação cristã, esperam, não somente os pagãos ou os indiferentes, mas, às vezes, os próprios fiéis? Provavelmente algo de espetacular ou de sensacional, alguma prova ruidosamente demonstrativa. "Essa geração má e adúltera", dizia Jesus aos seus contraditores, "exige um sinal, e de sinal, não lhe será dado que o sinal do profeta Jonas" (Mt. 12, 39). À exigência racional do documento probatório, o Cristo opõe o absurdo de um conto alegórico, de que ele se aplica a exegese: "Assim também, com efeito, como Jonas ficou no ventre do monstro marinho durante três dias e três noites, assim o filho do homem estará no seio da Terra durante três dias e três noites" (Mt. 12, 40). Não sem humor, a resposta se mostra aqui tão enigmática quanto o enigma em si da referência profética. Sem outro sinal, por conseguinte, senão um enterramento, um desaparecimento, uma morte aparente. Jonas saiu, no entanto, da baleia (e Nínive se converteu com sua pregação), como Jesus sairá do sepulcro (e seus discípulos foram iluminados), depois de um breve eclipse temporal que confere à menor duração aparentemente inútil seu valor de maturação. Os cristãos, por sua vez, estão como enterrados num mundo que os ignora, ao qual, no entanto, eles profetizam uma aurora de renovação espiritual. Bem antes dos insultos de Nietzsche, São Paulo sabia que os cristãos eram considerados "como o lixo do mundo", e que eles eram objeto de um universal resíduo" (1 Cor. 4, 13). Eles não se felicitam com tal situação (como desejaria o clichê gasto do famoso masoquismo cristão, típico ele mesmo de uma religião de escravos etc.), mas eles se esforçam para vivê-la na alegria do Espírito Santo, com a certeza da Ressurreição: "Nem morte nem vida [...,] nem presente nem futuro [...,] nem nenhuma outra criatura poderá nos separar do amor de Deus manifestado no Cristo Jesus Nosso Senhor" (Rom. 8, 38-39).

Três dias, três noites: "partículas fugidias" do tempo, realidade física disseminada ao longo de todo um fluxo interrompido. A vida do Cristo, na Terra, desposou a história dos homens, conferindo a toda cronologia o sabor do mistério. O *chronos*, fria contabilidade mecânica e quantitativa, se confunde doravante com o *kairos*, tempo preciso e precioso, tempo qualificado e qualitativo, que se distingue por sua unicidade: "Ei-lo agora, o tempo favorável, ei-lo agora o dia da salvação" (2 Cor. 6, 2). Esse dia inaugurado pela descida de Deus na carne se estende até o retorno glorioso (a Parusia) do Salvador, no fim dos tempos. Cada dia que passa reitera um apelo à conversão, fonte e ocasião da salvação. As sociedades, as culturas, as civilizações não deixam de ser menos beneficiárias que os indivíduos. É a razão pela qual cada época possui seu próprio carisma, e nada pode erigir-se como modelo, nem na história da Igreja nem na história profana das nações. A nostalgia de uma pretensa idade de ouro da fé, situada, por exemplo, no período apostólico, na idade dos mártires ou na época dos Padres, se revela incompatível com o sentido cristão da história. As maneiras de crer ou de viver sua fé mudam necessariamente no decorrer do tempo; elas têm mesmo essa obrigação, visto que a fé deve atualizar-se no "hoje" de Deus.[48] O mesmo princípio se aplica à escala dos indivíduos: cada estação da vida deve aproveitar de seu próprio *kairos*, sem olhar para trás e sem impaciência do futuro. O tempo presente é o tempo cristão por excelência, atravessado de lado a lado pela irrupção do eterno. O mistério divino não se dá ou não se comunica senão ao preço de um imenso desdobramento temporal, em regime de expansão infinita: o que está "envolvido pelo silêncio nos séculos eternos" acaba sempre sendo "hoje manifestado" (Rom. 16, 25-26), isto é, desenvolvido numa duração que interroga seu sentido.

---

48   "Jesus Cristo é o mesmo, ontem e hoje, ele o será para sempre" (Heb. 13, 8).

"Houve uma noite, houve uma manhã": esse refrão ritma a abertura lírica da Criação (Gên. 1). Assim também, em torno do nascimento do Cristo, configuram-se um antes e um depois que se repetem no momento de sua morte e de sua Ressurreição. A temporalidade é constitutiva da economia salvífica dispensada, enquanto se sucedem as páginas do Livro das Gerações. Ela é, pois, também constitutiva de todo exercício espiritual. A meditação supõe uma certa duração, como o sabiam os teóricos da oração mental, que insistiam na dimensão temporal (tal momento do dia, tal hora, tal semana). Quando o Verbo tomou corpo, a carne e o tempo foram santificados. Se o cristão pensa no tempo, com o tempo, ele medita principalmente na natureza mística dessa experiência interior do tempo, onde ele entra como em contato com o eterno. Kierkegaard tinha muito bem percebido a envergadura espiritual de um exercício assim: "Desde que a interioridade falta, o espírito cai no finito. É por isso que a interioridade é a eternidade ou a determinação do eterno no homem".[49] Enquanto a existência pode ser somente ressentida como pura fluidez, um tempo paralelo se desenha para o espírito que desperta, um tempo subtraído e privilegiado, verdadeiro tempo *presente* que se conjuga só no modo do infinitivo.

Plenitude apesar de tudo

A história, como a biologia, parece um caos arbitrário, jogo do acaso e da necessidade, impassível triunfo das combinações mais aleatórias. Com um máximo de discrição, a Bíblia supõe, em compensação, um outro ponto perspectivo situado na vertical da realidade aparente, um Absoluto colocado em função de administração, totalmente incompreensível e desesperadamente inverificável. Esse ponto tão ínfimo quanto supremo detém a promessa de uma ordem oculta, que dispersa aqui e acolá

---

49 Søren Kierkegaard, *Le Concept de l'Angoisse*. Tradução de Knud Ferlov e Jean-Jacques Gateau. Paris: Gallimard, 1935. p. 153. Há tradução em português do O Conceito de Angústia.

alguns vestígios de invisibilidade, que a própria fé discerne com muita dificuldade através da neblina, mas que ela sabe serem portadores de misericórdia infinita. Escândalo inaudito! Marcas de providência emergeriam apesar de tudo entre a confusão dos sinais, como um desígnio vitorioso da desordem, no seio de um caos entregue sob prescrição. O tempo não é um atributo divino, mas uma realidade criada, da mesma forma que uma galáxia ou que uma moita de grama, mais ou menos com essa diferença, que esse objeto insólito *consignifica* qualquer coisa na mesma promiscuidade metafísica. As imagens deformadas que desfilam aceleradamente, como no cinema mudo, traem o excesso agressivo dos fenômenos: perturbadora anamorfose, estética divina que deixa perplexo o ingênuo espectador privado das legendas. Mas o ser humano é feito tal que se resigna a contragosto ao papel de figurante; ele sonha em penetrar o incógnito nos bastidores, de investir as linhas de retaguarda da Providência, para, enfim, descobrir o fundo do quadro, enterrado sob as trevas.

A história factual dos povos, como também a história própria a cada indivíduo, chama, no cristianismo, a "confissão", confissão laboriosa de intencionalidde estranhamente dissimulada sob as máscaras do absurdo, mas também ação de graças para uma obra em curso de realização. O tempo que desfila em diacronia parece um texto escrito com o alfabeto do Cristo, Alfa e Ômega do discurso (Apoc. 1, 8; 1, 17; 21, 6; 22,13), Verbo total que assume a coerência das palavras e das frases: antes mesmo que passem o Céu e a Terra, cada detalhe da Criação ou das existências terá recebido um sentido, até o menor "iota" (Mt. 5, 18). Esperando, o "mistério da piedade" (1 Tim. 3, 16) engloba um "mistério da impiedade" (2 Tes. 2, 7), uma surpreendente e terrível vitalidade do mal. Por toda parte, o "pensamento do Cristo" se confronta com a aporia da Cruz. Em relação a um mundo em perdição, que tripudia alegremente sobre toda dignidade humana, a solução não consiste num exílio "espiritual", onde nos abandonaríamos como o esteta nas contemplações de um enigma místico. Conta somente o amor efetivo, como o lembra incansavelmente São João: "Se alguém, que goza dos bens deste mundo, vê seu irmão na necessidade e lhe fecha suas entranhas, como o amor de Deus permaneceria nele? [...] Não amemos nem com palavras nem com a língua, mas com atos e com verdade" (1 João 3, 17-18). E o apóstolo bem-amado acrescenta com severidade: "Se alguém diz *Eu amo a Deus* e detesta seu irmão, é um mentiroso" (1 João 4-20). Se os Evangelhos fossem realmente levados a sério, a face do mundo seria confundida; na Igreja como no mundo, os que têm um vivo desejo do "pensamento de Cristo" obram para apressar a vinda do Reino, numa caridade que não é nem fingida nem "fictícia" (2 Cor. 6, 6). Os mestres da oração chamavam significativamente a última etapa do protocolo meditativo uma "resolução", isto é, um verdadeiro movimento de conversão ativa, uma *metanoia*. "Vão, vocês também, à vinha...", dizia Jesus (Mt. 20, 4) na parábola dos operários da undécima hora. E, no entanto, enquanto o mundo agoniza, convém também rezar, sem jamais "se desencorajar" (Lc. 18, 1).

O fantasma de um tempo imóvel, preservado de toda mudança, mostra-se bem pueril. A obsessão de um retorno aos dias passados, onde a fé coletiva dos cristãos podia parecer agradar, anula o verdadeiro sentido da tradição, que é primeiramente um movimento dinâmico de transmissão criativa. Uma tradição fixista se condena à esclerose, para, finalmente, transformar-se em passadismo regressivo. Dito isto, a sacralização do passado não deixa de ser menos nefasta que a ingênua adulação de um futuro igualmente mitificado. Decididamente, o cristianismo prefere a situação mais desconfortável do momento atual, desse tempo presente que recapitula toda a economia da salvação e que é verdadeiramente o tempo profético por excelência. O Apocalipse, por exemplo, não anuncia, como se imagina muito frequentemente, o cenário do fim do mundo, mas "o presente e o que deve vir mais tarde" (Apoc. 1, 19), sem jamais estabelecer uma clara discriminação entre essas duas modalidades temporais. Em cada instante do presente, com efeito, manifesta-se, não a iminência, mas a constância do último instante, do *eschaton*. O anúncio do Evangelho é por natureza de tipo escatológico. Por outro lado, não há descontinuidade entre o tempo e a "eternidade", termo que serve geralmente para traduzir, na língua do Novo Testamento, a perífrase figurada "pelos séculos dos séculos". A eternidade é, de alguma maneira, qualquer segmento temporal elevado a uma potência infinita. Faz-se, pois, uma falsa ideia da eternidade, imaginando-se uma duração indeterminada, uma prolongação sem limites; se fosse assim, a eternidade só seria sempre tempo acumulado. Na realidade, só Deus é eterno, em sua essência inacessível, mas, desde que ele entrou no tempo, assumindo a carne, a humanidade, chamada a "participar da natureza divina" (2 Pedro 1, 4), tem a partir de então acesso aos mistérios do eterno. O tempo carrega assim nele mesmo o reflexo de uma eternidade bem-aventurada que, por sua vez, ocupa a parte invisível do tempo.

De maneira nenhuma, o fluxo temporal representaria algo de negativo ou de impuro. O tempo cristão não é sinônimo de degradação ou de corrupção; ele não se confunde com um simples processo de entropia; ele não exerce nenhuma tirania e não se dá como ilusão. As primeiras palavras do Cristo, no Evangelho de São Marcos, exprimem significativamente uma nova configuração temporal: "O tempo terminou e o Reino de Deus está bem próximo" (Mc. 1, 15). Essa realização revela uma maturidade frutuosa, um desabrochar, uma plenitude messiânica, um pleroma cósmico. O tempo e a eternidade se cruzam na tangente. A fugacidade dos seres e das coisas, ou sua impermanência frágil não impedem absolutamente o pensamento de se elevar para a Origem e para o Fim recapitulados na vitória do Cristo. São Paulo convidava os Colossenses a escalar tais picos: "Quando vocês estiverem ressuscitados com o Cristo, procurem as coisas do alto [...] Pensem nas coisas do alto" (Col. 3, 1-2). A última injunção, tipicamente meditativa, poderia também traduzir-se por "sabo-

Tempo 277

reiem as coisas do alto [*quae sursum sunt sapite*]". A sabedoria (*sapientia*), coroamento dos dons do Espírito Santo, exprime esse mesmo movimento espiritual. A existência se aparenta assim a uma liturgia ordinária, onde os menores instantes se encontram santificados. A graça foi dada no tempo; por que se surpreender que o tempo seja uma graça?

Acabamento

Οὐκ ἔστιν ὧδε [...] προάγει ὑμᾶς...

Non est hic [...] praecedit vos...

Ele não está aqui [...] Ele os precede...

(Evangelho de Marcos 16, 6-7)

❧ ❧ ❧

A meditação cristã, de que se acaba de cruzar a aventura, imuniza contra qualquer forma de apatia deletéria. Ela se inaugura, no entanto, no meio do maior despojamento: no *vazio* das aparências ou das representações, à prova de um *sopro* criador que anima o *corpo* e inventa *imagens*. Por assimilação, através de um processo de incorporação, uma *palavra*, então, se profere, antes mesmo que se materializem as *Escrituras*, textos ilegíveis sem uma exegese que desposa o *tempo* atual. Nosso itinerário nos fez encontrar esses sete indícios de uma Presença, sete claridades fragmentárias que subsistem sob a cinza do comentário. Pouco a pouco se configurou um modesto candelabro com sete braços, *menorá* da tradição meditativa cristã, cuja chama reanima a lembrança do sétuplo dom do Espírito.

Dizendo a verdade, as categorias retidas se articulam inextricavelmente no "pensamento do Cristo", inteligência de um mistério de condescendência e de elevação. Na confusão de Babel, um livro interior se modela, experiência existencial que se imprime em páginas de carne. Sem o risco da encarnação, com efeito, muito fantasmática seria a viagem noturna da alma para a terra prometida da escatologia, verde pradaria do não lugar e do eterno presente, que a poesia do Alcorão pinta sob a metáfora do "lótus dos confins".[1] A espiritualidade cristã é decididamente não dualista, antidualista; ela se torna até muito rapidamente insustentável, quando evita associar carne e corpo à divina liturgia. É a razão pela qual ela se distingue de toda gnose etérea, como também das formas de espiritualidade, que, em nome de um êxtase suprassensível, dispensam o Logos. Coisa singular é o cristianismo, de que se confunde preguiçosamente a essência profunda, tão enigmática em sua intensidade, com uma qualquer visibilidade social ou histórica! O erro é quase inevitável. Como, a partir de então, se pode ser ou se dizer cristão? Não é um paradoxo anódino ler em Nietzsche a percepção crítica de tal mal-entendido. O autor do *Anticristo*, que espalha ondas de bile sobre o cristianismo, tinha, com efeito, pressentido uma espécie de disfunção fundadora: "No fundo, jamais houve além de um só cristão, e ele morreu na cruz. [...] De fato, jamais houve cristãos."[2] O filósofo acrescentava: "O cristianismo autêntico, o cristianismo original será sempre possível em qualquer época... *Não* crer, mas fazer, e principalmente *não fazer* muitas coisas, ficar diferentemente[3]...Inseridos em uma das obras mais violentamente anticristãs que existem, tais propósitos destacam com uma surpreendente penetração de espírito uma das características maiores da *diferença* cristã, manifestada por meio de um "pensamento do Cristo" que implica uma mudança radical do ser, uma revolução ontológica, uma contestação radical do mundo. Desse ponto de vista, a meditação autêntica coincidiria com a vida. Nietzsche constatava, no modo de denegrecimento, que "no cristianismo, nem a moral nem a religião têm nenhum ponto de contato com a realidade". Desejar-se-ia, geralmente, a

---

1   Alcorão, surata A estrela (53, 14).
2   Nietzsche, *L'Antéchrist*. Paris: Gallimard, 1974. p. 52-53.
3   *Ibidem*, p. 52. É Nietzsche quem destaca.

mesma lucidez de análise dos membros do Corpo místico. Nossa investigação sobre o "pensamento do Cristo" nos convenceu, justamente, com efeito, de que a fé cristã não era inicialmente uma moral, e que ela tinha poucas relações, em seu fundamento e em seu fundador, com uma "religião". O autor do *Anticristo* deplorava a comunidade de destino que une judaísmo e cristianismo, solidariedade que a tradição cristã infelizmente escondeu ou recalcou, tão frequentemente, embora ela, no entanto, seja enunciada como uma evidência pelo Novo Testamento: o próprio Jesus afirma que a "salvação vem dos judeus" (João 4, 22), e São Paulo confirma a vocação do povo eleito: "Os dons e o apelo de Deus são sem arrependimento" (Rom. 11, 29). A liturgia católica lembra solenemente a cada ano que "a oliveira selvagem" foi enxertada na "oliveira original" (Rom 11, 24) e que a Igreja recebe na Páscoa a eminente dignidade de Israel, por sua majestosa entrada "*in israeliticam dignitatem*".[4] Essa experiência do Êxodo não cessa, aliás, de se renovar. Foram, finalmente, esquecidos os velhos hábitos?

Talvez o cristianismo só esteja começando. Os rabinos da Idade Média se comprazem, às vezes, descrevendo os cristãos como "prosélitos da porta";[5] eles queriam dar a entender assim que estavam próximos da Aliança, sem fazer parte do povo da Aliança. Poder-se-ia conferir um outro sentido simbólico a essa expressão: os cristãos testemunham a existência de uma soleira, eles se mantêm na soleira da Porta que é o Cristo (João 10, 7). Seu "pensamento" deveria assim manter-se a distância de um mundo que importa desmistificar. Investidas pelo "pensamento do Cristo", muitas realidades existenciais se tornam, aliás, quase sempre ambivalentes (o corpo, a carne, a vida, a morte, a paixão, a linguagem, o tempo...), submetidas a uma cura de desintoxicação espiritual. Nos Evangelhos reina o não conformismo

---

4   *Missale romanum*, ofício da Vigília pascal.

5   A expressão figura em Êxodo 20, 10. Os "prosélitos da porta" não praticavam a circuncisão e só entravam no pátio anterior do Templo.

de um Salvador atípico, que salva perdendo-se, e que contesta as rotinas intelectuais ou "religiosas". A meditação cristã seguiria dificilmente um outro caminho; ela não é feita para anestesiar as consciências, mas para estimular o "discernimento dos espíritos" (1 Cor. 12, 10), apressar a reforma dos comportamentos. Num mundo tetanizado por todas as formas do superficial ou do instantâneo, ela habitua a inteligência do coração com as lentidões benéficas da longa duração. Sem dúvida, ela é familiar do silêncio e da solidão, por um gosto pronunciado do retiro; sem dúvida, também, ela se mostra sensível ao brilho mudo das obras de arte. E, no entanto, tão poderosa se revela a poesia que ela busca no interior do ser, tão fecundas as fontes de oração, por toda parte, e em todo momento ela inventa a atmosfera propícia. Mesmo numa composição de metrô, oprimido pela multidão e pelos barulhos, lá no fundo dos torpores de todas as ordens, o que medita saberá sempre mentalmente desenhar, com uma facilidade cada vez maior, que não cessará de surpreendê-lo, as arcadas de um jardim claustral embalsamado de magnificências, onde desabrocham a alegria e a paz que o mundo rejeita. Apesar das imposturas morais ou das ameaças de uma impaciente barbárie, apesar dos refinamentos do mal e da quantidade espantosa das misérias acumuladas na Terra, apesar de tantos motivos de amargura, no coração das sociedades ou das Igrejas, enfim, apesar do peso de nossa própria ignorância, a ignorância humana, tão apaziguante e tão inventiva, tão onipresente, tão terrivelmente contagiosa, apesar de tudo isso, a despeito de todos os pesos, triunfa a leveza d'Aquele que, tranfigurado de Luz, a todos comunica a insondável energia das Pessoas divinas. Quanta distância, quanta ruptura, quanta comunhão! O cristianismo deve ser bem grande, visto que os cristãos são tão pequenos.

Lancemos um último olhar sobre a cena inaugural, no limiar do evento crítico. Na manhã de Páscoa, logo no início, Maria Madalena, Salomé e algumas outras mulheres não viram Jesus glorificado. Um adolescente as informou simplesmente que "ele não estava mais lá" e que ele os "precedia" na Galileia

(Mc. 16, 6-7). De fato, o Cristo, colocando-se à frente, não está jamais onde o esperariam, e quase sempre lá onde não o esperam. Assim também, de certa maneira, o "pensamento do Cristo" *precede* nossa meditação, adiantando-se aos desejos do espírito. Perto do túmulo, as pobres mulheres ficaram confusas, fora de si, literalmente, com efeito, como diz o Evangelho, "em êxtase".[6] A pedra, que era "bem grande", tinha sido rolada, os obstáculos todos retirados, as fechaduras quebradas, toda restrição aniquilida, e pulverizados todos os ídolos. Mas ele não estava "lá": uma Ausência insólita significava uma Presença não menos insólita. "Pensar o Cristo" supõe um desequilíbrio assim. No afresco de Saint-Sauveur-in-Chora, que representa a *Anastasis*, um artista anônimo pintou uma humanidade estupefata, vigorosamente em luta, com rudeza e misericórdia, com o místico vencedor das trevas. Como não ficar confuso ao contato imprevisto do Vivo?

---

6   "Elas foram tomadas de tremor [*tromos*] e de estupor [*ekstasis*]" (Mc. 16, 8).

Bibliografia Seletiva

BELIN, Christian. *La Conversation Intérieure*. La Méditation en France au XVIIe Siècle. Paris: Champion, 2002.

BÉRULLE, Pierre de. *Discours de l'État et des Grandeurs de Jésus*. Paris: Cerf, 1966. t. I; 1996. t. II: *Vie de Jésus*.

BOSSUET, Jacques Bénigne. *Œuvres*. Paris: Méquigonon, 1845.

CALVIN, Jean. *Commentaires de Jean Calvin sur le Livre des Pseaumes*. Paris: Meyrueis, 1859.

_____. *Institution de la Religion Chrétienne*. Paris: Vrin, 1957.

CASSIEN, Jean. *Conférences*. Paris: Cerf, "Sources Chrétiennes", no 54, 1958.

CÉSARÉE, Basile de. *Sur l'Origine de l'Homme*. Paris: Cerf, "Sources Chrétiennes", no 160, 1970.

_____. *Sur le Saint-Esprit*. Paris: Cerf, "Sources Chrétiennes", no 17 *bis*, 2002.

CLAUDEL, Paul. La Sensation du Divin. *Nos Sens et Dieu*. Études Carmélitaines. Paris: Desclée de Brouwer, 1954.

CLIMAQUE, Jean. *L'Échelle Sainte*. Tradução de P. Deseille. Abbaye de Bellefontaine, 1987.

D'ALEXANDRIE, Athanase. *Sur l'Incarnation du Verbe*. Paris: Cerf, "Sources Chrétiennes", no 199, 1973.

D'AVILA, Thérèse. *Œuvres Complètes*. Paris: Seuil, 1949.

D'HIPPONE, Augustin. *Commentaire de la Première Épître de Saint Jean*. Paris: Cerf, "Sources Chrétiennes", no 75, 1961.

_____. *Confessions*. Paris: Desclée de Brouwer, "Bibliothèque Augustinienne", no 14, 1962.

_____. *La Trinité*. Paris: Desclée de Brouwer, "Bibliothèque Augustinienne", nos 15 e 16, 1955.

DAMASCÈNE, Jean. *Défense des Icônes*. Paris: Cahiers Saint-Irénée, 1966.

_____. *La Foi Orthodoxe*. Paris: Cahiers Saint Irénée, 1966.

DE LA CROIX, Jean. *Œuvres Spirituelles*. Paris: Seuil, 1947.

DENYS L'ARÉOPAGITE. *Hiérarchie Céleste*. Paris: Cerf, "Sources Chrétiennes", no 58 *bis*, 1970.

DESCARTES, René. *Méditations Métaphysiques*. Paris: Garnier-Flammarion, 1979.

_____. *Œuvres*. Paris: Gallimard, "Bibliothèque de la Pléiade", 1953.

DEUTZ, Rupert de. *Les Œuvres du Saint-Esprit*. Paris: Cerf, "Sources Chrétiennes", nº 165, 1970.

ECKHART, Maître. *Traités et Sermons*. Paris: Flammarion, 1993.

FREUD, Sigmund. *L'Avenir d'une Illusion*. Paris: PUF, 1995.

GUUIGUES II Le CHARTREUX. *Lettre sur la Vie Contemplative*. Paris: Cerf, "Sources Chrétiennes", nº 163, 1970.

HENRY, Michel. *Incarnation*. Une Philosophie de la Chair. Paris: Seuil, 2000.

HYMNAIRE (latin-français), Solesmes, 1988.

IMITATION DE JÉSUS-CHRIST. Ed. Bilíngue. Paris: Garnier, 1936.

JÉRUSALEM, Cyrille de. *Catéchèses Mystagogiques*. Paris: Cerf, "Sources Chrétiennes", nº 126, 1966.

KIERKEGARRD, Søren. *Le Concept de l'Angoisse*. Paris: Gallimard, 1935.

_____. *Traité du Désespoir*. Paris: Gallimard, 1988.

LA BHAGAVAD-GĪTĀ. Ed. Émile Sénart. Paris: Les Belles Lettres, 2004.

LE CORAN. Tradução de Jacques Berque. Paris: Albin Michel, 1995.

LE PENTATEUQUE. Accompagné du Commentaire de Rachi. Paris: Fondation Samuel et Odette Lévy, 1976. t. I: *La Genèse*.

LÉON LE GRAND. *Sermons*. Paris: Cerf, "Sources Chrétiennes", nº 22 *bis*, 1964.

LES CONCILES ŒCUMÉNIQUES (décrets). Paris: Cerf, 1994. t. I e II.

LES PÈRES APOSTOLIQUES (textes). Paris: Cerf, 1991.

LES PÈRES DU DÉSERT (textes). Paris: Plon, 1949.

LOYOLA, Ignace de. *Exercices Spirituels*. Paris: Seuil, 1982.

LUBAC, Henri de. *Méditation sur l'Église*. Paris: Aubier, 1953.

LYON, Irénée de. *Contre les Hérésies*. Paris: Cerf, "Sources Chrétiennes", nº 211, 1974. livre III.

MARX, Karl. Introduction à la Critique de la Philosophie Hégélienne du Droit. In: *Pages de Karl Marx*. Paris: Payot, 1970. t. I: *Sociologie critique*.

MAXIME LE CONFESSEUR. *Centuries sur la Charité*. Paris: Cerf, "Sources Chrétiennes", nº 9, 1943.

MISSEL GRÉGORIEN (latin-français), Solesmes, 1985.

NAZIANZE, Grégoire de. *Discours 38-41*. Paris: Cerf, "Sources Chrétiennes", nº 416, 1996.

_____. *Vie de Moïse*. Paris: Cerf, "Sources Chrétiennes", nº 1 *bis*, 2000.

NICOLE, Pierre. *Traité de la Prière*. Paris: Desprez, 1768.

NIETZSCHE, Friedrich. *Ainsi Parlait Zarathoustra*. Paris: Gallimard, 1971.

❧ Bibliografia Seletiva ❧ · 287

_____. *L'Antéchrist.* Paris: Gallimard, 1974.

NURSIE, Benoît de. *La Règle de Saint Benoît.* Paris, Cerf, "Sources Chrétiennes", n⁰ˢ 181-186, 1971-1977.

OLIER, Jean-Jacques. *Catéchisme Chrétien pour la Vie Intérieure.* Paris: Le Rameau, 1954.

_____. *Introduction à la Vie et aux Vertus Chrétiennes.* Paris: Le Rameau, 1954.

ORIGÈNE. *Contre Celse.* Paris: Cerf, "Sources Chrétiennes", n⁰ 132, 1967.

PALAMAS, Grégoire. *Triades pour la Défense des Saints Hésychastes.* Tradução de J. Meyendorff. Louvain, 1959.

PALLADE. *Histoire Lausiaque.* Paris: Desclée de Brouwer, 1981.

PASCAL, Blaise. *Pensées.* Ed. P. Sellier. Paris: Garnier, 1991.

PHILOCALIE DES PÈRES NEPTIQUES. Ed. J. Touraille. Abbaye de Bellefontaine, 1979.

PHILOSOPHES TAOÏSTES. Paris: Gallimard, "Bibliothèque de la Pléiade", 1980. t. I; 2003. t. II.

ROMANOS LE MÉLODE. *Hymnes.* Paris: Cerf, "Sources Chrétiennes", n⁰ 110, 1965.

SAINT-VICTOR, Hugues de. *La Méditation.* Paris: Cerf, "Sources Chrétiennes", n⁰ 155, 1969.

SALES, François de. Traité de l'Amour de Dieu. In: *Œuvres.* Paris: Gallimard, "Bibliothèque de la Pléiade", 1969.

SANDAEUS, Maximilien. *Pro Theologia Mystica Clavis.* Cologne: Ex Officinal Gaulterianna, 1640.

SILESIUS, Angelus. *Cherubinischer Wandersmann.* Stuttgart: Philipp Reclam, 1984.

SYMÉON LE NOUVEAU THÉOLOGIEN. *Hymnes.* Paris: Cerf, "Sources Chrétiennes", n⁰ 156, 1969. t. I; 1971. t. II.

TERTULLIEN. *La Chair du Christ.* Paris: Cerf, "Sources Chrétiennes", n⁰ 216, 1975.

www.forenseuniversitaria.com.br
bilacpinto@grupogen.com.br

Pré-impressão, impressão e acabamento

grafica@editorasantuario.com.br
www.editorasantuario.com.br
Aparecida-SP